アジア共同体へ向かって

―教育を通じた平和―

ワンアジア財団 編

はしがき

国家と個人のあり方が問われている今日，追求すべきもの，目指すべき方向，変革し克服すべき課題の本質に迫ることが求められている。それは社会を構成する諸現象の表面に漂う問題のみならず，問題の根源に潜む本質を問いつづけることである。

今日，グローバル化が様々な分野で急激に進展している。グローバル化は，個人の考え方や価値観・世界観に影を落とし，共同体への人々の連帯意識をも変えつつある。グローバル時代であるがゆえに，個人が直面する様々な問題は地球規模の問題と結びついていることが多い。したがって，個人レベルの問題であっても，国家や民族単位の発想では解決できず，その解決にはグローバルな視点が必要とされる。

ワンアジア財団はこのグローバルな視点から，国家・民族，宗教・思想にとらわれることなく，さらには政治に関与しないとの方針に基づき活動している。未来を見つめ，われわれの前に屹立する旧来からの多様な壁を越える活動を世界中で展開している。それは具体的にはアジア共同体講座に結実している。同講座に参加する数千名の研究者と未来への夢を共有することによって，今日の社会に存在する様々な壁を卒業していこうと努めている。

ワンアジア財団は2010年9月から大学でのアジア共同体講座の開設を支援してきた。その活動は花開き，現在，同講座は世界48の国・地域，520大学へと広がっている。そして，同講座を開講，または開講準備中の大学の研究者が参加するワンアジアコンベンションを財団は毎年開催している。地域や研究分野の枠を超えて，交流と研究発表を行う場である。

2017年には7回目のコンベンションが名古屋で開催された。3つのセッションに分かれ32の研究発表が行われた。その研究テーマはアジア共同体の創成という大きな方向性の下，多様なものとなった。

本書はその発表を1冊の本としてまとめたものである。

様々な分野で研究者が抱いている新しい時代への期待と夢，そして問題提起が本書には掲載されている。多様な研究テーマを１冊の本にまとめることはたやすいことではない。しかし，「ワンアジアコンベンション名古屋 2017」のメーンテーマである「教育を通じた平和」がすべての論文に通底していることは間違いない。そのことから書名を『アジア共同体へ向かって―教育を通じた平和―』とした。

論文の掲載順序は，コンベンションでの発表順とした。また，原稿は筆者それぞれから日本語で提出していただいた。

掲載に当たり，文章表現をわかりやすく改めた原稿もあるが，第一言語の違いもあり，いまだわかりにくい表現や不統一な点もある。この点については，編者の不明の致すところである。大方のお赦しを願いたい。

人類は数多くの試行錯誤を繰り返しながら自由と平等，そして幸福，快適で安全な環境を追求してきた。国家という共同体を作った目的もそこにある。今後は新しいツールや人的ネットワークを活用して，国家の枠を超える自由で快適な環境を地球規模で提供できる共同体を目指していかなければならない。

本書の諸論文は，グローバルな課題への対応と同時に，国家や個人間の対立や不平等を排除し，地域内の市民が国家を超えた共通のビジョンの下で，より自由な共生社会を創りあげていくための多様な視点からの議論といえよう。

最後に，限られた時間内での原稿執筆をお願いしたにもかかわらず，ご助力いただいた先生方に感謝申し上げたい。また，芦書房の中山元春社長には無理なお願いにもかかわらず快く協力していただいた。また，本書の出版は構想から上梓まで責任者として尽力した財団の平希美に負うところが大きい。この場を借りて心から感謝申し上げたい。

2018 年 8 月 3 日

編集代表

ワンアジア財団　鄭俊坤

もくじ

第1部　教育を通じた平和への提言

第２部　「アジア共同体講座」の事例紹介

第１部

教育を通じた平和への提言

第1章

平和はどのように成り立つのか
―減暴力と平和構築―

李贊洙
（ソウル大学統一平和研究院 HK 研究教授）

1　はじめに

筆者は拙著『平和と平和たち』（Peace and peaces, 2016　韓国語）で，平和を抽象的大文字単数「平和」（Peace）ではなく，具体的小文字複数「平和たち」（peaces）で理解しなければならないと述べたことがある[(1)]。平和という言葉は多用されるが平和でない現実を克服するには，平和に対する理解，意図，目的さえも多様にならざるをえない現実を認めて，多様な立場の調和を試みる過程が必要であるということが，拙著の趣旨であった。平和という言葉は同じように見えても，実際には多様に想像され，追求される現実を肯定し，お互いに何が平和なのか，平和はどのように成し遂げるべきなのかを対話を通して合意し，もっと大きな「傘」を作っていく方法しかないということであった。このような立場を「平和多元主義」（pluralism of peaces）という言葉で具体化することにした[(2)]。

合わせて，拙著では平和より暴力にさらされている人類の現実を直視するならば，「暴力がない状態」という既存の規定よりは，「平和は暴力を減らす過程」という規定がさらに現実的であるという提案をした。あらゆる文章の主語が述語によって指示され限定されるように，平和は「主語」でなく「述語」により指示される目的論的世界という提案も一緒におこなった。平和は暴力を減らすことを志向していく限りない追求の対象であり，持続的に具体化していく過程という論旨である。小さい書物であるが，このような形で自分が考える平和論を述べた。

今回の論文ではこのような既存の立場を踏まえ，平和はどのように成し遂げられていくのかを別の角度からもう少し具体的に表してみようと試みた。特に平和は「非暴力」(non-violence) で実践されなければならないという既存の立場と姿勢に留まらないで，「減暴力」(minus-violencing) という，もう少し現実的な概念を提示してみようと思う。それは，暴力が存在しなかったことのない人類にとって「非暴力」は過度に理想的な姿勢であり，論理的にも成立不可能な言語ではないかという疑いがあるからであった。「減暴力」という新造語を通じて，小さな暴力で大きな暴力を減らす可能性を想像し，いわゆる持続可能な平和を可能にするには，どのような立場を堅持しなければならないのかについて理論的基礎を用意してみようと思う。再び本来の問いに戻って始めてみよう。

2　平和の方法が違う

多くの人々が平和を望むが，世の中が平和でない理由は何だろうか。それは平和への望みはあるものの，そのための実践をしないからである。もう少し客観的に言えば，平和に対する概念的理解と実践的意志が違うためでもある。カント (I. Kant) の洞察のように，ある対象を概念的に認識する思弁的な「純粋理性」と道徳的意志により行動を規定する「実践理性」とは異なっている。平和を考え想像する観念的理由の能力と，その考えが実際に道徳的価値に符合するように実践しようとする意志の間には相当の距離がある。また，そのような意志が実際の実践に移されるまでの間隔も広い。このような間隔と距離が，平和に対する言葉は多くても実際の平和まで続かないようにしているのである。

一歩進んで，望むがままに実践するとしても，その実践が別の実践とぶつかることがある。他の実践とぶつかる理由は，簡単にいえば，平和実践の方法が違うからである。また方法が違う理由は，事実上目的が違うからでもある。方法は目的を実現する手段ではあるが，目的そのものが自己中心的に設定されていれば，実践も自己中心的におこなうことになる。自己中心的な姿勢は他者を疎外したり，実践を平和から遠ざける。たとえば平和を心理的な安定状態という程度で想像する人がいれば，その人はさまざまな方法で心を不安にする事態を回避するだろう。平和の社会性をある程度認めるとしても，社会的流れが自分に有利に進んでいくことを願うだろう。国家もいわゆる国益を基準として他国と自己中心的な関係を結ぼうとする。

問題は，多くの個人と国家がそのように行動するということである。そのため，個人間でもぶつかり，国家間には緊張と葛藤が生じる。わたしの平和があなたの平和とぶつかり，「あなた」の平和は「わたしたち」にはぎこちなく感じ，自国の平和が他国に対する制限や圧迫として表れる。個人や集団，さらに国家の平和構築の行為が別の個人，集団，国家の構築行為と対立するのは概してこのような理由のためである。

宗教の場合もこれと違わない。平和を追求して，主張する宗教家の間に葛藤がある理由は，平和を自己中心的に解釈して適用し，実践しようとするからである。たとえば「キリストはわたしたちの平和」（エフェソの信徒への手紙 2:14）と述べている『聖書』を見よう。これは本来キリストに出会って，平和を実現していく人々の共同体的経験を表現した言葉であるが，現実にはキリストのことを言ったり，信仰を持たない人々には平和がないかあるいは少ないという形で理解したりする。キリストの名を呼んで，それに対して似た期待を持った人々の中にだけ平和が臨在することを想像する。仏教は「一切衆生悉有仏性」（『大般涅槃経』）という革命的な教えを宣言しているが，その教えを実際に悟ろうとするなら，仏教で伝統的にやってきた方式に従った方がいいと思っている。非仏教徒にも仏性があるが，なぜか仏教徒ほどではないと無意識に思っているように感じる。

『クルアーン』には，「わたしたち（ムスリム）の神とあなたがた（ユダヤ―キリスト者）の神は同じである。わたしたちはかれ（その方）に服従，帰依するのである」(29:46）と書かれている。ところでムスリムが実際に考える「その方」は，自分たちが理解するイスラムの神である。文章の指向するところは「同じ」神という言葉ではあるが，現実には，ユダヤ人やキリスト者の神を「同じ」ように感じることができないことになっている。このような現実は，ムスリムが「わたしたち」の神と「あなた」の神を区分して話すとき，そしてキリスト者がキリストは「わたしたち」の平和とし，「わたしたち」でない他者が前提となっているときに，すでに組み込まれていると言える。仏性という言葉を使わないところには，なぜ仏性がないか，内容的にみてあまり豊かでないと思っているのも，同じことである。そこには，ほとんど無意識に差別性が含まれている。

3　目的と手段が分離する

差別は自己中心的な姿勢の必然的発露である。平和を自己中心的に実現する過程に，すでに他者疎外が含まれている。平和の名において他者を疎外する，事実上自分の内的欲望を満たそうとするのである。平和に対する自己中心的理解が，平和のための手段も自己中心化する。他者に対しては事実上暴力的であるが，それにもかかわらず，平和の名において包装している人々は，暴力の実状をあまり感じることができない。これを自己中心的平和主義（ego-centric pacifism）[(3)]と言うことができる。ここでは暴力がもちろん程度の差はあるが避けられない手段のように日常化している場合が多い。クラウゼヴィッツ（Carl von Clausewitz）が言う「絶対戦争」(absolute war）と同じ場合を除くならば，一般的な戦争ですら暴力は避けられない手段とみなされる。

暴力そのものが目的である場合はあまりない。ある目的を具体化するための道具としてあらわすことが多くある。ナチズムのような恐るべき全体主義社会でも，暴力は全面的に国家主義と血統中心のゲルマン民族主義のための手段であって，それ自体が目的だったことはない。バリバール（Etienne Balibar）が提示したように，抑圧からの解放を指向する革命的政治行為も解放の追求という目的を浮上させて，自分の暴力性に対しては寛大な場合が多くある[4]。資本家の抑圧に対する労働者の抵抗的暴力を正当であるとみたマルクス主義が，その典型的な事例である。

民主主義もあまり変わらない。民主主義を指向するという政治権力が社会の安寧と秩序のためとして一方的に国民的一致を求める時が多くあるが，ガルトゥング（Johan Galtung）の表現を借りれば，このような要請も自由－民主主義的よりは保守－封建的要求であらわれたりする[5]。表面では社会的安定と秩序を名目にしているが，内には権力と体制の正当性を拡張しようとする意図を隠していたりする。そのような場合，いわゆる民主政府さえも位階による過去の一般的命令体系をそれとなく期待する。そのような体系を強固にしようとする欲望もうごめいている。このような隠れた欲望の中で手段が次第に暴力化していく。ジジェク（Slavoj Zizek）が「体系的暴力」（systematic violence）という言葉を使ったことがあるが，これは体制が強固に根づいて，とても安定的に見える社会システムがかえって暴力的であることもあるという事実を含んでいる[6]。

そうなる理由は何か。それは平和の概念と実践方法が違うだけでなく，実践までも自己中心的にしているためである。自己中心性の中には他者がなかったり，他者が疎外されたりしている。他者を排除したり疎外させた平和は事実上暴力で作動する。手段が暴力的であるところであらわれるのは暴力だけである。

平和を指向するならば，実践のための手段も平和的でなければならない。古代ローマの戦略家ウェゲティウス（Flavius Vegetius Renatus）がいう「平和を願うのであれば戦争を準備しなさい」という格言に反対して，近代平和学では「平和を願うのであれば平和を準備しなさい」という言葉を金言としている。ガルトゥングの主な著書である『平和的手段による平和』(Peace by Peaceful Means)という言葉のように，手段と目的は一致しなければならない。20 世紀韓国最高の実践的思想家である咸錫憲ハムソクホン（1901～1989）も手段と目的の関係を次のように定義したことがある。「目的は最後の端にだけあるのではなく全過程の瞬間瞬間に入っている。手段がすなわち目的である。道がすなわち終点である。道を通り過ぎるということがすなわち目的である[7]」。手段も平和的であることは容易なことではないが，手段が目的に相応しなければならないのは明らかである。多くの人々が平和を願うが，世の中が平和でない理由は，平和という目的とそれのための手段が相応しなかったり分離しているためである。

4　概念が違って目的が衝突する

それならまた問いかけなければならない。目的と手段はなぜ分離するのか。これは手段が不純であることだけを意味しない。手段の問題である以前に，目的に２つの顔があるためである。平和という単一な名前の中に隠された意図と目的が互いにくい違うためである。実際に個人，集団，国家が平和を願う意図と目的は一致しない場合が多い。たとえば強者は現体制および秩序の安定を通じて平和を成し遂げようとし，弱者は強者によって作られた不平等の解消で平和を感じる。そのため強者は構造的あるいは体系的暴力を避けられなかったり，必然的であると正当化しようとし，弱者は不平等の解消のために別の暴力に傾くことになる。暴力の価値の問題を一旦論外に置くならば，明確な事実は他の期待と内容を自己中心的に満たす過程で葛藤が増幅されるということである。

これよりさらに根本的な問題は，平和に対する理解そのものの相異性である。平和という「記号表現」(Signifiant) と「記号内容」(Signifie) 間の差もあるのは勿論で，平和に対する人々の概念自体がそれぞれ違う。これは同じ言語に対する理解が人々の間に必ず同一でないという意味である。たとえば北朝鮮に対する韓国の理解は，いわゆる「進歩」と「保守」のいずれの陣営にあるかによってはじめから別に設定される。南側の保守は概して北朝鮮に対して排他的あるいは征服的姿勢を，進歩は概して包容的あるいは対話的姿勢を取る。北朝鮮の正式名称は「朝鮮民主主義人民共和国」であり，韓国の政体は「民主共和国」（憲法第１条）に置いているが，北朝鮮と韓国が理解する「民主」や「共和国」の概念はそれぞれ違う。意図と目的，手続きと過程などほとんどすべてのものが違う。

さらにこれは言語自体に含まれている問題でもある。言語はその言語が指示する世界に十分に伝わらない。周知のように禅仏教では言語を「月を示す指（指月)」と比喩する。言語と言語が指示する世界が区分されるということである。言語的対象の純粋な再現は不可能なまま，言語はいつもその残りを作ってしまう。だが，言語は自身が指示する世界を強要する指向があるという点で，本性上暴力的である。デリダ（Jacques Derrida）はこれを言語の「原初的暴力(originary violence)」と命名したことがある[8]。言語的表現とか，ある言語的規定を絶対視することこそ，暴力の事例という意味である。

平和概念も同じである。韓半島（朝鮮半島）の南側や北側も平和について話すが，各々現体制中心に，自分の政権に有利に提示して考えるという点では似ている。この状況において，特定の状況と脈絡の中で考えた平和に対する概念的定義は，それがどのようなものでも最終的には実現できない。特定平和規定を終点として実践方法を単一化しようとする瞬間，そのような試みが平和のための他の実践とぶつかって，かえって暴力の動因になる。それなら果たして平和を成し遂げるということは可能だろうか。平和を定義するということは可能だろうか。こういう複雑な事実を意識して，既存の平和規定を再検討してみる。

5　暴力がなかったことはない

平和に対する最も一般的な定義は「平和は暴力がない状態」という文章である。ところで，ある強力な力が組織や体制を調節および統制していて外見上暴力がないように見せることもある。だが，かといって暴力がないということではない。国際政治や政策的調整によって互いに侵さずにいるといっても，平和が完全に成り立ったのではない。現実的に平和は政策や条約の調節対象でもあるが，さらに根本的には人間の生活の全体領域と関連した問題である。

個人や国家の安定と生命が保障されて抑王が全くなく自由に行動して，活動の結果を公平に享受することができるとき，平和であると言える。それで，平和というのは生命が保証されて，自由と尊厳性が確保されている状態という一般的な定義も可能である。ガルトゥングが言う「積極的平和」（Positive Peace）が概してここに該当する。[(9)]「国連開発計画」（UNDP）が発行する「人間開発報告書」（1994）の表現では，「国家安保」（national security）を越えて「人間安保」（human security）が保障された状態ということができる。

だが，現実には，国際政治において平和が「国家安保」以上を越えたことはほとんどない。国家安保を確保する過程に個人は国家という枠組みに捕らえられて，すでに形成されている構造化された暴力の中に置かれる。全体や多数でない少数に大きな恩恵が与えられる不公平な慣行や政策も持続される。独裁者の暴力的圧政によってその影響下にある人々が抑圧されて苦しめられたりもする。

経済的両極化による相対的貧困感も大きくなる。韓国の場合，産業化の主役である壮年層が相変わらず経済的主流を形成していて，青年層が経済的主体としての位置を確立するのが難しい構造になっている。性差別はいわゆる文化的暴力の代表的な事例である。かなり変わってきたが，それでも今日の韓国社会にはまだ女性がいろいろな面で主導的になれない文化がある。男子高校生はそのまま「高校生」だが，女子高校生は「女高生」と呼ばれる。男性俳優はそのまま「俳優」だが，女性俳優は「女優」である。女性の社会的進出が男性の社会的進出に比べて低調で，女性労働者の平均賃金も男性労働者平均賃金の54～63%水準に留まる。個人の中に内面化した文化的暴力が構造的暴力を正当化したり，進んで震源地の役割をしているのである。

ガルトゥングはこのような形の構造的で文化的な暴力すらない状態こそ積極的平和であると言ったが，問題は人類がこのような積極的平和を経験したことがないという事実である。性的マイノリティへの嫌悪や性差別のようなことを含めて，一切の文化的暴力まで消えた状態，いわゆる「人間安保」は実現されたことがない。「人間安保」という用語さえ，人間がある力によって保護される状態にある受動性から逃れがたいのみならず，それさえも現実では相変わらず理想的な志向に過ぎない。平和に対する人間の感覚は，戦争が終結した後に感じることができる一時的で相対的な安定感という水準に留まっている。特に韓半島のような所では，戦争が一時中止されて国土が分断された状態をよく管理するだけで平和であると言う。分断状態をよく維持することだけでも，有効な平和の実践という考え方が多くみられる。

もちろん「分断暴力」をよく管理する行為も，韓半島のような戦争中断状況では非常に現実的な課題である[(10)]。だが，「分断」という言葉自体が臨時的で暫定的という状況を意味し，武力的にも平和的にも克服されなければならない，ある一時的障壁としてみなされる。分断過程で体験する葛藤と緊張もすべて把握できないほど大きい。

この状況のなかで，独裁政治や経済的従属による構造的な暴力もなく，構造的暴力を見せないように正当化する文化的暴力もない状態をさす既存平和規定は，非現実的に感じられるほどに理想的である。このような平和を成し遂げるためにさまざまな努力を傾けなければならないのは明らかであるが，人類は持続的に暴力にさらされてきたという事実がより実感できる現実である。

6　平和の維持と平和の造成

もちろん巨視的に見れば直接的で物理的な暴力は明確に縮小されてきた。平和を，より大きな力が守るときの安定状態だと想像してみると，より大きな力を備えるために武力を拡大したり，より大きな力に頼って自分の安全と危機を守ろうとしてきたのである。このようにより大きな力に頼って現状を維持しようとする行為を平和学では「平和の維持」(peace keeping) というが，人類は確かに狭い意味の平和の維持のための求心力を発揮してきた。表面的に見れば，万人に対する万人の闘争状態を克服していくのは明らかである。特定の国家，特に強大国の保護や監視によって，群小国家がお互いを侵略しない現状を維持していることがその事例である。『聖書』に出てくる次のような比喩的表現は，2000 年前にも平和をより大きな力によって保護されている状態として理解していたことをよく示している。「強い人が武装して自分の屋敷を守っているときには，その持ち物は安全である（エンエイレネ)」(ルカによる福音書 11:21)。

このような状況を意識して，ある力によって保護されるところから来る安定感をさらに確保するために相互間の安全を保障する条約を結んで，さらに大きな衝突を予防するための行為が行われる。このような行為を「平和の造成」(peace making) という。それは，より大きな力とそれより小さな力の間の政治的な力学関係により，これらの力が牽制と均衡を保つように協定を結んで物理的な衝突が広がらないようにする行為である。「平和の造成」が「平和の維持」より平和的ということができるならば，それは武力的な力を条約や協定という文字的あるいは言語的精神に変えるというところにある。各種条約や交渉は現実の向こう側で共通の領域を想像できる人間精神の言語的具体化である。この言語的表現に相手方も同じような重心を置くことができる行為は，進化論的にみれば明確に平和への一歩前進である。新鋭歴史学者ユヴァル・ハラリ（Yuval Harari）が全人類史を巨視的に俯瞰したベストセラー『サピエンス』(*Sapiens: A Brief History of Humankind*, 2015）で，人類は平等の道を歩いてきたというささやかな結論を下すことができたのにも，「虚構」を共有することができる人間の能力を肯定的に評価したことによる[11]。

巨視的に見れば国家間の合意ないし条約の締結数も多くなった。カントが国家間の力による戦争と暴力を克服するには一種の世界政府が必要だと提示して以来，ヨーロッパの思想家はこれに対する想像を持続してきたし[12]，それを背景として「国連」が成立したのが代表的な平和の造成行為である。人類は明確に平和の造成のための歩みを確実に踏み出したということができる。心理学者スティーブン・ピンカー（Steven Pinker）が『私たちの本性に住む―善き天使』（*The Better Angels of Our Nature: Why Violence Has Declined*, 2011）（幾島幸子，塩原通緒訳『暴力の人類史（上）（下）』青土社，2015年）という膨大な著書で，人類は暴力を減らし平和に少しだけ進んだと分析したことは，平和の維持と平和の造成に似合う平和，多少狭い意味の平和の概念を念頭に置いた判断であるといえる[(13)]。

7　暴力の内面化と平和の構築

人類が平和に向かって進んだとすれば，暴力はそれだけ減ったということである。ところで本当に暴力は減ったのかもう少し注意深く問わなければならない。直接的で物理的な暴力は明確に縮小されてきた。幸いな変化だといえるが，一方では暴力の様相が変化して人間の内面に浸透してきたという事実もみなければならない。暴力の量は減ったが，暴力の様相が変化し，質は強化されてきた。それはどういう意味であろうか。

暴力が暴力である理由は，その力があたえる被害と苦痛のためである。暴力（violence）のラテン語の語源の意味は「力（vis）」の「違反（violo）」であり，意訳すれば「行き過ぎた力」である。漢字語の暴力の意味は「荒っぽい力」である。このとき，行き過ぎて荒っぽい度合いを判断する主体は，暴力が向かう対象者あるいは被害者である。力の対象者がその力を不当だと判断するとき，その力は暴力になる。反対に対象者が，その力を正当だと判断すればその力は大きな暴力ではないことになる[(14)]。

ところでたとえば自由競争による成果の蓄積を称賛する新自由主義社会では，競争で勝つように要求する外的強制力を当然視する。個人と集団内外におしよせる荒っぽい資本の力は今日巨大な暴力の源泉だが，個人や集団がその暴力に耐えるだけでなく積極的に追求することさえもある。この力を暴力として判断する主体が消えて，暴力がこれ以上暴力としてみられなくなる。暴力を個人の中に内面化させて自発的に耐える流れが形成されている。暴力が以前とは違った方式で内面化したために，暴力を解決するのがかえってさらに難しくなった時代ということができる。「構造的暴力」の克服と「積極的平和」の実現は人類の変わらない課題であり，前述した「平和の維持」と「平和の造成」以上の次元，すなわち「平和の構築」（peace building）が要請されるのはこのような脈絡のためである。

「平和の構築」は個人の内面，文化的次元まで暴力を減らしたり，なくしたりするための行為である。リサ・ショク（Lisa Schirch）の規定を引用すれば，平和の構築に「すべての形態の暴力を予防して減少させ，変化させて人々を暴力から回復することができるように助ける」活動である(15)。積極的平和をたてるために国際秩序はもちろん人間と自然間の関係まで念頭に置いた幅広い規定である。

平和の造成行為でもみたように，平和のためには法と法に基づいた秩序も必要である。だが，さらに根本的なことは平和のための法を作って，進んでそれがまともに守られるように下から要請する多様な声である。これが平和の構築の根幹である。平和の構築は１つの完結状態でなく積極的平和を成し遂げる過程である。構築（building）という漢字語に入っているように，平和を成し遂げる過程は建築行為に喩えられたりする。金炳魯（キム・ビョンロ）によれば平和は「アーキテクチャー」のようである。

平和はあたかも巨大で雄壮な建築物と同じである。単純な建造技術を駆使して作った建物や建設ではなく，人々の生活をつつむための技術・構造と機能を手段にして成り立つ空間芸術としての建築，すなわち「アーキテクチャー」（architecture）に喩えることができる。アーキテクチャーは建築という言葉ですべて伝達することはできない高い水準の意味を持っている。すなわち，空間を成し遂げる作家の造形意志が入れられた建築の結果ということができる。建築物を建てるためには精巧な設計図が必要で，複雑な工程が要求されて便利さと造形美を同時に考慮しなければならない。このような意味でアーキテクチャーは快適で安全な生活の営むのための技術的な展開だけではなく，空間自体が芸術的な感興を持っている創造的行為という意味を持つ(16)。

ギリシア語で「建築」を意味する「アーキテクチャー」は秩序，配列，比例，分配，均衡などの意味を持つ(17)。語源的に起源，原理，円形を意味する「アルケー(arche)」と技術を意味する「テクネー（techne)」の結合だということからわかるように，アーキテクチャーは「理想的円形を追求していく技術」を意味する。完全性を指向していく人生のすべての行為だと幅広くいうこともできる。平和はやはり理想的な状態を夢見て，均衡感があるようにたてていく人類の総体的生活方式および過程と連結される。

8　暴力をどのように減らすのか，非暴力の曖昧さ

平和は暴力のない状態を指向して，暴力を減らしていく過程である。平和をたてるということは暴力を減らすということである。暴力を減らしていく中で平和がたてられて，したがって暴力を減らしていく過程が平和の過程である。平和は暴力に反比例する。これと関連して，ガルトゥングの以下のような平和図式には意味がある。

平和(Peace)＝公平(Equity)×調和(Harmony)／傷(Trauma)×葛藤(Conflict)(18)

平和は公平と調和の積に比例して，傷と葛藤の積に反比例するということである。積極的に解釈すれば公平と調和の力量を育てる方式で，消極的に解釈すれば傷と葛藤を減らす方式で平和を育てなければならないということである。比較的明快な図式である。

この場合もう少し重視しなければならないことは分子よりは分母の部分であ

る。人類が平和に対する経験よりは暴力の経験のほうが大きいのみならず，実際に暴力から離れて考えてみたことがないという点で，平和を，暴力を減らすことで理解する方が現実的である。傷がなくて葛藤がないということは存在しないだろう。医師にも病気があって，相談者にも悩みがある。神父も他の神父に告解をする。

同じように人類はいつも暴力の中でその向こう側を指向してきた。傷の治癒と葛藤解消の道に出るということは，現在までの傷と葛藤の経験で，さらに大きな傷と葛藤を予防するだけでなく，今の傷と葛藤をさらに減らそうということである。大きな枠組みで見れば，暴力で暴力を減らすことである。小さな傷で大きな傷を包んで，小さな葛藤で大きな葛藤を予防および治癒することである。

もちろん暴力で暴力を減らすことができるかという批判的な声が多い。ガンジー，トルストイ，咸錫憲などは暴力的抵抗を拒否して非暴力を強調した。暴力をなくす最上の道は非暴力（non-violence）であると教えられてきた。たとえばガンジー（Mahatma Gandhi）は次のように語ったことがある。「非暴力はわたしたちの人間の法則だ……この世のすべての搾取される人々を救済するには片方には真理，また，片方には非暴力だと書かれた旗を空高く掲げなければならない[(19)]」。このようなガンジーの非暴力抵抗は広く賞賛を受けている。

ところで再び問う必要がある。非暴力とは何であり，非暴力は果たして可能なのか。人類が暴力から離れたことがなくて，さらに暴力が内面化していきつつあるところに「暴力ではないこと」を実践するということは何であり，それは果たして論理的に可能な話であるのか。

非暴力という話は本来動物をささげる祭事伝統に反対して，生命の犠牲なしに悟りを追求したインドの宗教伝統から出た言葉である。非暴力の本来の意味は「不殺生（ahim・sa）」である。ところでガンジーがソロー（Henry David Thoreau）の『市民の不服従』（*Civil disobedience*, 1849）などに影響を受けて，不当な権力に対する不服従運動を展開して「アヒムサ」という「非暴力」という意味が拡張された。宗教的指向の「不殺生」理念が政治・社会的言語である「非暴力」で知らされることになったことは，暴力を武力的戦いや戦争のように消極的に理解した世間の傾向を反映しているといえる。

しかし過去に比べて物理的暴力は弱くなっているが，一方では暴力がさらに深く内面化して広く構造化される過程を実感させられる。今日では「暴力ではないこと」という言葉がかえって非現実的になっている。ベンヤミン，デリダ，ドゥルーズなどが法の暴力性，力の関係で成り立つ言語の暴力性などを分析したように，動物など他の生命体を食べて生きるしかない人間の生存活動自体が暴力的であるように，「非暴力」という言葉は暴力の意味を制限的に解釈するところだけで，すなわち物理的暴力として理解するところのみ有意義である。武力に武力で対応しないことによって，武力の非人間性を暴露する戦略は一方で意味が少なくないが，社会と国家的構成自体が暴力的という認識が拡張されていきつつある今日では，制限的効果しかもたらされない。それぞれの欲望を肯定して競争での勝利を称賛するほど，事実上暴力が日常化していく「脱暴力的暴力」[(20)]の現実の中では，非暴力の立ち位置は曖昧で不確かである。

そのうえ非暴力という言葉が果たして論理的に可能かという疑問も持つようになる。言語自体が暴力なので，暴力に外部がありえないというデリダの暴力論に含まれているように[(21)]，人間が他者との関係をすべて非暴力的に結ぶ方法はない。多少広範囲な解釈だが，人間の言語と行動は本性的に暴力的であるためである。人間はいつも暴力の中にあったし，暴力を離れる行動をしてみたことがない。

9　減暴力（minus-violencing）

「非暴力」が不可能であり，制限的だけで有意味ならば，平和のために暴力から完全に離れるということは不可能である。暴力で暴力を減らす方法だけが可能である。小さな暴力で大きな暴力を減らすことである。ガンジーやトルストイのような人が実際に「市民の不服従」運動を実践したのに影響を受けて，非暴力という言葉が広く知られ，伝承されたが，その実質的な内容は小さな暴力で大きな暴力を減らす過程といえる。暴力の構造的で文化的な次元まで克服するには，暴力から逃避しないで暴力の中に入るしかない。暴力の中に入る過程と抵抗する過程で，意図的にさらに小さな力を使って暴力の克服に主体的に参加するだけである。そうした点で「平和は小さな暴力で大きな暴力を減らす過程」と再規定することができる。そしてこのような暴力縮小過程を「減暴力（minus-violencing）」と命名することができる。「暴力的である（violencing）」から「遠ざかる（minus）過程」である。

「非暴力」が名詞であり単語ならば，「減暴力」は動詞であり文章である。非暴力が暴力的ではない「状態」を意味するならば，減暴力は暴力を減少させていく「過程」である。それと共に以前よりさらに減少した次の段階を夢見るという点で「目的」でもある。暴力をさらに減らして完全な脱暴力的な世の中を実現していくしかないという点で，減暴力は過程であり目的でもある。複雑な力の否定的な力学関係のためにどこかで誰かが，もっと大きな暴力によって痛みを体験するしかない現実を自覚して暴力を減らし，さらに減らしていくしかない。

デリダが「すべての哲学は，暴力の経綸（economy of violence）の中でさらに小さな暴力を選択できるだけ[22]」と語ったのは，大きな力を縮小させて力の間の調和を探す過程を平和と解釈するこの論文の立場と通じる。小さな力が，多様なところでいろいろな方式で，大きな力に抵抗して平和は構築されていく。小さな暴力の連帯が大きな暴力を減らしてそれだけ平和を可視化させる動力である。

合わせて暴力がいろいろな力の間の不均衡から始まるならば，平和は小さな力の意味と価値を開いて，力は大きさの問題でなく内容の問題という事実を持続的に明らかにする過程である。力の真の本質は抑圧でなく，自由を保障して相生を成し遂げることをあらわす抵抗が既存の暴力を減らすのである。人間は意図的にさらに小さな暴力を選択して，その小さな暴力で大きな暴力を減少させなければならない。他者に向かった暴力のベクトル（大きさと方向）を弱くする，そういう暴力の減少が減暴力である。

10　反暴力と共業

バリバールは一次元的な対抗暴力と消極的非暴力を越えて，構造化された暴力の中で暴力に対抗する「反暴力（anti-violence）の政治」を提案したことがある。反暴力は，構造化された暴力の中でも，他者に排他的でない政治的主体勢力としての「市民らしさ（civilite）」を形成していく過程である。反暴力の政治は，小さな暴力で大きな暴力に抵抗して大きな暴力を減らす減暴力の過程と似た構造をしている。

この場合，小さな暴力は単純に暴力の「大きさ」だけを意味しない。もちろん大きさは小さいが，暴力的現実を主体的で反省的に覚醒した人が，自発的に既存の大きい暴力から一歩あるいは数歩退く行為という点で暴力の「質」が違う。既存の暴力が他者を否定する自分の欲望の拡張で強化されるならば，減暴力は自分の内的欲望を節制して他者を認めて生かす行為でもある。アーレント（Hannah Arendt）が，共和主義的な人生のためには一種の「演技（action）」をしなければならない(23)と語ったように，自分の欲望を括弧で囲んで差異を受け入れ，公的領域を作っていかなければならない。このような行為が，誰かの苦痛に寄り添う共感（compassion）で後押しをされるならば，それこそ人間らしさということの根幹だとアーレントは考えた。

このような姿勢および世界観は仏教の「共業」概念で絶頂に達する。世の万事は相互関係的で，相対的という縁起的世界観は暴力を減らさなければならない明確な理由となる。すべての生命から仏性を見る大乗的生命観でみればなおさらである。すべてのものは関係性の中にあるので，暴力による誰かの痛みには，大きくても小さくても自分の責任もかかわっているほかはない。暴力はそれがどんなものでも個人的である以前に社会的で，結局すべての問題である。暴力による誰かの痛みには，社会的責任が伴わなければならない。

「衆生が痛いからわたしが痛い」という維摩居士の一声は，減暴力の仏教的原理をよく示している。『維摩経』（「仏道品」）では次のように語っている。「武器があらわれたなら，私は皆を争いのないエリアに移住させる。もし，戦争が起こったならば，私は即座に敵と同等の軍事力を発揮して降参させる」。暴力があるところには慈悲の気持ちで暴力を減らし，戦争が起これば力の不均衡を正して和平に導くということである。暴力を減らして平和を成し遂げる菩薩道は，共業の原理に伴う共感力を根幹とする。このような共感力が暴力を減らすための実践的動力である。アーレントの共感もこのような姿勢の現代政治哲学的解釈といっても過言ではない。

11　共感，減暴力，平和多元主義

共感は他者の視点で自分を改めて直視することである。外部の視点で内部を見ることである。内部にだけとどまれば内部が見えない。そうした点で他者の視点で自分を見た後，再び他者に向かって進む行為が共感である。そして再びその他者の視点を持って，自分に戻る循環の過程を通じて他者と自我，内部と外部がすべて変わる。いわゆる「身代わりの山羊システム」にたった人類文明の暴力的構造を明らかにしたジーラル（Rene Girard）も外からの観点を融合するとき，暴力的「身代わりの山羊システム」が克服されると語った。

体制の内から見れば，差異しかない。反対に外から見れば同質性しかない。内からは同質性が見られなくて，外からは差異が見られない。それでもこの2つの観点は対等ではない。内からの観点はいつも外からの観点に統合されることができるが，外からの観点は内からの観点に統合されることはできない。この体制に対する説明は内からと外からという2つの観点の和解の上に基づかなければならない[24]。

ジーラルが言う２つの観点の和解は共感の構成原理を示している。内からの観点は他者排除的にあらわれるが，外からの観点は他者受容的にあらわれる可能性が大きい。共感は他者とともにしながら，その排除的価値を克服しようとする行動であらわれる。

暴力を減じさせ，それだけの平和を実現するには，与えられる受動的平和ではなく，たてていく能動的平和でなければならない。平和の構築（peace building）に進むことである。主体的省察がない減暴力はない。減暴力は他者を排除する自己中心的な体制に主体的に抵抗する過程であり，限りない目標である。これが，ガルトゥングが言う平和図式の分子（公平×調和）を育てて，分母（傷×葛藤）を減らすことである。そのように積極的平和に進むことになることである。

多様な形態の間の共感を確保していき，多様性が葛藤でない調和につながるようにしなければならない。平和はある瞬間，特定の立場によって完成される静寂状態ではない。いわゆる自己中心的ないろいろな「平和たち」の動的調和の過程でもある。そうした点で「平和の調和としての平和」をたてていくべきである。そのように暴力を縮小させようとする立場と姿勢が「平和多元主義」（pluralism of peaces）である。

平和多元主義的見解と姿勢でいろいろな平和の間の共感的合意過程を通じて，「平和」という単数型理想に近づいていく。その単数型理想は自己完結的ではない。進行形である。相互理解を通した葛藤の止揚で，それを通した多様性の調和であり，あなたとわたしの間の差が相生的調和で昇華する過程である。平和に対する理解と認識，実践方法などが違って，互いにぶつかっても，共感の地点に向かって再び対話し，合意して受け入れていかなければならない道しかない。「対話と論争は相反した性向にもかかわらず，公共領域の活性化に寄与」するためである[25]。わたしたちの主題から言えば，それが減暴力的平和の構築の根幹である。

【注】

（1） 李贊洙『平和と平和たち：平和多元主義と平和人文学』モシヌンサラムドゥル，2016年，52～56ページ。

（2） 上掲書，57～62ページ。

（3） 上掲書，64ページ。

（4） エティエンヌ・バリバール，ジン・テウォン訳『暴力と市民らしさ』ナンジャン，2012年，11～12ページ。

（5） ヨハン・ガルトゥング，カン・ジョンイル他訳『平和的手段による平和』トゥルニョク，2000年，23ページ。

（6） スラヴォイ・ジジェク，イ・ヒョンウ他訳『暴力とは何か』ナンジャンイ，2011年，24ページ。
　韓国語ではsystematic violenceを「構造的暴力」と翻訳したが，ガルトゥングのstructural violenceと区分するために，ここでは「体系的暴力」と表記した。

（7）『咸錫憲著作集第2巻』ハンギル社，2009年，28ページ。

（8） ジャック・デリダ，カン・ソンド訳『グラマトロジー』ミンウム社，2010年，298ページ。

（9） ヨハン・ガルトゥング，上掲書，19～20，88ページ参照。

（10） キム・ビョンノ・ソ・ホヒョク『分断暴力』アカネッ，2016年参照。特に第1章と6章。

（11） ユヴァル・ノア・ハラリ，チョ・ヒョンオク訳『サピエンス』金英社，2015年，580ページ。

（12） イムマヌエル・カント，オ・ジンソク訳『永遠平和のために』図書出版b，2011年。

（13） スティーブン・ピンカー，キム・ミョンナム訳『私たちの本性に住む一善き天使』サイエンスブックス，2014年，序文（13～25ページ）参照。

（14） 李贊洙「脱暴力的暴力：新自由主義時代暴力の型」，『宗教文化研究』第23号（2014・12）315～318ページ要約引用。

（15） Lisa Schirch, *The Little Book of Strategic Peacebuilding: A Vision and framework for peace with justice*, PA: GoodBooks, 2004, p.9.

（16） キム・ビョンノ『再び統一を夢見る』モシヌンサラムドゥル，2017年，118ページ。

（17） ヴラディスラフ・タタールキェヴィチ，ソン・ヒョジュ訳『タタールキェヴィチ美学史 1』美術文化，2005 年，Ⅲ～10 ページ参照。

(18) Johan Galtung, *A Theory of Peace: Building Direct Structural Cultural Peace*, Transcend University Press, 2012. Knut J. Ims and Ove D. Jakobsen, Peace in an Organic Worldview, Luk Bouckaert & Manat Chatterji eds. *Business, Ethics and Peace*, vol.24, 2015, p.30 から再引用。

(19) マハトマ・ガンジー，イ・ミョンクォン訳『ガンジー瞑想録』ヨルリンソウォン，2003 年，113～114 ページ。

(20) 競争を通じて資本を蓄積するほど勝利者として，称賛する新自由主義時代には，成果蓄積を要求する強い圧力をかえって積極的に内面化することによって，その力を暴力として感じることができない。筆者はこのような暴力を脱暴力的暴力（deviolent violence）と命名したことがある。李賛洙，上掲論文。

(21) イ・ムニョン「21 世紀暴力のパラダイムと暴力，非暴力の境界：バリバール，デリダ，アガンベンの暴力論を中心に」韓国平和研究学会，『平和学研究』VOL.16，NO.1，2015 年，13～18 ページ。

(22) ジャック・デリダ，ナム・スイン訳『エクリチュールと差異』トンムンソン，2001 年，485 ページ。

韓国語では economy of violence を「暴力の経済学」と訳したが，ここでは「暴力の経綸」と表記した。

(23) アーレントは人間の 3 種類の「活動的人生」として労働（labor），作業（work），行為（action）を提示し，この中の「行為」を重視したことがあるが，この「行為」は共同の意に似合うように各々内的欲望を節制する「演技」でもある。ハンナ・アーレント，イ・ジンウ訳『人間の条件』ハンギル社，2017 年，73～85 ページ。

(24) ルネ・ジーラル，キム・ジンシク他訳『暴力と聖なるもの』ミンウン社，2000 年，238 ページ。

(25) ホン・ウォンピョ『ハンナ・アーレントの政治哲学』インガンサラン，2013 年，40 ページ。

翻訳　李相勁

第2章

アジア共同体における「人間の条件」としての「健康」の意義
—教育を通じた平和—

牧野英二（法政大学教授）

1　はじめに—本稿の目的

人類史は，これまで経験したことのない複雑化した時代を迎えている。例えば，一方で，グローバル化の影響により，経済，貿易，金融，科学技術，情報に限らず，政治，軍事，人の移動や犯罪から租税制度なども国境を越えて広がっている。他方，人類は，科学技術の目覚ましい進歩発展の只中で，想像を超えた健康および貧富の格差や差別が拡大している(1)。こうした状況は，日本を含むアジア諸国でも例外ではない。アジア共同体の構築と「ワンアジア」の理念に共鳴する人々にとって，これらの課題の解決は急務である。

そこで筆者は，「ワンアジア」の理念に共鳴する研究者の1人として，「欧州連合（EU）」に比べて人種・宗教・言語なども多様で複雑なアジア共同体の実現に不可欠な「健康（health）」が多様な文化的価値を統合する「人間の条件」であることを解明する。言い換えれば，かつてアマルティア・セン（Amartya Sen）が指摘したように，「健康の格差」の是正は，特にアジア共同体の構築にとって不可避で緊急の課題である(2)。

そのために筆者は，本論考を以下の論述展開によって，この課題の解明および解決に取り組む。第一に，常識的・医学的な「健康」概念の特徴と制限を明らかにする。第二に,「健康」の意味を自然と文化と人間との関係から哲学的・倫理学的に考察する。第三に,「健康」の前提条件として平和・住居・教育・食糧・収入・安定したエコシステム・持続可能な資源・社会正義と公平性が重要な役割をもつことを解明する。(3)

以上の考察によって,筆者は「教育を通じた平和」の実現のために,「健康」の正確な理解と教育活動が必要不可欠であることを明らかにする。当然のことながら,「教育」(education)は,広義では人類の誕生以来の人間形成の営みを指すが,狭義では,学校教育を指す。本稿では,その中間的な意味をもつ家庭・地域・学校の主要な3つの領域に「教育」の含意を限定して使用する。(4)

2　通常の健康理解とその新たな解釈の観点

最初に,「健康」の一般的意味を確認しておく。「健康とはただ疾病や障害がないだけでなく,肉体的,精神的ならびに社会的に完全に快適な状態にあること」(WHO・世界保健機関憲章序文)を意味する。この文章は,健康に対する個人的レベルと集団的レベルとの2つの側面からの考察から成る。

第一に,個人の健康条件は,疾病がない,食欲が十分あり便通がよい,元気がよく疲れにくい,睡眠が十分とれる,抵抗力があり病気にかかりにくい,姿勢がよく身体の調和がとれている,発育が正常なことなどにある。

第二に,集団の健康の指標は,平均寿命,死亡率,新生児・乳児死亡率,周産期死亡率,妊産婦死亡率,罹患率,有病率などである。(5)

ところが,WHO 憲章の健康にかんする次の文章では「健康は,人種,宗教,政治的信条,経済的ないし社会的条件の区別なく,あらゆる人間の基本的権利の1つである(6)」と記されている。健康は,人間の基本的権利に属する。健康の実現には,人種,宗教,政治的信条,経済的ないし社会的条件の差別を受けないことが不可欠である。だが,現代社会では,「健康」という基本的人権が保障されている人間はどれだけ存在するのだろうか。真に持続可能な社会を実現するためには，上記の健康概念の内実が満たされなければならない。成熟した社会では，これは当然の基本的人権に属するはずである[7]。

要するに，健康は基本的人権に属し，健康の権利は，日本国憲法が謳う基本的人権に基づくものとして，全国民に等しく保障されなければならない。だが，今日，在日外国人，特にアジア地域の在日労働者，多くの低所得者・障がい者・疲弊した地域の住民や災害被災者の健康に対する権利は，憲法が謳うように守られているわけではない。したがって，いまや「健康」を実現するための条件を問い直すことが「健康格差」の是正と社会正義，最終的には平和の実現のために求められている。

3　哲学的観点から見た「健康」の意義と課題

次に，筆者は，東アジアの文化，特に日本の伝統思想とも共通点を有する「自然」把握に取り組んだ西洋の哲学者の健康観に注目したい。本稿では，20 世紀哲学に大きな影響力を及ぼしたドイツ人哲学者のハンス－G・ガダマー（H.-G. Gadamer）の健康観を取り上げ，彼の著作『健康の神秘』における論述を考察の手掛かりにする。

ガダマーによれば，健康の本質は，「健康の神秘〔秘匿性〕（Verborgenheit der Gesundheit）[8]」にある。言い換えれば，健康はそれ自体で姿を現すことがない。もちろんわれわれ人間は，健康の標準値を測定することはできる。しかし，もしこの標準値を健康な人間に厳密にあてはめるならば，誰もが病気と診断されることになるであろう。要するに，健康は日常生活の場では隠されている。そのために病気や怪我の時に，初めて人間は自分が健康ではないことを自覚し，健康の尊さを意識する。また彼によれば，健康そのものが測定できない理由は，健康が内的に調和し，自己自身と一致した状態，言い換えれば，自然のバランスにある。健康は，「生活の質（QOL）」と同じく，客観的に数値化しデータ化することができないのである。

ガダマーの解釈する健康の意味は，「生のリズムであり，つねに平衡が保たれている恒常的なプロセスである」（上掲書，p.146.）。健康を自然の平衡状態と考えることは，人間の健康だけに妥当することではない。生のリズムの現象は，生命力・気分転換・エネルギーの回復にある。科学技術は，しばしば自然の平衡状態が回復不可能な状態に陥るほど自然・社会・人間の環境を破壊し，制御不可能な事態を引き起こし，生命体全体の健康を破壊する。人間は，自然の自立性を破壊し，人間の自然も破壊した点に現代技術の本質がある点を見逃してはならない。健康と存在全体との統一性については，ガダマーによれば，「精神，それ以上に〈全体〉の本質を知らずしては身体を治療することはできない。／それは天体の運動から，天候，そして田畑や森林の状態まで含む全体である。これらすべてが人間の本質を取り囲み，そして人間の健康状態やその危険性を決定している」（上掲書，p.147.）。

したがって健康は，心身全体との関係，宇宙，天候や周囲の森林・田畑などの環境と深くかかわり，その影響を受けている。真に持続可能な社会の人間の健康は，人文・社会・自然の異分野融合的研究によって実現しなければならないわけである。

では健康に取り組むべき哲学者の課題や使命はどこにあると考えたらよいのだろうか。ガダマーは，この問いに答えるかのように，次のように論じている。「重要なことは，単なる原因と結果，治療と効果の一致ではなく，〈秘匿された調和（eine verborge Harmonie)〉にある。問題は，それを再び獲得することであり，まさにその調和のなかに〈回復の奇跡〉と〈健康の神秘〉が宿っている。それは〈保護性（Geborgenheit)〉を意味している」（上掲書，p.148.）。ガダマーによれば，哲学者の課題は，健康にかんする個別的事象に拘泥せず，自然科学的な因果関係に制約されず，健康の本質である「秘匿された調和」を自覚させて，それを「保護」することにある。

要するに，一般の人間の見方とは異なり，哲学者からみれば，「健康は作られたり制作されたりするものではない。／健康は，損なわれることによってわれわれ自身の対象となる」（上掲書, p.1.）。健康は，「制作技能（Machenkönnen）」では決してない。他方，病気や死は，「制作可能性（Machbarkeit）」の限界を表しているのである。

筆者から見ても，健康は制作可能なものではないというガダマーの見解は示唆的である。人間を含む自然界全体は，大災害や「想定外」の事故による人間の制御可能性を超えている。「制御不可能性」は，原発事故による放射能被曝や汚染問題に限定される事態ではなく，反自然的なものの制作技能に不可避であり，社会システムでも不可避である。

簡潔に言えば，ガダマーの考える健康的な生き方とは，「人間は，他のすべての生きものたちと同様，自己の健康に対する絶え間ない威嚇的な攻撃から身を守りながら生きている」（上掲書，p.148.）。しかし人間は，いつも防御の姿勢をとっているわけではない。人間自身が自然であり，それは人間の内部にある自然に他ならない。「それはわれわれの身体の防御的，自己構成的な有機的体系によって，同時にわれわれの〈内的な〉平衡を維持することができる自然なのである」（上掲書，p.148f.）。筆者の見る限り，この健康観の特徴は，人間の自然と外の自然との調和を回復することにある。自然は，人間の健康を損ない，人間の存在を否定する脅威として働く。他方，人間は，この自然と同じ自然であるかぎり，自然とともに存在する。

ここで筆者の見解を言えば，筆者はガダマーの上記の見解に概ね賛成である。特に自然が人間の健康を脅かす絶えざる脅威として働くことは，2004年のスマトラ沖大地震と大津波や2011年の東日本大震災・福島原発事故でも端的に現れている。したがって人間は，「自然との共存」という美しい言葉によって自然の暴力性を隠蔽させてはならない。

他方，彼の主張に筆者は幾つかの疑問を禁じることができない。卑近な例を挙げれば，人間が自然界に存在しない人工的な物質（猛毒のプルトニウムなどの核物質や遺伝子操作で産み出された生物・食物など）を産み出して以来，古代ギリシャの自然をモデルにしたマクロ・コスモスとミクロ・コスモスとの類比や自然の調和の思想は，もはや通用しないのではないか。

したがって筆者の見解によれば，ガダマーの健康観および自然観の問題および制限の主要論点は次のようにまとめることができる。第一に，自然界全体は，大災害・大地震や大津波，大事故による人間の制御可能性を超えている。第二に，ガダマーの上記の見解に対する大きな疑問として，彼の主張する自然の調和の思想はもはや通用しない。第三に，健康とその持続可能性は，自然との関係だけに限定されるわけではない。第四に，「健康」に対する哲学者の使命や責任は，ガダマーの主張に代表させることができるだろうか。筆者には大いに疑問である。

現在，そして将来，アジアで，特に日本で生活する人たちのなかには，放射能など有害物質に汚染された環境の中で，したがって人間が「自然の調和」を破壊した自然の中で生きてゆかなければならない。こうした状況のもとで，著者の「健康の本質」や「健康観」，健康に対する「哲学者の課題」は，どこまで妥当なのだろうか。健康は，地震・津波・火山の噴火・感染症など自然の脅威に限定されない。戦争やテロなどの事件，原発事故，航空機や鉄道の事故，公害などの人災による健康の阻害要因にも十分な顧慮が必要である。これこそ，3.11 以後の日本で，また 21 世紀のアジアで学問研究する者の取り組むべき課題であり，教育機関に勤務する教員がこれらについて講義すべき事柄である。さらに言えば，哲学者の使命と責任は，「自然の声」だけでなく，後述のように様々な「人間の声」や「沈黙の声」に耳を傾け，それらに聞き入る姿勢が求められる。

4　自然災害と「健康」を阻害する人間の要因

本節では，上記のガダマーの自然および健康理解では把握できない健康に対する複雑化した現実把握を考察する。フランス人哲学者のデュピュイは，『ツナミの小形而上学』で東日本大震災について，次のように批評した。「まるで自然が人間に対して立ち上がり，20 メートルもの高さで押し寄せる波の頂からこう語りかけているかのようだ。お前は自分に宿る悪を，私の暴力に重ね合わせて隠そうとした。けれども，私の暴力は純粋なもの，善悪の範疇の手前にあるものだ。ならば，私は，お前が作った死の道具と私の汚れなさとの重ね合わせを文字どおりに取って，お前を罰しよう。このツナミを受けて滅ぶがよい！[9]」。

この言葉はスマトラ沖の大津波や東日本の大震災の被害者・被災者・避難者にとってあまりにも過酷な表現であり，残酷な仕打ちであるように思われる。デュピュイの見解には，当然のことながら，次のような疑問が生じる。なぜ人間が自然によって罰せられなければならないのか。なぜ人間はツナミによって滅びなければならないのか。「擬人神観（anthropomorphism）」に依拠した立場から，なぜ自然の暴力による人間の暴力の重ね合わせと隠蔽の責任が問われなければならないのだろうか。津波によって被災地の人々の生命と幾世代にわたり築かれてきた生活の拠点が奪われたことに対して，なぜデュピュイは，このような非人間的で無慈悲に聞こえる言葉を，彼らに向かって投げつけたのだろうか

筆者の解釈によれば，デュピュイは自然災害と人間の道徳的破局との関係に着目して，人間の善悪，正・不正の問題を自然の災害・自然の暴力に重ね合わせて覆い隠そうとした言動を批判した点に気づかれたであろう。いうまでもなく，「お前が作った死の道具」とは原子力発電所のことである。周知のように，哲学は，「驚きの声（voice）」に始まり，「疑いの声」や限界状況の意識による「絶望の声」に耳を傾けてきたはずであった。だが，従来の哲学は，理性の声（多くの場合，道具的理性の声）を把握することに熱心であっても，これらの「他者の声」を聴きとり，心身の病に冒された者，暴力にさらされ苦痛に喘ぐ弱者の「うめき声」や「沈黙の声」に十分耳を傾けてこなかった。上述のデュピュイの「怒りの声」は，平素沈黙する「自然の声」に仮託した悪や不正に対する「告発の声」に他ならない。ちなみにデュピュイは，神話学者・文学者・詩人ではない。彼は，科学技術に明るいフランス放射線防護原子力安全研究所倫理員

会委員長を務めた科学哲学者である。

筆者は，デュピュイの真意を理解するためには，彼が用いた「暴力」と「悪」の多義性を分節化する必要があると考える。デュピュイによる「暴力」と「悪」の把握や表現には，両義的な機能がみられるからである。天災や病気などの自然の悪や自然の暴力は，伝統的な倫理学や正義論の考察対象ではない。またイマヌエル・カント（Immanuel Kant）にみられるように，悪に対する伝統的な見解は「災難」「災悪」（Übel）と「悪」（Böse）との区分に基づいている。前者は自然的な幸運に比較され，後者は善に対比される道徳的文脈で使われる[(10)]。前者を生み出すのは自然的暴力であり，後者は人間の暴力によって生み出される。

また，この善悪の区分の根底には，自然の世界と道徳的自由の世界との二元論が横たわっていた。だが，この前提とともにそれに基づく善悪の区分は，今日では妥当性をもたない。にもかかわらず，デュピュイが「［自然の］暴力は純粋なもの，善悪の範疇の手前にある」ものだと主張する真意は，どこにあるのだろうか。それは，上記の暴力と善悪とを対応させる伝統的発想そのものを否定し，自然災害の名のもとに想定外・予想外の不運な出来事として語ろう（騙ろう）とする人間の作為や意図の醜悪さをあらわにすることによって，大災害を「自然災害」と表現してはならないと主張する点にあった。この意味でも，自然の悪や自然の暴力は，従来の倫理学や正義論のカテゴリーで論じることはできない。フランスの自然災害の研究者集団が「自然災害」という表現を禁じた理由は，この点から筆者も理解することができる[(11)]。

5 「健康」実現のための前提条件について

次に筆者は，上記の考察を踏まえて，複合的な意味を持つ健康を実現するための主要な前提条件を考察する。健康作りのためのオタワ憲章で挙げられた前提条件は，次のとおりである。第一は，平和（peace）であること。第二に，住居（shelter）の確保にある。第三は，教育（education）の重要性である。第四に，食糧（food）の安定的な供給が重要である。第五は，収入（income）の継続的で安定的な確保にある。第六は，安定したエコシステム（a stable ecosystem）の構築にある。第七は，持続可能な資源（sustainable resources）の確保にある。第八は，社会的正義と公平性（social justice and equity）の実現である[(12)]。筆者によれば，これらはすべて，本論考のタイトルに掲げた「人間らしく生きるための条件」を意味する。そこで本稿では，以下のようにこれらの具体的な含意を明らかにしていく。

第一に，平和は健康の最も重要な前提条件である。平和とは，かつて「冷戦」という言葉で表現されたように，たんに戦争が勃発していない状態，非戦闘状態だけを意味するわけではない。また戦争や紛争・テロなどは，人命を奪い，心身の健康を損ない，基本的人権を棄損する最も暴力的な行為であり，未来世代にわたり，精神的・物的・環境的な大きな負の影響を与える。戦争や武力衝突では，核兵器の使用の危険性を生じ，劣化ウラン弾のような核汚染を引き起こす反人道的兵器が使用されてきた。これらの兵器の使用を禁止しようとする国際社会の努力は，まだ不十分である。この意味でも，世界の平和は速やかに実現されなければならない。

第二に，住居は，たんに雨露をしのぐ場所を意味するわけではない。それは人間が最小の共同性の単位である家庭生活を営む物的・精神的よりどころである。したがって「ホームレス（homeless）」は，住む場所の喪失だけの「ハウスレス（houseless）」でなく，家族が集うべき場所・拠り所の喪失状態を意味する。津波や地震，原発事故などによって生命の危機にさらされ，自宅を破壊され，避難を余儀なくされ，長期間にわたり避難所や仮設住宅で不便な生活を強いられた人々は，健康という人間の基本的権利が奪われている。要するに住居（shelter）は，「ホーム（home）」のことであり，人間の生きる場をなす「絆」の基本的条件の重要な役割を担っている。これらは，アジア諸国では特に重要な緊急の課題に属する。

第三に，教育は，知識や技術などを教え授け，善良な人間に育て上げることを目的にしている。それには，人間の徳育・知育・体育という成長の基本条件が満たされなければならず，そのためには，あらゆる意味で，健康であること，健康でありうることが保障されなければならない。したがって心豊かな社会システムの形成には，道徳・倫理・成熟した判断力に裏付けられた人間教育や健全な人間関係の構築が不可欠である。心身の健康を損なう戦争・紛争・災害などによる被災者・救護者両者のメンタルケアと自立支援には，広義の教育の力が求められている。特にアジア地域では，義務教育の充実に加えて，科学・技術教育と科学・技術倫理教育との統合が緊急の課題である。

第四に，食糧は，たんに人間が生物として生存するためだけでなく，安全で人間として望ましい健康的な成長やその維持が保障されるための前提的な基本条件である。日本は，現在食糧自給率が40%未満に落ち込み，先進国の中では最低の水準であると言われている。また1999年代のイギリスで発生した「狂牛病（BSE)」に感染した牛を食糧にした結果，イギリス国内だけでも「変異型クロイツフェルト・ヤコブ病」に罹患して150名以上の死者を出した。そのリスクは，イギリス国内外でいまも完全になくなったわけではない。さらに東日本大震災の結果，食糧生産の場を奪われ，農業・漁業の生産物が放射能に汚染され，そのような疑いを持たれ生業のすべが断たれている人たちは，健康だけでなく人間の生きる権利すら奪われている。一般の生活者は，土地に縛られ，安全で安心できる食べ物・飲料水の保障を得られないまま生活しなければならない。また，年少者ほど，安全を脅かす要因（リスク）に曝されている。これは健康格差の典型であり，正義に反する事態である。

第五に，収入は，上記の諸条件を満たすために，必要不可欠であり，経済的自立の基本条件である。グローバル化の荒波は，先進国と途上国との格差を拡大しただけでなく，同じ国内でも貧富の格差が増大している。特にアジア諸国での格差が顕著である。さらに日本では，大震災や原発事故の影響によって，長期間にわたり現在の世代だけでなく未来世代にわたり収入の条件が奪われている。除染された土壌や水の保管場所についても，被災地や他の地域の住民の間で，合意が困難な状態にある。今回の原発事故は，最前線で働く末端の現場作業員の労働条件の劣悪さだけでなく，末端の下請け企業の反社会的な賃金格差の実態までも明らかにした。収入の確保には，長期的な視野のもとで策定された安定的な雇用システムの構築が不可欠であろう。

第六に，安定したエコシステムは，健康を脅かす生活環境や社会環境，自然環境から人間を守るために必要不可欠の条件である。これらの健康を守るために不可欠の条件が，現在の日本では，残念ながら満たされていない。現在の地球規模の異常気象は，世界各地で想定外の「自然災害」を生じている。その結果，食物生産にも大きな影響を与えていることは周知のとおりである。加えて，ヨーロッパにおける大気汚染物質，CO_2 の規制は厳しさを増し，日本の基幹産業の自動車産業にも大きな企業戦略の見直しを迫っている。

要するに，環境問題は経済問題であり，雇用問題でもある。さらに言えば，これは政治問題でもある。例えば，福島第一原発事故の折に流布された「放射能汚染は健康にただちに影響はない」という言説は，「健康」の意味を理解できず，放射能汚染が健康に不可欠な「安定したエコシステム」を破壊する現実が把握できない表れである。国民に「健康」を保障する客観的基準は明確に示されていないので，その「暫定規制値」の数値とその変更は，健康不安を煽る結果となり，心身の健康を損なう結果を生じてきた。

第七に，持続可能な資源には，自然的・物質的資源や，人的資源の確保と供給も意味する。健康を維持する上で，安定的な日常生活や企業の経済活動，エネルギーの確保は不可欠であり，個人レベルから共同体レベル，国家や国際社会のレベルまで，持続可能な資源の確保と安定的で安全なエネルギーの供給は最も重要な条件である。そのためには，健康を損なう原子力エネルギーではなく，自然再生エネルギーの使用が最適解である。資源の有限性と再生エネルギーの意義と課題は，健康問題と不可分である。国内と国際社会の資源配分・環境政策・経済や金融の公平な配分や遺伝資源および利益配分の公平性による「バイオパイラシー（biopiracy）」の禁止，産業廃棄物や放射能汚染物質の海外投棄の禁止も不可欠である。

第八に，社会的正義と公平性は，健康に不可欠な上記の７つの条件を個人レベルから共同体レベル，国家や国際社会のレベルまで，あまねく実現する指針を意味する。経済のグローバル化と富の不公平・国内外の南北問題は，社会保障制度の課題でもある。しかしアジア諸国でも，また日本社会でも，社会的正義と公平性の実現はきわめて不十分である。現在のアジアや日本社会では，「健康」の基本条件も十分満たされておらず，残念ながら，「教育を通じた平和」の実現の道筋は遠いと言わなければならない。

6　結論

筆者は，本稿の考察によって，次の諸点を明らかにしてきた。第一に，社会生活を円滑に進める前提の「健康」は，一般的な理解や医学的概念とは異なり，多様な文化と価値観を貫く普遍的な価値であることを明らかにしてきた。第二に，アジア共同体実現のためには多様な民族・文化に通底する「健康」の維持が重要であることを論じた。第三に，アジア共同体実現のためには「健康」と不可分の多様な自然観とその相違の認識の共有が重要であることも明らかにしてきた。最後に，筆者は，学問研究・科学的客観性・科学技術に対する信頼や依存のあり方を根本的に問い直すべきである，と主張したい。

学問研究や科学技術は，誰のため・何のために存在するのか，筆者は改めて問い直す必要があると考えている。一般住民や非専門家は，専門家・研究者の言説を鵜呑みにせず，個々人が自分自身の頭で考え，判断する力を身に付けることが必要である。素朴な疑問の声に耳を傾け，批判的精神を発揮することが，専門家と非専門家との相互信頼の構築に有益な役割を果たすのであろう[13]。筆者は，そのためにも科学者・研究者，大学など研究教育機関の果たすべき責任や役割が重要であることを強調して，本稿を擱筆する[14]。

【注】

（1） グローバル化時代における倫理的課題については，牧野英二「租税制度と正義の実現の可能性―グローバル・エシックスとリージョナル・エシックスとの間―」（寺田俊郎・舟場保之編『グローバル・エシックスを考える』梓書房，2008 年，pp. 310–327.）を参照。

（2） かつてアマルティア・センが指摘したように，「健康の格差」の是正は極めて重要な緊急の課題である。この点については，次の文献を参照。Cf. Norman Daniels, Bruce P. Kennedy, and Ichiro Kawachi, *Is Inequality Bad for Our Health?*（Beacon Press, 2000）また，本稿の主眼の 1 つである文化的価値の共有という見解よりも，むしろアジア共同体の経済的・政治的連携や安全保障を重視する見方もある。この立場に依拠した文献としては，中逵啓示編『なぜリージョナリズムなのか』（ナカニシヤ出版，2013 年を参照）。筆者は，両見解は矛盾・対立するものではなく，本稿の主題である「健康」および平和の構築に不可欠の諸要素に属すると考えている。

（3） 本論考では，論文の主題の制約上，「健康格差」を是正する持続可能な社会の在り方や，それに必要な条件などには立ち入らないことにする。「持続可能な社会の実現に果たすべき哲学の役割」については，牧野英二『「持続可能性の哲学」への道』（法政大学出版局，2013 年）を参照。また次の拙論では，従来のサステイナビリティ研究の問題点とこの概念の変換の必要性を東京電力福島第一原発事故の健康被害との関係から論じた。これらの論点については，長谷部俊治・舩橋晴俊編『持続可能性の危機』（御茶の水書房，2012 年）所収の拙論・第 1 章「ポスト 3.11 と「持続可能性」のコペルニクス的転換―危機の時代に「人間らしく生きるための条件」を求めて」を参照。なお，本論考は，上記の拙論と問題意識や論述の趣旨が一部重複するが，本稿では，新たな視点にも依拠して大幅な加筆修正を施していることをお断りしておく。

（4） 「教育」の多義性と近代以降の学校教育の課題については，下記の文献を参照されたい。特に学校教育の使命と課題，そして直面する困難について参考になる。真壁宏幹編『西洋教育思想史』（慶應義塾大学出版会，2016 年）。

（5） 『家庭医学館』（小学館，2008 年），星旦二『公衆衛生』（医学書院，2010 年）を参照。

（6） Cf. *Basic Documents*, Forty-fifth edition, Supplement, October 2006.

（7） 牧野英二『カントを読む―ポストモダニズム以降の批判哲学』（岩波書店，2003 年，pp. 12–15. 岩波人文書セレクション，2014 年）を参照。なお，福島原発事故を踏まえて，ウルリック・ベックは『リスク化する日本社会』（岩波書店，鈴木・伊藤訳，2011 年，pp. 1–12.）で，筆者と同様の認識を示している。

（8） ハンス - G・ガダマー著『健康の神秘』（法政大学出版局，2006 年，三浦國安訳，p. 138.）

（9） ジャン・ピエール・デュピュイ『ツナミの小形而上学』（嶋崎正樹訳，岩波書店，2011 年，日本語版序文 vi–vii）。

（10） イマヌエル・カント『実践理性批判』（坂部恵・有福孝岳・牧野英二編集『カント全集』7 巻，岩波書店，pp. 208–210.）参照。

（11） デュピュイ，前掲書，p. 28 を参照。なお，本稿で言及できなかったシステム的悪については，次の拙論で立ち入っているので，それを参照戴きたい。牧野英二「自然災害における暴力と悪の哲学的考察」（『韓国日本近代学会第 37 回国際学術大会発表論文集』2018 年，pp. 187–194）。

（12） Cf. Ottawa Charter for Health Promotion, 21 November 1986, Prerequisites for Health.

（13） ハリー・コリンズ『我々みんなが科学の専門家なのか？』（法政大学出版局，鈴木俊洋訳，2017 年。Harry Collins, *Are we all scientific experts now?* Polity, 2014.）。筆者の提言に対しては，特に自然科学の専門家・研究者からの反論が予想される。この点については，筆者の提言を補強するような科学論の専門家・コリンズの見解がある。実際，コリンズの主張は，書名が疑問形で表現されているために，読者には自然科学にかんする課題を当該分野の専門家・研究者に任せておけばよいと誤解しがちである。しかし，彼の主張は，筆者と同様に，そうではなく，専門家と一般市民との知識や技能を相互に活用することに眼目がある。この機会に，コリンズの主張の重要性を確認しておきたい。

（14） ジャンニ・ヴァッテイモ『哲学者の使命と責任』（法政大学出版局，上村忠男訳，2011 年）。ヴァッテイモはヨーロッパ哲学の伝統に根ざして政治と哲学との特殊の結びつきを強調するが，筆者の立場は，本論で論じたように，アジア的な観点を踏まえて，健康と哲学との複合的な関係とともに，特に途上国における生活者の「様々な声」を聴きとり，それを教育を通じて平和の実現に反映させる努力を強調する点にある。

【主要参考文献】

1　日本語文献

植田晃次他編『「共生の内実」「ことばの魔術」の落とし穴―消費される「共生」』（三元社，2006 年）。

加藤尚武『資源クライシス―だれがその持続可能性を維持するのか？』（丸善，2008 年）。

上島裕子「国境を越える「正義の義務」はあるのか―グローバルで社会的な正義

の行方―」(『思想』933 号，岩波書店，2007 年 1 月)。
神野直彦『税とは何か』(藤原書店，2003 年)。
齋藤希史『漢文脈の近代』(名古屋大学出版局，2005 年)。
サンデル，マイケル『マイケル・サンデル　大震災特別講義　私たちはどう生きるのか』(NHK 出版，2011 年)。
スピヴァク，ガヤトリ『ナショナリズムと想像力』(鈴木英明訳，青土社，2011 年)。
瀧川裕英『責任の意味と制度　負担から応答へ』(勁草書房，2003 年)。
セン，アマルティア『正義のアイデア』(明石書店，池本幸生訳，2011 年)。
センブリーニ，アンドレア『多文化主義とは何か』(三浦信孝，長谷川秀樹訳，白水社)。
デイヴィッドソン，ドナルド『真理・言語・歴史』(柏端・立花・荒磯・尾形・成瀬訳，春秋社，2012 年)。
デュピュイ，ジャン・ピエール『ツナミの小形而上学』(岩波書店，日本語版序文，2011 年)。
寺田俊郎・舟場保之編『グローバル・エシックスを考える』(梓書房，2008 年)。
中逵啓示編『なぜリージョナリズムなのか』(ナカニシヤ出版，2013 年)。
ナーゲル，トマス『税と正義』(伊藤恭彦訳，名古屋大学出版会，2006 年)。
羽田　正編『グローバルヒストリーと東アジア史』(東京大学出版会，2016 年)。
広井良典『定常型社会　新しい「豊かさの」の構想』(岩波書店，2001 年)。
フェザーストーン，マイク『ほつれゆく文化』(法政大学出版局，2009 年)。
ベック，ウルリッヒ『リスク化する社会』(岩波書店，2011 年)。
ヘッフェ，オトフリート『政治的正義』(北尾・平石・望月訳，法政大学出版局，1994 年)。
ポッゲ，トマス『世界的貧困と人権』(立岩真也監訳，生活書院，2010 年)。
牧野英二『持続可能性の危機―地震・津波・原発事故災害に向き合って―』(御茶ノ水書房，2012 年，第一章)。
――― 『「持続可能性の哲学」への道』(法政大学出版局，2013 年)。
――― 『東アジアのカント哲学』(法政大学出版局，2015 年)。
ミラー，デイヴィッド『国際正義とは何か―グローバル化とネーションとしての責任』(富沢・伊藤・長谷川・布光・竹島訳，風行社，2011 年)。
山脇直司『公共哲学からの応答　3・11 の衝撃の後で』(筑摩書房，2011 年)。
ラトゥーシュ，セルジュ『経済成長なき社会発展は可能か？　〈脱成長〉と〈ポスト開発〉の経済学』(中野佳裕訳，作品社，2011 年)。

2　欧語文献

Anderson-Gold, Sharon, Progress and Prophecy. The Case for a Cosmopolitan History. In:. J Rohbeck und H. Nagel-Docekal (Hersg.), *Geschichtsphilosophie und Kulturkritik*. Darmstadt 2003.

Beck, Ulrich, *Der kosmopolitische Blick oder: Krieg ist Frieden*. Frankfurt a.M. 2004.

Daniels, N., Kennedy, Bruce P. and Kawachi, Ichiro, *Is Inequality Bad for Our Health?* (Beacon Press, 2000.)

Eagleton, Terry, *Idea of Culture*, Blackwell, 2000.

Ekardt, Felix, *Das Prinzip Nachhaltigkeit. Generationengerechtigkeit und globale Gerechtigkeit*, München 2005, 2. Aufl.

——, *Theorie der Nachhaltigkeit. Rechtliche, ethische und polotische Zugäenge – am Beispiel von Klimawandel, Ressourcenknappheit und Welthandel.* Baden-Baden 2011.

Evanoff, Richard, *Bioregionalism and Global Ethics*. Routledge, New York, 2011.

Featherstone, Mike, *Undoing Culture: Globalization, Postmodernism and Identity*, London 1995.

Gadamer, H.-G., *Über die Verborgenheit der Gesundheit*, Frankfurt a. M. 1993.

Held , David and McGrew, Anthony, *Globalization / Anti-Globalization*, Oxford 2002.

Koskenniemi, M., 'International Law and Hegemony: A Reconfiguration,' 17 *Cambridge Review of International Affairs*, 2004.

Makino, Eiji, Weltbürgertum und die Kritik an der postkolonialen Vernunft. In: Bacin, S., Ferrarin, A., Ra Rocca, C., Ruffing, M., (Hrsg.) *Kant und die Philosophie in weltbürgerlicher Absicht*, Bd. 1. De Gruyter, Berlin / Boston, 2013.

Nagel, Thomas, The Problem of Global Justice, in: *Philosopy and Public Affairs*, 33. 2005.

Scanlon, T., *What We Owe to Each Other*, Harvard U.P. 1998.

Spivak, Gayatri Chakravorty, *A Critique of Postcolonial Reason*, Harvard U. P., 1999.

Vattimo, Gianni, *Vocazione e responsabilità del filosofo*, Genova 2000.

Welman, C., *The Language of Ethics*, H.U.P., 1961.

第2部
「アジア共同体講座」の事例紹介

第3章

北東アジア地域をめぐるアジア共同体

権寧俊（新潟県立大学）

1　新潟県立大学の「講座」の特徴

新潟県立大学国際地域学部は2013年からワンアジア財団の「アジア共同体講座開設大学への研究助成金」を得て，連続講座「東アジア研究：環日本海地域社会とアジア共同体」を開講した。本学においてのシリーズ講座を「環日本海地域とアジア共同体」と名づけた理由は，1990年代の前半から新潟を含む「日本海」側の道府県で「環日本海」というキーワードで北東アジアが大きな注目を集めており，「環日本海地域」の新潟にある本学の特徴を生かし，それをアジア共同体につなげたいと考えたからであった。

1990年代初頭から，アジアにおける地域協力の制度的枠組みをつくろうとする動きがあった。特に1997年のアジア通貨危機以降には「東アジア共同体」の議論が各国であるいは国際的に広範になされるようになった。その中で，日本・中国・ロシア・韓国を中心とする「環日本海経済圏」が，その経済的ポテンシャルの高さから世界経済の中軸の1つを担う地域として注目されており，「東アジア共同体」や「東北アジア共同の家」といった概念さえ唱えられ始めている。その理由は以下の3つをあげることができる。

第一に，「北東アジア」地域は，冷戦時代には東西両陣営対立の最前線であった。そこで，この地域の人びとは国際的な政治的緊張を肌身に感じていた。1980年代後半に始まる冷戦の溶解によって，この地域は平和と交流の地域になるだろうという期待が高まった。それは，地域の振興を促進する希望にもつながっていた。1990年から95年にかけては，「北東アジア」情勢は緊張緩和にむけた地殻変動が発生した。この地域では，韓国・ソ連国交樹立，日朝国交交渉の開始（1990年），ソ連邦の消滅，中韓国交樹立，新モンゴル国誕生（92年）など，東西対立は着実に解消されつつあった。こうした国際情勢の激動は，「環日本海」に暮らす人々にとって身近な現象としてとらえられた。

第二に，国ではなく国内の地域が，それも各国の「中央」に対して「周辺」の立場におかれていた地方が主体となって，相互に結びつこうとしていた点である。日本では北海道，東北の日本海側から山陰地方，九州北部など，ソ連では極東や東シベリア，中国では東北三省，といった各国において「中央」の発展から取り残されていた地方が，この「環日本海」の交流を足がかりに経済発展を実現できるのではないか，という期待が生まれた。また，地方どうしが国境を越えて交流することの意義や，それによる地域振興に期待が集まったり，国と国の外交とは別に，地方自治体，地方政府どうしの外交（地方外交）の可能性について期待を込めて論じられたりした。

第三に，アジアにはさまざまな発展段階，異なる政治体制の国家があり，ヨーロッパなどの地域に比べても地域の協力や統合への道のりは険しいといえる。しかしながら，近年，この地域にはASEANを中心とする重層的な地域協力の枠組みが，着実に構築されてきていることも事実である。そして，国を超えた人々の交流や物流などを通してゆるやかな統合が模索されている。さらに日本・中国・ロシア・韓国を中心とする「環日本海経済圏」が，その経済的ポテンシャルの高さから世界経済の中軸の１つを担う地域として注目されており，アジア共同体の形成の中核になると思われる。

しかし，民族・宗教・文化などのさまざまな面で多様性に富む「環日本海経済圏」は，かつて共同体あるいは地域統合の対象とは無縁であると見做されていたように，解決すべき多くの課題が残されている。そこで本学の講座は，アジア共同体の理論と実践を重視しながら，「環日本海」地域と連携してアジアの他の地域との協力関係の促進とともに，「アジアの全体像」を把握することを目指す目的で開いたものである。

2　講座を通してみる成果と課題

本学では，シリーズ講座を「環日本海地域とアジア共同体」と名づけ，国際地域学部の学生を主な受講生として行った。授業の目的は，国を超えて地域を理解するための歴史，政治，経済，環境，文化などの与件を踏まえ，「アジア共同体」の実現に向けてのさまざまな方法について，国内外の具体的な地域の事例に触れながら学び，問題発見・問題解決能力を高めることであった。講座は，日中韓関係，東アジアの安全保障，経済・政治問題，国際法的人権問題，宗教・民族問題，環境問題なと，その議題は多岐に渡り，非常に豊富な内容であった。講師も日本国内および韓国，中国など錚々たるメンバーが務めた。受講生は学生のみならず，一般社会人も多く講座を聴講した。受講生は，毎回多様な内容の講座を熱心に聴講し，実り多いものになったとの感想を述べてくれた。

本講座の運営は6人の教員で運営委員会を組織し，授業全般の計画や企画などに努めた。大学側も積極的に支持し，学長をはじめ，副学長・学部長や国際交流センター長らが講師らと面会したり，直接講義に参席したりした。また関係部門の責任者や職員たちも積極的に協力してくれた。

また，国際シンポジウムを3回行った。第1のシンポジウムは，本学主催で「北東アジアにおけるグローバル時代の人財育成」というテーマで行った。このシンポジウムでは，太平洋国立大学の副学長，黒龍江大学東語学院長，韓国外国語大学校日本語大学学長などの基調講演とともに，「現在のグローバル時代における留学生の役割」について，一般の参加者との意見交換をする場になった。第二のシンポジウムは中国延辺大学と本学との共催で「東アジアにおける日本学研究の新しい視点」として言語，文化，文学，教育，社会等の各分野の研究者を招き，開催した。このシンポジウムでは中国国内および日本，韓国等から約 230 人が参加し，研究交流を行う場になった。このシンポジウムは 2 年ごとに継続的に行う予定であり，2015 年 8 月には「アジア共同体を視野に入れた日本学研究と展望」というテーマで開催され，250 人の研究者が一堂に会した。本学から前回と同じく 6 人の教員が参加し，2017 年 8 月のシンポジウムには 8 人の教員が参加した。

さらに，「講座」運営委員会を中心に政治，経済，文化，歴史などの角度から研究を行い，現在の到達点を書物の形でまとめ，広く世に提供するため，編著として『歴史・文化からみる東アジア共同体』と『東アジアの多文化共生』を出版した。今までの成果をまとめると以下のとおりである。

(1)　国際シンポジウムの開催

・新潟県立大学国際シンポジウム「北東アジアにおけるグローバル時代の人財育成」(2013 年 7 月 20 日)。

・第 3 回中日韓朝言語文化比較研究国際シンポジウム「東アジアにおける日本学研究の新しい視点」(中国延辺大学との共催：2013 年 8 月 19 日～8 月 22 日)。

・第 4 回中日韓朝言語文化比較研究国際シンポジウム「アジア共同体を視野に入れた日本学研究と展望」(中国延辺大学との共催：2015 年 8 月 17 日～8 月 19 日)。

・第 5 回中日韓朝言語文化比較研究国際シンポジウム（中国延辺大学との共催：2017 年 8 月 18 日～8 月 20 日)。

(2)　教科書用簡易刊行物

・新潟県立大学『東アジア研究講義集Ⅰ』(簡易製本：2013 年 10 月)。

・新潟県立大学『東アジア研究講義集Ⅱ』(簡易製本：2015 年 2 月)。

・新潟県立大学『多文化共生社会に向けて』(簡易製本：2016年3月)。
・新潟県立大学『アジア地域の交流と統合』(簡易製本：2018年3月)。

(3) 刊行物

・共著『中国朝鮮族と回族の過去と現在』(創土社，2014年3月)。
・編著『歴史・文化からみる東アジア共同体』(創土社，2015年3月)。
・編著『東アジアの多文化共生―過去・現在との対話からみる共生社会の理念と実態』(明石書店，2017年2月)。

これら刊行の主たる目的は，現在の到達点を書物の形でまとめ，広く世に提供することにある。さらに，書物として著述し整理してゆくことそれ自体が，「アジア共同体論」の学問的な水準をいささかなりとも押し上げることにつながると思う。また，それらは本学での連続講座を担当した教員による講義記録およびそれと問題意識を共有する「歴史・文化」の外部研究者による論考を加えた共同研究の成果である。さらに今までの講座においては，アジア共同体意識を醸成し，アジア共同体の理論と実践の重要性を認識し，未来を託す若者たちの交流による相互理解を促進することが目標になった。これは，未来の希望を創るためには最も重視すべき課題である。

北東アジアにおいては，経済分野の相互依存は急速に進んでいる。しかし，これが「相互の信頼」醸成に結びついているわけではない。北東アジア諸国間の歴史認識の違いは，依然として「北東アジアへの一体感」ないし「共同体意識」の違いの重要な要因となっている。たんなる経済利益の追求を目的とした経済関係を超え，北東アジア地域内の「相互認識・相互理解」を深めるためにはどのような努力をなすべきなのか，という共通の問題意識のもとで本学の講座が行われた。北東アジア諸国間の相互対話を進めるには，北東アジア地域の固有のロジックと歴史的背景の違いを理解しなければならない。そのうえで，多様性にもとづいた地域社会の可能性を探求しなければならない。そして，地域間国際関係の調整を図り得る人材，さらには東アジアの将来への展開を開くための知識や情報・見識・実行力を有する人材を育てる必要がある。そのような人材を活用して「人的・文化的交流」を拡大させることが大切である。このような「人的・文化的交流」は，対等性を担保しやすい個人や自治体・集団間でまず進めるべきである。つまり，国家間ではなくて，人々や各集団間のさまざまな交流の積み重ねによって「相互の信頼」を醸成しなければならず，それが実現してはじめて国家間の相互共通意識が芽生えてくるであろう。

その意味では，現在ワンアジア財団がアジア各地域で展開している「寄付講座」事業は，極めて重要なものであると考える。これは，アジア共同体における「地域間関係を担う人材」の育成にもつながっているからである。

新潟県立大学では，これからも引き続き「アジア共同体」の実現にむけて研究を続け，何らかの社会的な貢献ができれば幸いである。

第4章

ワンアジア財団の講義における コミュニケーションと教育の異文化理解

アスンシオン・ロペス＝ヴァレラ（マドリード・コンプルテンセ大学）

本稿では，教育における異文化間関係の研究のパラダイムを提示する。インターメディア・インターカルチュア・メディエーションに関する研究についてマドリード・コンプルテンセ大学のSIIMは，社会のあらゆる部門間の基本的なつながりには「文化的商品」があると見ている。このプログラムでは，国際レベル，グローバルレベル，コスモポリタンレベル，学際的レベルの多文化性を探求している。SIIMは，人間の表現の他の形態，状況，および活動に関連してそれに依存する文化的表現をも考慮して，理論，方法およびその適用に焦点を当てている(1)。

1　はじめに

記号的移転の一形態としての文化の認識は，教育における異文化間の研究の道を開く。各文化には独自の記号的伝統がある（ギリシア語の墓地の観察，すなわち（埋葬）徴候と（医療的）症状の観察)。これらには，社会的コミュニケーションと表現（歴史的記憶を保持する）の特定の形態が含まれる。記号論は，人工的に構築された言語（すなわち，数学的言語，コンピュータコードなど）と自然言語の両方で，記号（索引，アイコン，記号）の研究と解釈を取り扱う。記号系は，よりグローバルな次元において，異文化間のコミュニケーションと表現の研究を意味する。

人間の文化は，徴候の大部分と本質的に社会的に共通の意味に依存している。コミュニケーションには，複数の主題の意識が必要である。つまり，相互主義的である。[2] 用語「文化」（他の EU 言語では「文化」）は古代ラテン語に由来する。当初，それは土地の栽培を指し，新石器時代に人間が特定の環境に定着するのを助けた共有コードとパターンのシステムを示していた。もともと，これらのパターンは土地組織に焦点を当てていたが，「栽培」という言葉は，規範的（教育的）な教育的側面に合致した思考と生活の方法を意味している。最近では，「文化」の概念は，グループ／コミュニティ（すなわち，背景，文明，習慣，民族性，倫理，哲学，社会，伝統，価値）によって共有される他のすべての側面を加え，（アート，文学，音楽，建築，科学理論など）が表現されている。[3]

したがって，異文化間または異文化間のコミュニケーションや表現は，他の文化を越えて会う努力を指している。この努力は，東西の世界観の違いを探る際に特に重要になる。この文章は，教育的文脈における異文化間の意味づけを探求する可能性のあるルートを辿っているが，国際的な専門家，移民労働者，国際企業などのコミュニティにも異文化間関係の研究は非常に関連している。

2　理論的背景

1　技術の異文化間コミュニケーションへの影響

伝統的な口頭文化では，看板や意味は空間や時間を超えて容易に運ばれることはなかった。しかし，20 世紀後半には，より高速で安価な国際輸送が，メディア技術の発展と共に，人間の徴候と意味の流れを広げた。過去には，原稿や書籍，翻訳の形で印刷された書式が，他の世界の場所への文化的表現の移動や再配置に貢献した。テクノロジーの進歩により，異文化間で情報とコミュニケーションが可能になった。最初は電信と電話，その後ラジオ，テレビであった。最近では，インターネットとデジタル化が進んでいる。

逆説的に，そしておそらくは結果として，情報の移動性は必ずしも相互主義的な異文化間コミュニケーションの増加を伴うとは限らない。Youtube，Twitter，Facebook，Instagram などのブログやソーシャルネットワークなどのバーチャルコミュニティは，サイバースペースの越境レベルで文化的な意味を創造し，配布し，受け取る。しかし，多くの重要な声明は，ワールドワイドウェブや現代の携帯電話の使用を通じて，多様な意味や多様な看板システムの交換が，伝統的に人々を結びつけた債券の解体に貢献したと主張している[4]。

モビリティは，新しい教育パラダイムの重要な記号的特徴とみなすことができる。意味はもはや単純な分類ではない。それらは，文化，民族，ジェンダー，およびクラスの側面を含むさまざまな組み合わせで発生するプロセスである。したがって，現代のアイデンティティは，実行可能な（行動的な）力で動員され，話すポジションに変換されるレパートリーのフィーチャで構成されている。最初の重大な問題は，異文化間教育があらゆるレベル（地域，国家，国際）のコミュニティに役立つかどうかである。2 番目の問題は，この種の教育を教室に含めるために必要なツールに関するものである。

最初の問題に答えるためには，異文化間の変化がどのように組織されているのかを見る必要がある。①微環境（私有空間：住居，職場，オフィス，私有庭園など），②近接した環境（準公共空間，平らなブロックとその周辺環境，公園，緑地など）のレベル。③村，町，都市，都市環境と自然環境（田舎，風景など）の研究，④地球環境のレベル（環境それは自然資源と，もちろん，サイバースペースにおける仮説的な「ウェブネス」の仮想的なレベルを含んでいる）について考えることが必要である。これらのレベルに共通する分母は，異文化間のコミュニケーションが他の人々の価値観の理解に役立つということである[5]。

2 番目の問題は，提示された研究の実用的な側面に関係する。つまり，どのようなツールが教育環境における異文化間の能力を向上させるのに役立つのかということである。

2　感情と価値

ますます移動社会や過渡的な社会は，人々が自分自身と大きく異なるだけでなく，受け入れがたい態度や信念を持っている他人を理解する必要性を示している。価値観の相違にわたるこの種の理解は，積極的な共感を必要とする。情緒的な情報（値）の共有は，積極的な協調行動を促す。この複雑なプロセスはどのくらい正確に起こるか？　愛，喜び，憎しみ，悲しみ，恐怖，恥などの感情は異文化間の協力を促進または防止できる肯定的または否定的な意味をどのようにして負うのであろうか？

感情の重要性と日常生活へのその影響は，何千年ものあいだ思想家が関わってきた。最も初期の医学理論（エジプトとメソポタミア）は感情的な不均衡を引き起こした身体物質の欠乏に対する感情的な変化に関連していた。ギリシャの医師 Hippokrates of Kos（460–c.370BCE）は，ヒトの気質におそらく影響を及ぼす４つの異なる体液の過剰または不足の関係を示す，ユーモアの理論を開発した。アリストテレス（384–322 BCE）の感情は，身体物質の相互作用だけでなく，人間の行動や周囲の世界との相互作用からも生じる。アリストテレスの eudaimonia（“eu” = “good” と “daimōn” = “spirit”）という概念は，幸福と美徳を関係づけている。アリストテレスは，特定の方法（すなわち，正直，思いやり，寛大さなど）で行動するための本質的な処理としてだけでなく，個人的，社会的欲求，価値観，態度，興味，期待などを含む複雑な心構えとして，美徳を理解した。ペルガモンのガレン（129–200 CE）は，アリストテレスとエピキュリアの情報源に基づいて研究を行った。また，アリストテレスにインスパイアされたペルシャの医者イブン・シナ（Avicenna 980–1037）は，コスモス（地球，水，空気，火）の４つの要素を感性的な性質（暑い，寒い，湿った），感情的で倫理的な態度だけでなく，自己認識と行動の精神的な側面にも含めていた。

古代中国では，マワンドゥードシルクテキスト（B.168 BCE）に見られるような概念スキームであるいわゆる「五要素や代理人」（WŭXíng）は，さまざまな現象（宇宙サイクル，相互作用内臓間の変化，政治体制の変化など），物質のギリシャの懸念とは異なり，WŭXíngは，自然界の一時的な状態と関連する行動パターン，つまり木材（春／成長），火（夏／開花），地球（晩期／成果），金属／ハーベスト，水（冬／後退&貯蔵），各フェーズは次のフェーズに進み，フェーズ間の特定の方向エネルギーフローに基づいて，相互作用は広範囲，破壊的または網羅的であり得る。

研究のすべての分野で感情が重要である根本的な理由は，彼らが人間の経験の雑用になっているという事実である。感情を区別することは，哲学者，政治理論家，倫理的思想家，心理学者，または科学者に精通している学際的な議論を巻き起こしている。西洋文化では，支配的な社会パターンはそれらを「物質」とみなし，積極的な感情に重点を置き，否定的な感情を最小限に抑える。道教と仏教に根ざした中国，日本，インドのアジア文化は，感情を正と負のバランスを求める「プロセス」とみなしている[(6)]。

感情は精神的には，内的または外的事象への応答の個別の，一貫性のある調整されたセットとして，生物（価値）にとって特に重要である。これらの反応は，身体的（顔，口頭，ジェスチャーなど）から無意識の生理学的表現（汗，瞳孔拡張など）に及ぶ。永続的な感情は，特定の行動パターンと行動傾向（内気，激怒 ......）を誘発する可能性がある。感情が起こった後の感情表現は，感情と呼ばれる。気分はあまり強くなく，感情が拡散している[(7)]。

感情は価値の実体である。価値観は，私たちが何を考えているのか，私たちが何をしているのかを相対的に重視した人間の特質である。彼らは個人的で文化的に共有することができ，私たちが設定した優先順位と私たちが行う選択肢の中で表現を見つける感情的なエネルギーとして経験される。部分的に遺伝的に継承されている価値は，意識的に無意識に，私たちの生涯にわたって文化的に発達している。彼らを私たちや他の人々に明白にするためには，社会化において他の人々のものと調和させるために意識的な意識に変える必要がある。多文化グループの場合，これらの連携には，学習が必要な具体的な戦略とスキルが必要である。

3　調査方法─異文化価値と教育

自分自身の価値を分析するプロセスは，他人を理解するための前提条件である。異文化間の関係は，文化，年齢，性別，社会階級などに依存しており，そのすべてが私たちの視点または視点を規定している。異文化間の関係は，進化する社会経済的状況によって特徴づけられる文脈でも進行する。

異文化認識とは，他の文化との理解やコミュニケーションに基づいて，自分の行動を調整することである。それは，異文化間の受け入れ，他人への信頼と世話の機構における学習を重視する適切な教育プログラムを通じて開発される必要がある。彼ら自身の文化的な視点を活発に分析することによって，学生はより異文化に気づくようになる。1つの例は，異なる国籍や文化の学生が作成したブログであり，マドリードの都市との関係でさまざまな異文化の側面について話し合っている[(8)]。

SIIMが文化をより理解しやすくするためのもう1つのアプローチは，多様な文化的背景を持つ学生との接触に基づく，「異文化間ショック」である。世界的な教育状況が多国籍化するにつれ，多様な民族や文化から生まれた学生を同じコースに派遣することは困難ではなくなっている。1つの例は，ワンアジア財団が資金を提供するアジア研究コースである。ショックとは，文化の違いから生じる誤ったコミュニケーションや「衝突」のことである。特に，見知らぬ側面に関しては，これは鏡として機能し，生徒に自己相違点を認識させる。SIIMの教室では異文化間の紛争映画を使用している（Beckham (2002), Syriana (2005), Crash (2004), Missisippi Masala (1991), Persepolis）[(9)]。

観察と聴解は生徒の理解を助けるが，共感の発展には十分ではない。ここでは，訓練は受動的な学習形態を超えた質問をすることに向けられている。多文化教室でのグループワークディスカッションや交渉は，さまざまな文化的価値が浮上するのを助ける効率的な方法である。SIIMでは，以下のステップで「デザイン思考」手法を使用する。①学生に，独自の文化を参考にして自分の文化的背景を見るよう教える。②異なる文化的背景のクラスメートが自分の文化をどのように見ているかを知るように学生に教える。③他のクラスメートの価値をさまざまな視点（自分の視点だけでなく）を見て教える。④他の文化の人々がどのように見られているかを知るように学生に教える。

SIIMは，プロセスの第1段階では「デザイン思考」方法論が優れているが，より抽象的な象徴的な言語の形態を超えた視覚的なオーガナイザの使用にも依存している。ビジュアルオーガナイザは，アイコンやインデックス（ポインタ）に依存している。つまり，表現している現実（例えば，地図，画像，ジェスチャー，非言語）に似ている記号である。スキーマ理論に根差しているビジュアルオーガナイザは，周期的，階層的，逐次的および概念的なカテゴリーにわたる意味のある情報の処理を可能にする。例えば，概念図は概念／価値とその関係を記述することができる。ストーリーマップは，以前の知識と既存の知識を統合し，予測を行い，要点を要約し，データをすばやく簡単に管理できるよう支援する。ベンダイアグラムは概念と価値を比較する素晴らしいツールである。彼らは，異なる概念／値を持つ2つの結合された泡を使用し，共通のいくつかの特性を示す中間に収束する。ネットワークツリーは，上から下に向かって成長するいくつかの泡によって構成され，縦横の概念の違いを明確にする。スパイダーマップは，階層ではなく優先順位の関係を確立する役割も果たす。問題を解決するビジュアルオーガナイザは，高／低または低／高などの次元に応じた情報の編成を容易にする。(10)

視覚的な主催者を使用して，SIIMの異文化間の教室に参加する学生は，ツリーとして構想される。ツリーの枝は目に見える値の外観である。彼らは，自分自身と他者（皮膚，髪，体の作り，目の色，味，日常の習慣など）の違いと類似点で示されている。トランクの観察された態度（つまり，人々の動き，挨拶，話など），ルーツは，外見や観察された態度や反応から推測することができる，草分けの文化的価値である。これをツリーシンボルで作成されたビデオによって生徒は見ることができる。[11]

コミュニケーションの状況には，身体的（すなわち，人々が会話に参加する際の近接度），心理学的（すなわち，異なる文化に関する考え方がどのように他者に対する態度に影響を与えるか），社会的側面（すなわち参加者間の相互関係）が含まれる。この部分では，SIIM は “Doing Learning” である。

4　結論

上記の異文化認識の指導方法は，①事前調査，②異文化認識を高める記述された方法の実施，③後調査によった。2017 年の春のアジア研究科に通う学生の数は 31 人であった。

制限事項には以下のものが含まれる。①自分のコードと実質的に異なる文化コードを理解することは非常に困難であるという事実。②教師はプロセスを遂行するために訓練された専門メディエーター・ファシリテーターである必要がある。③時には，制度レベルでは構造能力が不十分である（すなわち，「デザイン思考」は通常のクラスよりも時間的枠組みが長く必要であり，参加者が自由に移動できるようにモバイル家具を備えたオープン教室が必要である）。

【注】

（1） http://www.ucm.es/siim
K. Robins. (Ed.). *The Challenge of Transcultural Diversities: Cultural Policy and Cultural Diversity*. Strasbourg: Council of Europe Publishing, 2006.

（2） A. López-Varela. “Exploring Intercultural Relations from the Intersubjective Perspectives through Creative Art in Multimodal Formats”. *Lexia. Revista di Simiotica* 5-6, 2010,125–147.

（3） G. Hofstede. *Culture's Consequences, Comparing Values, Behaviours, Institutions, and Organisations across Nations.* Thousand Oaks CA: Sage Publications, 2001.
G. Kress. “Thinking about the notion of ‘cross-culture’ from a social semi-

otic perspective." *Language and Intercultural Communication*12.4, 2012, 369–385.

（4） A. López-Varela Webness Revisted. *A Pleasure of Life in Words: A Festschrift for Angela Downing*. Ed.Carretero *et al*. Madrid: Universidad Complutense. Vol.2, 2006, 513–33.

（5） A. López-Varela (Ed.). Cityscapes and Semio-Cultural Industries. International Journal of the Humanities. Commonground Publishing. University of Illinois Research Park, 2014.

（6） M. C.Nussbaum. *Upheavals of Thought: The Intelligence of Emotions*. Cambridge Univ. Press, 2001.

（7） K. R. Scherer. "What are emotions? And how can they be measured?" *Social Science Information* 44, 2005, 693–727.

（8） https://oneasiafoundationmadrid.wordpress.com/

（9） https://www.ucm.es/siim/one-asia-foundation-cross-cultural-partnerships
https://www.ucm.es/siim/one-asia-foundation-2017-webinars-and-lectures

（10） https://www.youtube.com/watch?v=7Cee9p1RaN0

（11） https://iyfspain.wordpress.com/

第5章

「アジア共同体論」助成講座の実践

許寿童（三亜学院）

本学は中国最南端の海南島の三亜市にあり，2万人余りの生徒を有する総合大学である。本学における「アジア共同体論」講座は，筆者が所属している法学・社会学学部（講座申請当時は「社会発展学部」）が主催しているが，海南島では初めてであり，中国全体でも9番目に本講座を開設した大学となる。

1　三亜学院における「アジア共同体論」講座の歩み

本学では2012年10月に「アジア共同体論」をスタートさせた。元々一カ月前の9月開講の予定だったが，あいにく日本政府が釣魚島（日本名：尖閣諸島）を国有化した事態に遭遇した。日本政府の措置に中国政府はいち早く反応し，様々な分野で日本との交流を制限するに至った。そのため当講座も予定どおり進めることができず，島外から来るはずだった講師も来られなくなり，購入済みの航空券まで取り消すしかなかった。10月に開講したものの，学内で公に行うことができず，講師が泊まっている大学近くのホテルの会議室に一部の学生と先生たちを呼んで実施するというありさまであった。

しかし，いつまでもホテルで講義するわけにはいかなかったので，財団側の理解のもと一時中止する運びとなった。幸いにも翌年の4月末に大学の許可を得ることができ，5月から本格的に講座を実施するようになった。その間，学部をあげて諦めずに関係部門と交渉したのが実を結んだと思われる。

2　これまでの成果と問題点

本学では2012年秋に「アジア共同体論」講座をスタートさせてから，2017年まで5回連続実施している。今日にいたるまで，中国で5回以上本講座を開講した大学は4つほどあるが，本学がその中の1つに属する。講座のテーマは初年度に「アジア共同体論―東アジアの過去と現在の視点から」，2～4年目は「アジア共同体とアジア社会発展」，5年目は「アジア共同体論―和解と共生を目指して」とした。そして，3年目からは大学の正規科目（選択科目）となり，全学の学生が履修することができるようになった。ただし，全学選択科目は，そのコマ数が一般科目に比べて限られているため，別途に講座を設け，財団側が望んでいる最低15回の回数を補っている。受講者数は，当初は複数のクラスを指定する方法を取ったこともあって，100人以上だった。大学の正規科目になってから履修者の数は60～80人程度となっている。

講座の実施に当たって，中国大陸はともかく，台湾や日本，韓国などから少なくない名のある学者を講師として招くことができた。日本だけでも，財団の佐藤洋治理事長や鄭俊坤首席研究員のほか，田中宏一橋大学名誉教授，加藤哲郎早稲田大学特任教授，松田利彦国際日本文化研究所教授らがいらっしゃった。優秀な講師陣が加わったことなどが功を奏し，受講生たちは本講座を認めるようになった。このような講座をもっと多く設けてほしいと言う生徒も現れたのである。歴史の浅い本学で短時間内に外部からこれほど多くの学者が集まったのは初めてであった。国内外の多くの学者たちの講義を聴くことができた学生たちも嬉しかっただろう。

また，財団からの奨学証書を発行するとき，筆者のミスで，ある生徒の名字を間違えてしまったが，その生徒から書き直しを求められたため，財団にお願いして再発行してもらったこともあった。これも，受講生たちが本講座を大切にしている証であろう。

学生たちにアジア共同体構築のための知識を伝授し，深めたことが一番大きな成果であろう。そして，講義はアジア共同体と政治，経済，社会や歴史など様々なテーマと関連して進めたが，そのなかで，事実関係を正確に把握していないなどの問題が見つかった。たとえば，一部の学生たちは日本は過去の歴史について謝罪していないと認識していたのである。そこで，日本は一応謝罪はしたが，その後これを覆すような言動が頻繁に起こったため，問題になっていることを正確に教えた。

３年目までは，講義前後に講座のお知らせと記事を書いて，そのほとんどを学部のホームページに載せた。講座の様子を写した写真入りの記事は，主として受講生を指定して書かせ，それを筆者がチェックして載せるという形をとった。これは講座の内容を広く学内外に知らせるとともに，学生たちの自主意識を高め，「アジア共同体論」に関連する専門知識の獲得にも役だったと考えられる。そして，４年目からは主に学外からの講師の講義のみを記事にしている。

問題点としてはまず，受講生の中にはアジア共同体は実現できるのか，いつ実現するのかと，疑問を抱くものがいること。これはアジア共同体はEUのような実態がなく，そのビジョンも明確に示されていないからであろう。また，「アジア共同体論」あるいは「アジア共同体学」の体系的理論が乏しいことも生徒たちの学習に影響を与えている。とりわけ，彼らに勧められるアジア共同体論関係の体系的な専門的書籍が不足している。当然のことだが，このような問題は筆者をはじめとする本講座に携わっているすべての識者の努力で解決すべきことである。同時に，専門家たちによる研究プログラムも必要ではなかろうか。

3　コンベンションへの参加と他大学への出講

筆者はアジア共同体論講座に関わってから，ほとんど毎年のようにアジアのどこかで開かれる財団主催のコンベンションに参加し，また国内はともかく，日本や韓国にも赴いてアジア共同体論講義を行ってきた。

2012年8月には韓国仁川に赴き初めてワンアジア財団が主催したコンベンションに参加した。コンベンションには十数カ国350人あまりの学者らが集まり，まるで国連会議のような大会であった。これまで日中韓三カ国でいろんなシンポジウムに参加してきたが，これほど多くの国の参加者が集まった大会に出たのは初めてであった。その後も済州島，上海とプノンペンで開催されたコンベンションに参加したが，参加者とその出身国の数は増えるばかりだった。大会にはアジアのほか，遠いアメリカやヨーロッパからも複数の学者たちが参加していた。毎年のコンベンションでは学術交流のほか，内外の旧知にも出会って旧情を温め合えた。また新しい人も知り合えて，まさに温故知新の場そのものであった。

同時に，助成講座を開設した国内外の大学からの要請を受け，いくども出講する機会に恵まれた。中山大学，漸江工商大学，中央民族大学，海南大学，大連大学，長沙大学など国内大学のほか，韓国の檀国大学や日本の関東学院大学など十数校の大学に招かれ，現地の担当教授および受講生たちと一緒に「アジア共同体論」を深めることができた。出講するたびに，現地の大学生や院生からいろんな質問を受けて刺激になった。日本の大学では，中国のハルビン近くで恐ろしい人体実験を行った関東軍731部隊について話すとき，同部隊に関する知識がゼロである学生が複数いることに驚いた。日本の歴史教育の実態を現場で確認することができたが，東アジアにおける歴史問題解決の難しさをも実感させられた。

この助成講座にかかわることがなかったら，これほど意味ある交流や貴重な体験をすることもなかっただろう。これからも交流の機会を増やして自分の視野を広げるとともに，「共同体」に対する理解を深めながら，志をともにする仲間たちと一緒に「アジア共同体」の構築に向けてまい進していきたい。

最後に，本学としては，引き続き財団の助成を活用し，「アジア共同体論」授業を充実させ，本学で濃厚な「アジア共同体」構築の雰囲気を醸成し，もっと多くの教師と生徒の関心を呼び起こしたい。そして，「アジア共同体論」をさらに広め，深めて，ワンアジア財団の多大な支援に応えたい。

第6章

教養科目としての「アジア共同体論」の意義

権静（培材大学）

1　教養科目としての「アジア共同体論」の意義

現在，学生は情報化・グローバル化した複雑な時代を生きており，社会に出る前に多様な問題を解決できる能力を備えなければならない。社会生活の成功のために他者と調和した共同生活がおくれる資質も求められている。このような理由から，現在，政府や企業は複雑多様な問題解決と新しい知識創出のため，学際間の融合研究に多くの投資を行っている。このような面から，多様な講師とテーマで講義を行っているオムニバス形式の「アジア共同体論」は，現代が求める人材創出に適合した授業であるといえる。

本稿で考察対象としている「アジア共同体論」の授業の実態について詳しく述べる前に，アジア共同体について簡単に考察する必要がある。「アジア共同体論」を受講しながらも，果たしてアジア共同体が必要であるのかという問いに対し，懐疑的な学生が少なくないのである。このような疑問はアジア全域の統合以前に，東アジアの統合度合いが他の地域と比べて低いと評価されている点を考慮すれば，当然の疑問である。統合を妨害している具体的な要因を次のように羅列することができる[(1)]。

第一，歴史的問題の未解決，特に日本の殖民侵略史の問題が統合を妨げる大きな要因となっている。

第二，東アジアの多様性という特徴が安保領域の複雑さをより増幅させている。東アジアは宗教と文化，政治制度など相当な違いを見せている。たとえ，過去にいわゆる儒教文化を共有していたとしても，伝統文化の変化と政治発展の度合いの違いによって凝集力がとても弱い。

第三，東アジアは地域のアイデンティティ観念がとても希薄であり，多者主義協力の経験やその歴史が長くない。中国は1990年代以前には東アジア地域主義にたいして明確な政策がなく，二国間関係を外交の基本軸とし多者主義的な政策と実践には消極的だったのである。

第四，リーダーシップを備えた主導国の不在は，東アジアの地域主義の発展を妨げる主要な要因である。

このような状況のもと，学生たちは「アジア共同体」が実現可能なのかについて懐疑的にならざるを得ない。また教師の立場としても共同体形成のための確実な方策を今すぐ提示することは不可能である。それにもかかわらず，「アジア共同体」が必要な理由は何か。

経済的側面からすれば，東アジア地域はFTAの有無と関係なく事実上大きな1つの巨大経済地域に統合されつつある。全世界の交易で東アジアが占める割合は拡大する一方で，東アジア各国間の交易もやはりその割合が増えつつある。2010年度の韓国の対外総交易量で中国・日本・アセアンが占める割合は42.4%に達している。また東アジア地域内で行われる人的交流も急激に増えており，この地域は既に1つの生活圏をなしている。それに気候の変化や各種の自然災害，環境汚染，テロや国際犯罪，難民問題などは国家の領域に止まる問題ではない。地球温暖化などグローバルな解決策が求められる議題もあるが，地域の次元で多者間協力によって解決するのが一番効果的な議題がほとんどである。このような要請からもアジア統合の動きは益々進行すると予想される。特に韓国の場合，単一民族国家という概念はもはや成立しにくい。「出入国・外国人政策統計月報」によると図6－1のように国内滞在の外国人は2015年11月に

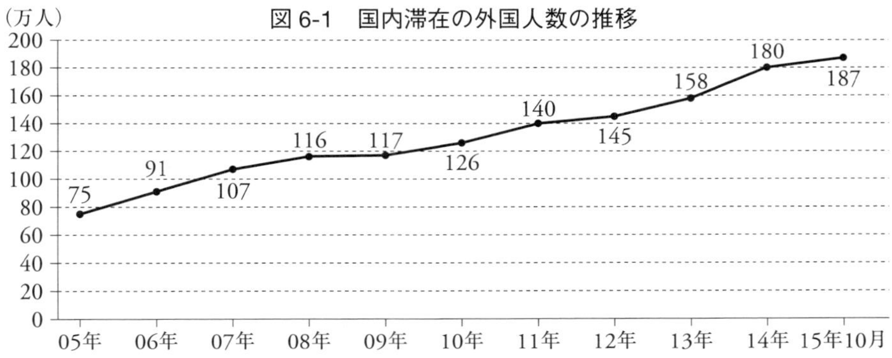

は 1,860,081 人で不法滞在者を含めると 200 万人を超えている。

韓国人の約 4% に達する外国人と我々は生活を共にしており，この比率は図のようにこれからも増加していく見込みである。これによる問題も増えつつあるが，多文化社会へ移行する今の勢いを止めることはもはや不可能である。韓国社会はこれからも多文化社会へと前進するであろう。そのため文化の多様性を尊重し，他者と他文化に対する開放と受容，寛容と抱擁の精神が今までになく必要とされている。このような時代性から『アジア共同体論』は学生たちに多くのことを考えさせる科目となりえるのである。

2　培材大学の「アジア共同体論」の特徴

「アジア共同体論」は現在 47 カ国，465 の大学で同時進行している授業であるだけに，培材大学の特徴を如何にいかした講義内容にするかが大事になってくる。それで講師の方をお招きする時，英語や日本語，中国語など色々な言語に接する機会を学生達に与えるため，海外から先生方をお招きした。また韓国内では各分野の現場で実際に活動されている専門家をお招きした。

2016 年の場合，変化する国際情勢，つまり開かれた世界から自国中心主義への変化を考慮し，この問題について考察できるよう講師陣を構成した。最近のイギリスのEU離脱や難民問題，ISによるテロ問題などで，世界は以前よりかえって他者を排斥する傾向が強くなりつつある。実際，最近の学生達は共同体という認識から遠ざかっている傾向にある。幼いころからの成績の競争，就職準備などによって他者を思いやり共同体を考える余裕がなくなってきているのだ。このような傾向は授業前に学生達に実施したアンケート調査にも明らかに現れている。

2016年，授業前に受講生100人を対象としたアンケート調査で，「アジア共同体について考えてみたことがあるか」という質問にたいして，「あまりない」と「ぜんぜんない」が各50%と21%で，71%の学生達が「アジア共同体」について無関心だったことがわかる。しかし，「アジア共同体論」を受講した後に再度行ったアンケート調査では学生達の認識に変化がみられる。このような結果から国際情勢が混乱している今こそ，「アジア共同体」について考える機会を学生達に与えるべきだと思われる。

学生達の認識を大きく変えた2016年の講師陣と講義テーマをいくつか紹介すると，「アジア共同体のための多文化教育」・「海外医療救護活動と国際連帯」・「アジア共同体と女性の生」・「アジア共同体と移住人権」・「アジア共同体と障害人権」などがある。共通して少数者の権利とその理解を通じてアジア共同体に接近してみようとしたものだ。今現在，自らが多数に属していたとしても，激変する世界の中で，いつ少数の立場になるかわからない。少数者の人権と権益を見つめ直すことで他者に対する理解と共同体の中で自分が占める位置を，アジアという大きな枠の中で考えてみることができた授業であった。

3 「アジア共同体論」受講後の学生たちの認識の変化

「アジア共同体論」受講後，学生達のアジア共同体に対する認識に大きな変化があった。受講後「アジア共同体にたいする関心度が上がったか」という質問に対して，「そうだ」が29%，「ややそうだ」が47%で，合計76%の学生達が受講前に比べ「アジア共同体」に対する関心が上がったことがわかった。

また「アジア共同体」が必要かという質問に対して,「そうだ」と答えた学生が63%,「ややそうだ」と答えたが26%, ふつうだと答えた学生が8%で, 計90%以上の学生がその必要性について肯定的な返事をしている。授業に対する満足度は96%ととても高い数値であった。

図6-2 アジア共同体論に対する理解度（受講前後の比較）

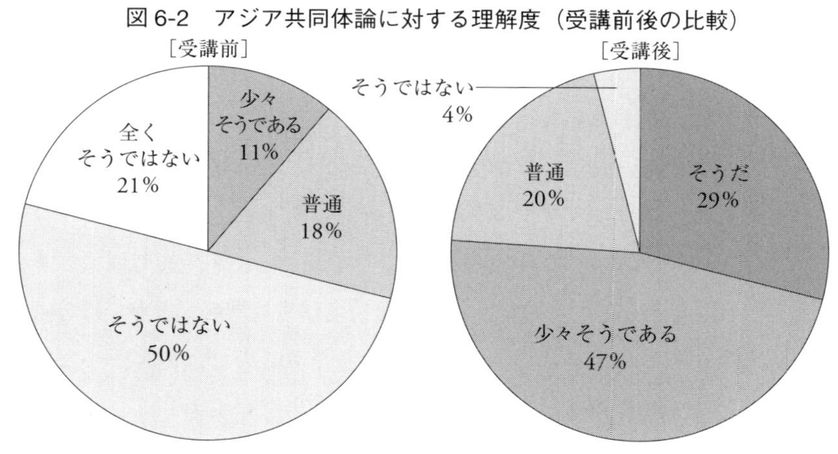

図6-3 授業に対する満足度

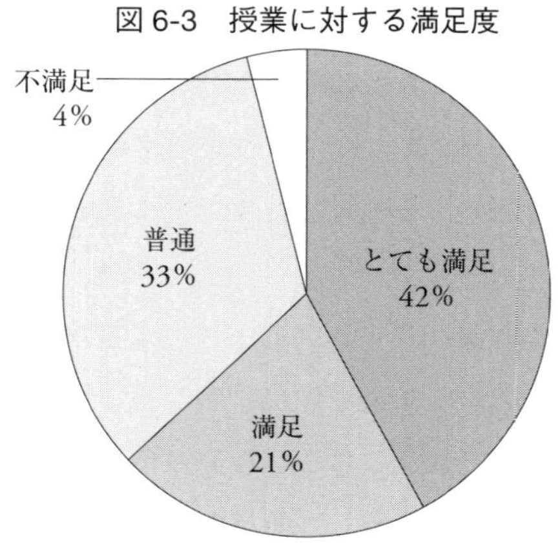

4　今後の課題

この３年間，学生達のアジア共同体に対する認識の変化をみてきた。最初，アジア共同体にたいして疑問を持っていた学生達が受講後により広い視野で他者と共同体を見つめ直すのをみて，教師として教えがいを感じることができた。

ある学生の「この授業を通じてはじめてアジア共同体という概念に接した。はじめは難しく感じられたが，毎週の授業を通じて私自身が属しているこの社会自体がアジア共同体だということに気づいた」との感想が，学生達の認識の変化を代弁していると思われる。

もちろん，大変だったという学生の声もあった。毎時間異なる先生によるオムニバス形式の授業はアジア共同体論の長所でもあるが，難しいところでもある。例えば，「いろんな先生の授業を聞けて興味深かったが，短時間に多くのことを教えてくださろうとするので，授業の難易度が高く理解できない部分もあった」・「毎度ちがう先生が多様なテーマで授業をなさるので，内容がつながらない」・「大型授業で学生が多く集中できない」などの意見もあり，このような傾向はまだオムニバス授業になれていない１年生に特に多かった。

以上の問題点を解消するために，2016 年の授業では承諾を得られた先生方をスマートフォンのアプリであるバンドにお招きし，授業の前後に意見を分かちあった。授業の全体的な流れと他の先生方がどのような内容で授業をなさっているのかを事前に把握していただき，授業の流れがつながるよう試みると同時に，学生達の授業にたいする意見にもただちにフィードバックできるようにしたのである。

また 100 人近い大型授業の運営をスムーズにするために指定席にし，授業中学生達の態度をチェックする学生を採用することで，遅刻や雑談をする学生の数を大きく減らすことができた。さらに授業のオリエンテーションでオムニバス授業の特徴について十分説明をし，簡単なアンケート調査を通じて，アジア共同体に対する理解を事前に得ることで，授業満足度を 90% から 2016 年度には96％に向上させることができた。このようなスマート機器を通じた意見の交換は講義の質と学生達の満足度を高めるのにとても役に立ったので，4度目迎える2017年の授業では学生達もバンドに参加させ意見交換を試みる予定である。学生達は各先生に一度しか会えないので，関心分野に対する理解が持続しにくく，バンドを通じた意見交換でそのような理解を深めていけるよう努めていく必要がある。

【注】

（1） ソジョンギョン・ウォンドンウク「東アジア地域主義と中国の対応戦略」『韓国政治学会報』43（2），2009年，272～274ページ。

【参考文献】

出入国・外国人政策本部「出入国・外国人政策」『統計月報』2015年。

ジュボンホ『東アジア共同体の内容と方向の模索』韓国市民倫理学会報26（2），2014年。

ジョンギヨン他「アジア共同体論の授業事例の研究」『日本語教育研究』31，韓国日本教育学会，2015年。

ソジョンギョン・ウォンドンウク「東アジア地域主義と中国の対応戦略」『韓国政治学会報43（2）』2009年。

バクスンウ「東アジア共同体と東アジア談論」『東アジアブリフ』6，2011年。

第3部

アジア共同体への視点1
政治，経済，環境，社会問題

第7章

所得格差から見たアジア共同体

康成文（哈爾濱商業大学）

1　はじめに

所得は「万事の元」として，一国の国民生活を左右するばかりでなく，国の政治，経済，社会安定にも多大かつ重要な影響を及ぼす。一国の所得水準は人口数，労働力状況および雇用環境と密接に関連しており，所得水準の向上は，その国の国民生活水準の向上はともかく，教育，衛生健康水準の向上ならびに貧困の撲滅に直接繋がる。一国の所得水準の向上は経済成長を基とするものであり，所得水準の持続的向上は持続的な経済成長を必要とする。国際的な地域経済統合の見地からすれば，国際間の所得格差およびそれに起因する様々な事情が地域経済統合の進展を妨げる重要な原因となっており，所得格差の解消のための当事国，地域社会ならびに国際社会の努力が見られている。

48の国と地域からなるアジアも国際間の所得格差は大きく，低所得国および貧困率の高い国もあれば，中所得国と中進国ならびに高収入の先進国もあり，地域的所得構造とその格差の多様性を呈しており，それゆえ局地的経済統合は進んでいるものの，地域全体における経済統合あるいは地域共同体の創成の可能性は未だ考えられないのが現状である。

地域化，地域主義の進展を基とする地域統合は，一方では，国際間の所得格差の収縮あるいは解消を前提とし，もう一方では，その国際間の雇用の拡大，経済成長の促進などを通じて，特に後進地域の所得向上の促進とそれに伴う国際地域間の所得格差を解消することで国際地域社会の安定かつ持続的な発展を現実のものにする。地域統合の歴史的経験およびその現状を見る限り，すべての地域統合は何らかの地域経済協力，貿易協定から始まっており，したがって，アジアにおける地域統合・アジア共同体の創成も同じ経路を辿らざるを得ないと考えられる。

本稿では開発経済学理論，国際統合論と統計データを結び付けながら，アジア地域の所得格差のあり方，地域統合の諸次元，アジア地域経済統合の進行とその役割を考察し，アジア共同体の創成のプロセスについて考えてみたい。

2　アジア地域の所得格差とその特徴

約1000種の民族，48の国と地域からなるアジアは世界で人口が最も多く，その歴史文化の多様性とともに世界三大宗教である仏教，イスラム教，キリスト教の発祥地となっている。多民族と歴史文化の多様性などを背景に，アジア地域の社会経済発展は複雑性とアンバランス性を強めており，先進国（日本）と中進国・地域（韓国，シンガポール，台湾，香港），発展途上大国（中国，インド），大多数の後発諸国，そして石油輸出国機構（OPEC）諸国との間には現実的な経済発展の差が生じている。

アジア諸国・地域の所得水準の分布を世界銀行の国民所得（GNI）区分基準(1)に合わせて見た場合，表7－1が示すように，有効データ数38カ国・地域のうち，低所得国・地域（1045米ドル以下）数が3で7.9%，中所得国・地域数が26で68.4%，うち低中所得国・地域（1046～4125米ドル）数が15で39.5%と高中所得国・地域（4126～1万2735米ドル）数が11で28.9%，高所得国・地域（1万2736米ドル以上）数が9で23.7%となっており，「低所得および低中所得の国・地域」数が18で47.4%を占めているのが見て取れる。ま

表 7-1　世界銀行 GNI 区分基準から見たアジアの GNI 分布（2014 年）

世界銀行 2015　GNI 区分基準	国・地域数	構成比（%）
低所得国（1045 米ドル以下）	3	7.9
中所得国（1046～1 万 2735 米ドル）	26	68.4
低中所得国（1046～4125 米ドル）	15	39.5
高中所得国（4126～1 万 2735 米ドル）	11	28.9
高所得国（1 万 2736 米ドル以上）	9	23.7
48 の国・地域のうち有効データの国・地域数	38	79.2

（出所）　中国国家統計局「国際データ」により筆者作成。

た，高所得国・地域数 9 のうち，クウェート，カタール，アラブ首長国連邦など OPEC 加盟国を除けば，高所得国・地域が 15.8%を占めているのが分かる。

アジア諸国・地域の国民所得（GNI）を比較して見れば，図 7 － 1 が示すように，低所得国と高所得国の 1 人当たり国民所得額の間に大きな開きがあり，例えば，低所得国のカンボジア（1020 米ドル）と高所得国の日本（4 万 2000 米ドル）の間に 1: 41，低所得国のカンボジアと高中所得国の中国（7400 米ドル）の間に 1: 7.3，高中所得国の中国と高所得国の日本の間に 1: 5.7 と，それぞれ 41 倍，7.3 倍および 5.7 倍という所得格差が現実に存在する。

所得格差は国際間だけでなく，一国内においても同じく存在しており，特に発展途上国，後発国に一般的に見られる。発展途上大国である中国を例にして見れば，表 7 － 2 が示すように，2014 年の国民可処分所得の 5 分位階級のうち，第Ⅰ階級と第Ⅲ階級の割合が 1: 3.7，第Ⅰ階級と第Ⅴ階級の割合が 1: 10.7 と，それぞれ 3.7 倍と 10.7 倍という著しい所得格差の存在を見せており，このような所得格差は 2015 年にも変わりがない。

要するに，低所得および低中所得国・地域を中心とする中所得国・地域が絶対多数を占め，国際間のみならず，一国内においても大きな所得格差が存在しているのがアジア諸国・地域の国民所得の現状的特徴であると言える。

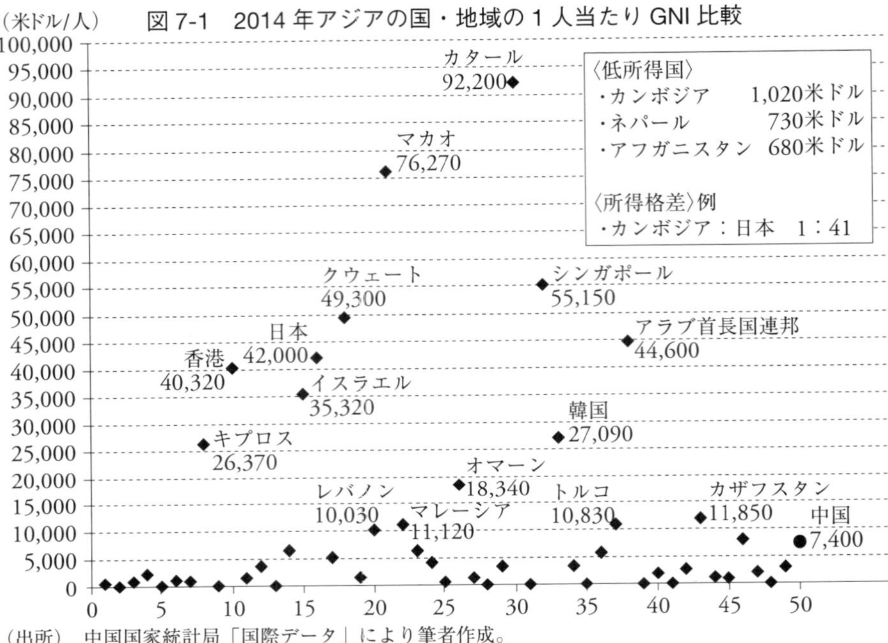

図 7-1　2014 年アジアの国・地域の 1 人当たり GNI 比較

（出所）　中国国家統計局「国際データ」により筆者作成。

表 7-2　中国の可処分所得とその格差

年		2014 年		2015 年	
平均		年平均	月平均	年平均	月平均
国民可処分所得 (米ドル／人)		3,283	274	3,527	294
収入の 5 分位階級別	第Ⅰ階級 (20%)	773	64	838	70
	第Ⅱ階級 (20%)	1,772	148	1,910	159
	第Ⅲ階級 (20%)	2,870	239	3,102	259
	第Ⅳ階級 (20%)	4,385	365	4,726	394
	第Ⅴ階級 (20%)	8,297	691	8,757	730
国民可処分所得格差	第Ⅰ階級：第Ⅲ階級	1：　3.7		1：　3.7	
	第Ⅰ階級：第Ⅴ階級	1：10.7		1：10.5	

（出所）『中国統計年鑑 2016』により筆者作成。

3　低所得・貧困の悪循環とその克服

国際間，地域間の所得格差の主因は特に低所得国（層）と低中所得国（層）の多数存在と低所得状態の持続にあり，その根本的な背景には経済成長の鈍化

図 7-2　低所得・貧困の悪循環

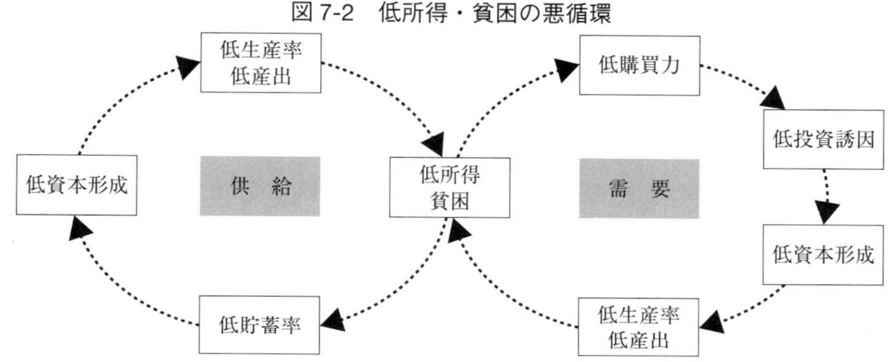

あるいはその滞りがある。

ヌルクセ（R. Nurkse,1953）は，開発途上国の貧困がなかなか解決されない主要原因として，資本形成に焦点を当てその悪循環の存在を指摘している。即ち，開発途上国においては，資本供給の面では〈資本不足→低生産性→低実質所得→低貯蓄能力→資本不足〉という悪循環が，資本需要の面では〈低投資誘因→低生産性→低実質所得→低購買力→低投資誘因〉という悪循環が繰り返され，結果として低所得と貧困からの脱出がなかなか実現できない（図７－２参照)。

なお，低所得・貧困の悪循環の下では，人々は貧しさゆえに，一般的に周辺の自然資源や自然環境を収奪的・破壊的に利用し，その結果さらに一層貧困な状態に陥っていくという「貧困と環境破壊の悪循環」が繰り返されるとされる。ネルソン（Richard R. Nelson, 1956）も「低レベル均衡の罠」理論において，開発途上国の「低レベル均衡の罠」の要因として高い人口成長率，投資率の低下，耕地面積の減少，低い生産率などを挙げており，その克服のためには投資の拡大とそれによる産出率の引き上げが必要であることを指摘している。

一方，ミュルダール（K.G. Myrdal）の「循環的・累積的因果関係論」および「地理的二元経済理論[(2)]」によれば，経済社会の各構成要因は相互に関連しており，ある構成要因の変化は他の構成要因に影響を与え，その累積と持続により同経済社会のある均衡状態からの乖離が進み，結果として地理的二元経済，即ち「発達地域」と「後進地域」が形成される。「発達地域」と「後進地域」の間には，発達地域が後進地域の生産要素の流出を促して後進地域の経済成長にマイナスの効果となる逆流効果（Backwash Effect）と，発達地域が後進地域の経済成長を促進することで後進地域の経済成長にプラス的効果となる波及効果（Spread Effect）が存在し，両地域間の格差を縮小・解消するためには「波及効果」を増大させるような政策導入が必要かつ有効である。

要するに，「貧困の悪循環論」，「低レベル均衡の罠論」ならびに「地理的二元経済論」などは，低所得・貧困の根源を理解するための理論的拠り所となっており，一国内の地域間，国際間の経済格差，所得格差の解消のための有効な方法を提示していると言える。

4　地域統合の諸次元と国際統合

低所得・貧困と環境の悪循環を打破して所得水準を引き上げ，一国内の地域間，国際間の所得格差を縮小・解消するためには経済成長が不可欠である。一国内の地域間の経済・所得格差の縮小・解消のためには発達地域・グロースポールの後進地域への波及効果の強化ならびにその波及効果を増大させるような政策の導入が必要不可欠であり，特に国際間の経済・所得格差の縮小・解消のためには「地域統合」を通じた国際間の貿易投資の推進とそれを中心とする国際発達国・グロースポールの役割の発揮が必要不可欠である。

地域統合は「国際統合」に至る前の段階として位置づけられる。国際統合（International integration）とは複数の主権国家が，国家間の紛争をなくし，平和的手段で統一体を形成していく過程であり，最終的に達成される国際統合とは，個々の主権国家を超越する国際的な権威と権力の存在と，人々の忠誠心が超国家的な組織に向けられるようになった状態を指す。これに対し，現在の国際社会において現に進行している国際統合は，殆どすべて西ヨーロッパとかラ

図 7-3　地域統合の諸次元と国際統合

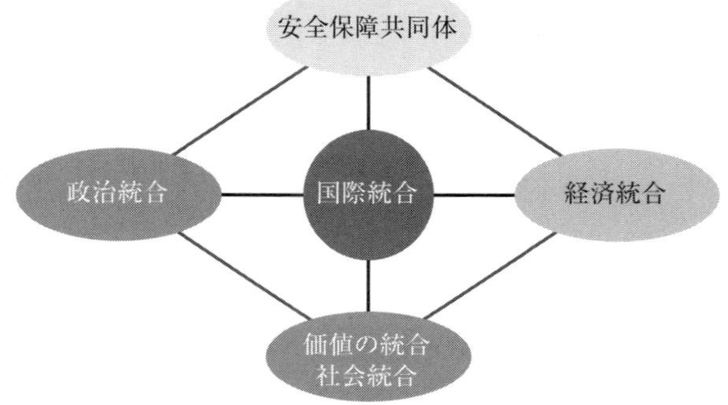

（出所）　日本学術会議政治学委員会国際政治分科会「東アジア共同体と拡大ＥＵ地域統合の比較研究に関する記録」［ＥＢ／ＯＬ］-2008.8, 10 ページ等を参考に筆者作成。

表 7-3　地域経済統合の諸形態とその関係

形態＼特徴	関税優遇	自由貿易	対外関税の統一	要素の自由移動	経済政策の協調	経済政策の統一
特恵貿易措置	☆					
自由貿易区	☆	☆				
関税同盟	☆	☆	☆			
共同市場	☆	☆	☆	☆		
経済同盟	☆	☆	☆	☆	☆	
完全な経済統合	☆	☆	☆	☆	☆	☆

（出所）　筆者作成。

テン・アメリカ，北米というような地域単位で行われているものであり，このため国際統合は「地域統合」と呼ばざるを得ない。地域統合（Regional integration）とは国境障壁が削減され，経済の地域化が進んだ形態である。地域統合の理論は 1950 年代のヨーロッパの局地統合を契機として構築され，ベラ・バラッサを嚆矢とする経済的な統合論の系譜，ハース（Ernst Bernard Haas）を中心とする新機能主義的な政治統合論，ドイッチュ（Karl Wolfgang Deutsch）の価値の統合に焦点を当てながら政治的な統合ではなく，分散的な多元的安全保障共同体を望ましい目的とした社会交流論などに分けられる（図7－3参照）。

地域統合のプロセスは地域主義（Regionalism）と地域化（Regionalization）に分けられる。地域主義とは制度的な措置を伴った政治的プロセス，即ち地域

表 7-4　世界主要地域経済統合の形態とその概要

形態	特徴	具体例	概要
特恵貿易措置	全部あるいは部分商品に対して関税優遇	英連邦特恵制 初期の ASEAN	・1990 年代以降 250 件以上を記録するが限界も現れる
自由貿易協定（FTA）	・加盟国間で関税その他の貿易に関する障壁を撤廃するが，加盟国以外の国に対しては共通関税を設けない ・経済連携協定（EPA）は，モノの自由化に加えて，人や投資の移動の自由化なども認める FTA より広い概念	北米自由貿易協定（NAFTA）	・1994 年，米，カナダ，メキシコ間に発足した世界最大の統一市場，域内関税ゼロ志向
		ASEAN 自由貿易地域（AFTA）	・1967 年、アジアにおける共産主義勢力に対抗する組織として ASEAN（東南アジア諸国連合）が発足 ・1993 年 ASEAN 自由貿易協定 (AFTA)：域内の貿易自由化，外資誘致，企業の生産性向上を推進 ・ASEAN 地域フォーラム 1995 ・1996 年 ASEAN 10 完成
		ヨーロッパ自由貿易連盟（EFTA）	・EEC（ヨーロッパ共同体）に対抗し 1960 年に設立。アイスランド・スイス・ノルウェー・リヒテンシュタインなどが参加。中心となった英国が抜け，影響力は低下
関税同盟	・域内で関税を撤廃 ・域外からの輸入には共通関税適用	メルコスール（MERCOSUR）	・1995 年発足の南米共同市場 ・1967 年発足のヨーロッパ共同体（EC）
共同市場	・域内で関税を撤廃 ・域外からの輸入には共通関税適用 ・加盟国間の労働力・資本などの移動の自由化（職業資格の相互認証も含）	欧州石炭鉄鋼共同体（ECSC）	・1951 年パリ条約で欧州石炭鉄鋼共同体 ・1957 年ローマ条約で欧州経済共同体（EEC）となる（なお当時，英国とアイルランドは共同市場を形成していたとされる）
経済同盟	・共同市場に加えて ・共通通貨，共通の金融政策を導入	欧州連合（EU）	・共通通貨ユーロを導入（加盟国間の為替レートの問題なくなる） ・政治統合・ヨーロッパ合衆国推進？
完全な経済統合	・金融、財政，社会政策の統一	まだ存在しない	

（注）　自由貿易協定（FTA: Free Trade Agreement）と関税同盟（CU: Customs Union）を総称して地域貿易協定（RTA: Regional Trade Agreement）と呼ぶ。

（出所）　筆者作成。

貿易協定など政府間の協定に基づいた政治的プロセスであり，地域化とは経済の連携性やアクター達による統合のボトムアップ，即ち生産ネットワークの構築など民間セクター主導による国際間の経済関係が強まることである[3]。平塚・石戸（2006）は，地域化を実質的な統合，地域主義を公式な統合と呼び，東アジアでは実質的な統合が公式な統合に先行していることが特徴であると指摘している[4]。

世界の地域統合の現状からすれば，すべての地域統合は地域経済統合であり，図7－3で示した政治統合，価値の統合および社会統合，安全保障共同体のような地域統合ならびに国際統合は未だ現れてない。

地域経済統合は表7－3が示したような形態と相互関係をもっており，世界の主要地域経済統合の形態とその概要は表7－4が示すとおりである。このような地域化，地域主義の推進を基とする地域経済統合は，一方では，国際間の所得格差の収縮あるいは解消を前提とし，もう一方では，その国際間の雇用の拡大，経済成長の促進などを通じて，特に後進地域の所得向上の促進とそれに伴う国際地域間の所得格差を解消することで，国際地域社会の安定的かつ持続的な発展を現実なものにする。地域経済統合の歴史的経験およびその現状を見る限り，すべての地域経済統合は何らかの貿易協定から始まっており，したがって，アジアにおける地域統合・アジア共同体の創成も同じ経路を辿らざるを得ないと考えられる。

5　アジア地域経済統合の進行とその役割

『ジェトロ世界貿易投資報告』2016年版の統計データによれば，2016年6月末現在発行済みの世界の自由貿易協定（FTA）の件数は282件となっており，うちアジア域内の国・地域間のFTA件数は計36件，参加国・地域数は25でアジアの国・地域総数48の52.1％を占めている（表7－5参照）。こうした現状から，アジアではおよそ半数の国と地域がFTAを進めておらず，アジア全体における FTA の進捗度は低く，FTA の進捗度の高い北米地域，ヨーロッパ地域と大差があるということが分かる。

また 2015 年の貿易統計を基にアジア地域の FTA カバー率（当該国の全貿易額に占める FTA 締約国との貿易額の割合）を見ると，往復貿易のカバー率において韓国と ASEAN が 67.3%と 60.3%で首位と 2 位（国別ではシンガポールが 77.7%で首位）を占め，その次に中国（香港，マカオを除く）が 29.0%，日本が 22.7%，インドが 18.3%となっている（表 7 － 6 参照，但し同表のカバー

表 7-5　アジア域内 FTA 一覧　（36 件）

区分	名称	発効年月	区分	名称	発効年月
P	ラオス－タイ	1991 年 6 月		日本－タイ	2007 年 11 月
P	インド－ネパール	1991 年 12 月		マレーシア－パキスタン	2008 年 11 月
	ASEAN 物品貿易協定（ATIGA）	1993 年 1 月		日本－ブルネイ	2008 年 7 月
	インド－スリランカ	2000 年 3 月		日本－インドネシア	2008 年 7 月
	日本－シンガポール	2002 年 11 月		日本－フィリピン	2008 年 12 月
P	インド－アフガニスタン	2003 年 5 月		日本－ ASEAN	2008 年 12 月
	中国－マカオ	2004 年 1 月		日本－シンガポール	2009 年 1 月
P	中国－香港	2004 年 1 月		日本－ベトナム	2009 年 10 月
	インド－タイ	2004 年 9 月		ASEAN － インド	2010 年 1 月
	パキスタン－ズリランカ	2005 年 6 月		韓国－インド	2010 年 1 月
	中国－ ASEAN	2005 年 7 月		中国－台湾	2010 年 9 月
	インド－シンガポール	2005 年 8 月		インド－マレーシア	2011 年 7 月
	南アジア自由貿易地域（SAFTA）	2006 年 1 月		日本－インド	2011 年 8 月
	韓国－シンガポール	2006 年 3 月	P	インドネシア－パキスタン	2013 年 9 月
	日本－マレーシア	2006 年 7 月		シンガポール－台湾	2014 年 4 月
	インド－ブータン	2006 年 7 月		韓国－中国	2015 年 12 月
	韓国－ ASEAN	2007 年 6 月		韓国－ベトナム	2015 年 12 月
	中国－パキスタン	2007 年 7 月		日本－モンゴル	2016 年 6 月

（注）「P」区分は特恵貿易協定（「授権条項」を根拠に WTO 通報された協定のほか，限定的な特恵関税制度）。それ以外は自由貿易協定。物品協定，物品・サービス協定，投資などを含む包括協定など範囲は異なる。

（資料）『ジェトロ世界貿易投資報告』2016 年版，126 ページより筆者作成。

率にはアジア地域外貿易も含む)。アジア先進国日本の往復貿易カバー率をアメリカと韓国のそれと比べれば各々16.9ポイントと44.6ポイント低く，発展途上大国中国とインドの往復貿易のカバー率を域内のASEANと比べれば各々31.3ポイントと42ポイント低いことが分かる。このようなアジアFTAカバー率の現状から見れば，特に韓国，ASEANなどのFTA推進によるアジア域内経済発展への寄与と役割は大きい。

1つの経済地域におけるFTAカバー率の高さは同経済地域の経済活動の活発

表7-6　2015年主要国・地域のFTAカバー率（%）

		FTAカバー率			発効相手国・地域（往復）					
		往復貿易	輸出	輸入	第1位		第2位		第3位	
日本		22.7	21	24.2	ASEAN	15.2	豪州	3.7	メキシコ	1.2
米国		39.6	47	34.4	NAFTA	29.5	韓国	3.1	DR-CAFTA	1.4
カナダ		70.9	79	63.3	NAFTA	67.8	韓国	1.2	EFTA	0.9
メキシコ		80.2	93	67.3	NAFTA	66.5	EU	8.0	日本	2.6
チリ		92.1	90	93.8	中国	24.6	米国	16.0	EU	14.5
ペルー		90.4	92	88.9	中国	22.4	米国	18.1	EU	13.7
EU28	貿易総額	73.8	74	72.9	EU	63.1	スイス	2.7	トルコ	1.5
	域外覧易	28.5	31	25.3	スイス	7.2	トルコ	4.0	EEA	3.3
中国		29.0	22	38.5	ASEAN	12.0	韓国	7.1	台湾	4.9
韓国		67.3	71	62.7	中国	23.6	ASEAN	12.4	米国	11.8
ASEAN		60.3	56	64.1	ASEAN	23.6	中国	17.6	日本	8.4
シンカポール		77.7	73	80.4	ASEAN	24.1	中国	13.6	米国	9.7
マレーシア		63.3	63	63.5	ASEAN	27.4	中国	15.7	日本	8.7
ベトナム		61.5	43	75.5	中国	25.2	ASEAN	14.1	韓国	10.4
タイ		59.5	56	63.2	ASEAN	23.0	中国	15.6	日本	12.3
インドネシア		64.3	60	68.8	ASEAN	24.8	中国	15.2	日本	10.7
インド		18.3	19	17.2	ASEAN	10.3	韓国	2.6	日本	2.2
オーストラリア		70.6	74	66.9	中国	27.6	ASEAN	13.6	日本	11.5
ニュージーランド		48.2	48	48.5	中国	18.9	豪州	13.8	ASEAN	12.5

（注）①対象国は2016年6月末時点のFTA発効済み国・地域。金額は2015年の貿易額に基づく。
②略語は，米国・ドミニカ共和国・中米諸国（DR-CAFTA）欧州自由貿易連合（EFTA）欧州経済領域（EEA）。
③中国は，香港（8.8%）とマカオ（0.1%）を除く。
④ASEANのFTAの中には未発効国もあるが，全加盟国の貿易額を加算。
⑤カナダ，シンガポール，ニュージーランドは再輸出分を除いた輸出統計。

（資料）『ジェトロ世界貿易投資報告』2016年版，45ページ。

さを示すものであり，一般的にFTAカバー率が高いほど，貿易投資活動の活発化とそれによる同地域の経済成長，所得水準の向上が現実的なものになると考えられる。

アジアの社会経済事情および経済統合の現状からすれば，地域経済統合への必要性とその可能性を充分潜めており，経済成長の推進による所得水準・生活水準の向上，地域間所得格差の縮小・解消のためには何よりも先に地域化と地域主義による地域経済統合の推進が不可欠であり，地域経済統合のさらなる推進のためには域内諸国の努力はもちろん，特に日本，中国，韓国，インドなど地域経済大国によるFTAの推進とその役割の発揮が不可欠である。

要するに，アジア地域経済統合への努力とプロセスが重なってこそアジアの経済統合，さらにはアジア共同体の創成が現実的ものになるということは明らかである。

6　結びに代えて

国民の所得水準・生活水準の向上ならびに地域間・国際間の経済・所得格差の縮小・解消のための根本的な方法は経済成長の実現であり，したがって，いかに経済成長を実現し，かつ持続可能にするかはすべての低所得国，後発国，発達国・地域が直面している現実的で解決すべき根本的な問題である。

一国における経済成長のためには，投資と貿易の推進に伴う国内発達地域の波及効果の発揮が不可欠であり，国際間の経済格差の縮小・解消とともに地域統合，さらには地域共同体の創成のためにはFTAの推進に伴う貿易投資，人的交流ならびに要素の自由移動の推進が必要不可欠である。

世界経済および地域統合の発展趨勢から見れば，今後アジア域内FTAの推進に加え，一帯一路（OBOR）広域経済圏，RCEP（東アジア地域包括的経済連携），日中韓FTA，日EU·FTA（日EU経済連携協定），TPP（環太平洋パートナーシップ），TTIP（米国EU）など「メガFTA」および経済協力の推進により，アジア域内はもちろん世界のFTAカバー率は高い水準に集約していく。ただし，このような地域統合のプロセスにおいて，かつての戦前と同じような「ブロック化」は断固として避けるべきである。

国際間の補完性と共同利益に対する共通認識および平和共存の理念からすれば，地域統合は社会経済発展の趨勢であり，世界が1つになる重要なステップとして位置づけられる。

【注】

（1） 世界銀行は世界各経済体の年平均1人当たり国民総所得（GNI）を低所得，中所得（低中所得／Lower middle incomeと高中所得/Upper middle income），高所得の3つのグループに分けて，毎年その基準を公表している。2015年の同基準では低所得が1045米ドル以下，中所得が1046～12735米ドル（うち低中所得が1046～4125米ドル，高中所得が4126～1万2735米ドル），高所得が1万2736米ドル以上となっている。

（2） ミュルダール（K.G. Myrdal）は1944年および1957年に「循環的・累積的因果関係論」を提出。1968年および1970年にはフランソワペルー（Francois Perroux, 1950）の成長極（Growth Pole）理論，アーサー・ルイス（William Arthur Lewis, 1954）の二重経済モデル理論を地域間二元経済構造分析に応用発展させて「地理的二元経済理論」を提出している。

（3） Pempel, T. J.（2005）"Introduction: Emerging Webs of Regional Connectedness," in Pempel, T. J. (ed.) *Remapping East Asia: The Construction of a Region*, Cornell UP.

（4） 平塚大祐・石戸光（2006）「東アジアの挑戦―経済統合・構造改革・制度構築」，平塚大祐編『東アジアの挑戦―経済統合・構造改革・制度構築』研究双書No.551，アジア経済研究所。

【参考文献】

（1） 中国国家統計局統計数据 http://www.stats.gov.cn/tjsj/

（2） 中国国家統計局編『中国統計年鑑』，2016年版。

（3） ジェトロ『ジェトロ世界貿易投資報告』，2016年版。

（4） 康成文（2017）『発展経済学理論及応用研究』，中国商務出版社。

（5） 平塚大祐・石戸光（2006）「東アジアの挑戦―経済統合・構造改革・制度構築」，平塚大祐編『東アジアの挑戦―経済統合・構造改革・制度構築』，アジア研究所研究双書No.551，2006年。

第8章

金融経済分野における東アジア経済共同体実現への提言

金在仁（ソウル市立大学）

1　はじめに

21世紀の世界経済は，グローバル化（Globalization）とローカライズ（Regionalization）という2つの大きな流れが同時に進行している。ウルグアイ・ラウンド（UR）妥結の成功と世界貿易機関（WTO）の発足に代表される世界的な自由貿易の拡散がその1つの軸をなしており，欧州の経済統合（EU）の結成，北米自由貿易協定（NAFTA）の締結，域内包括的経済連携協定（RCEP）の発足，環太平洋経済連携協定（TPP）などの地域経済主義の傾向が別な軸をなしている。1990年代初頭以降現在まで続いている地域主義の傾向は，ヨーロッパだけでなく，北米，中南米，アフリカなどを網羅し，世界経済全体を貫通している流れである。自由貿易主義の拡散と貿易ブロック化の高まりは，海外依存度が高い開放経済体制の国や輸出主導型成長政策を経済運用の根幹としている日本，中国，韓国をはじめ東アジア諸国の今後の経済発展に大きな影響を与える。最近米国のトランプ政権はすでに環太平洋パートナーシップ協定（TPP）不参加を公式宣言し，北米自由貿易協定（NAFTA）と韓米FTAも再交渉を主張している。また，米国は，世界貿易機関（WTO）の貿易紛争解決手続きでも簡単にはWTOのルールに従わないことを公言してきた。

これらの米国の保護貿易政策の変化に応じて，今後の東アジア経済共同体の推進に少なからず影響を与えると予想される。世界経済の3大経済統合体の主軸といえる欧州（EU），アメリカ（NAFTA），アジア経済圏の中で，地域経済統合体が積極的に推進されていない地域は，アジア圏が唯一である。

今後グローバル化の進展に応じて，地域共同体が促進されていることを考えると，巨大な経済統合群のEU，NAFTAに対応する東アジア経済共同体の構築は，アジアの繁栄のための将来設計に必要不可欠な要素と考えられる。しかし，前述したトランプ米国政府の保護貿易政策路線は，東アジア諸国にとって新たな変化と課題になっている。

97年の通貨金融危機と2008年以来今も続く世界的な金融危機のたびに，東アジア諸国は，厳しい経済的試練を経験してきた。東アジア諸国がこのような経済的試練に遭った理由は，東アジア地域の資本市場未発達により起こる本質的な通貨金融問題のためであると見られる。資本市場の未発達で，東アジア地域が世界経済における資本余剰地域であるにもかかわらず，余剰資本を域内ではなく米国など域外資本市場に投資して，これを再び借り入れるという資本移動の不一致の問題が発生している。これらの資本移動の不一致は，通貨と満期の不一致の問題を引き起こし，危機の主要な原因として作用している。

これらの本質的な問題を解決し，別の危機を回避しようと，東アジア諸国は通貨・金融危機の厳しさを経験して以来，多くの努力を傾けた。その結果，ASEAN + 3体制を中心にチェンマイ・イニシアティブ（Chiang Mai Initiative）とチェンマイ・イニシアティブの多者化（CMIM）共同基金を設立したが，これは東アジア経済共同体の金融経済分野で注目すべき成果と見ることができる。今後，東アジア地域で実質的な地域通貨金融協力を進展させるためには，2パス（two track）戦略を追求することが望ましい。つまり，日中韓3カ国間の協力を優先的に推進し，これをもとに，東アジア地域全体の協力に拡大していくのである。これにより，実効性が高められる。現在，日中韓3カ国は，世界的な不均衡の問題に共通して直面している。3カ国いずれも対米国を中心に経常収支の黒字を記録しており，これによる通貨切り上げ圧力や累積された外貨準備高の管理にかなりの困難を伴った経験がある。これは，日中韓3カ国の共通の問題であり，したがって，この問題を解決するためには3カ国の協力が絶対に必要である。韓国の場合，対外環境の変動に極めて弱く，金融市場の変動性が過剰である点などが挙げられる。中国は過剰外貨準備によるインフレ，所得格差，脆弱な金融市場インフラなどが主要な問題となっている。一方，日本は，景気低迷が続いており，金融機能が低下している。このような各国の個別の問題を解決するためにも，独自の努力ではなく，3カ国の金融経済協力を通じた取り組みによりさらに実効性が高まるであろう。

以下本稿の構成は次のとおりである。まず第2節では，東アジア地域統合に対する議論を考察するために関税同盟論と通貨統合理論の内容を紹介する。第3節では，東アジア経済共同体構想を考えるため東アジア経済共同体のモデルにEUの通貨統合の条件ならびに通貨統合の便益と費用を検討して，東アジア経済共同体の範囲を提示する。第4節では，金融，経済分野における東アジア経済共同体実現のため，いくつかのコメントを提示する。最後に，第5節では2～4節の主な内容と提言をまとめている。

2　東アジア地域統合理論

地域統合とは，一定地域の個々の国がより大きな単位で合わさる過程を意味する。経済的な側面での地域統合を説明した理論は，大きく分けて，実物取引の面で貿易統合を説明する代表的な理論である関税同盟理論と，貨幣金融の部分での統合を説明する通貨統合理論的な最適通貨地域理論の2つを挙げることができる。

1　関税同盟論

経済統合は，加盟国間の貿易障壁の撤廃を原則とし，加盟国間の緊密さに応じて，通常の自由貿易地帯（free trade area），関税同盟（customs union），共同市場（common market），そして経済同盟（economic union）の４つの形に区分される。自由貿易地帯とは，加盟国間の貿易については関税その他の定量的な規制を撤廃するが，非加盟国については各加盟国が独立して関税と非関税障壁を維持する経済統合である。関税同盟は，加盟国間の財の移動に対する差別の撤廃に加え，非加盟国に対して，各国が共同関税を課す経済統合である。共同市場は，加盟国間の財の移動に対する規制の撤廃だけでなく，生産要素の移動の制限も撤廃する経済統合形態である。関税同盟と同様，非加盟国については対外的に共同関税を賦課する。最後に，経済同盟は関税の撤廃と生産要素の自由な移動はもちろん，加盟国間の財政，金融政策においても相互協力が行われる経済統合の形態である。

以上で列挙した経済統合の形態の中で，貿易政策の観点から最も関心が集中しているのは，関税同盟である。以前は関税同盟が保護貿易から自由貿易に転向するステップと考えられていて，関税同盟の結成が加盟国の厚生を増加させるとの見方が支配的であった。しかし，ヴァイナー（Viner）によって関税同盟が加盟国の厚生水準を必ずしも増加させないことが証明された。彼は取引の創出（trade creation）と貿易転換（trade diversion）という概念を初めて導入した。貿易創出と関税同盟によって非効率的な財の供給源が，効率的な供給源に置き換えられることを意味し，貿易転換と関税同盟によって，効率的な財の供給源が非効率的な供給源に置き換えられることを意味する。したがってヴァイナーは，貿易創出は厚生を増加させるが，関税同盟によって交換切り替えが発生した場合，厚生レベルが減少すると信じていた（ギムインジュン・イヨンソプ 2008）。

2　通貨統合理論

通貨統合理論の最も代表的な例は，マンデル（Mundell）が提示した最適通貨圏理論である。最適通貨圏（optimum currency area）とは，通貨同盟に参加し，共通の通貨を利用するのに適した地域をいう。つまり財とサービスと生産要素の移動が自由で，個々の国が独立した通貨を保有し，その価値を変動させることよりも，域内での固定相場制または単一通貨を採用することが望ましい経済圏を意味する。言い換えると，特定の国における固定為替レート制や単一通貨を採用することにより，得られる便益（為替リスクや取引コストの消滅）がその費用（為替レートで不均衡が調整できないため他の手段が必要となる）を上回る場合，その国は，通貨同盟に参加することが望ましいという論理だ。このような通貨統合の条件を議論する際の背景には，最適通貨圏（an optimum currency area: OCA）論が存在する。OCA の東アジアへの適用可能性に関する研究は，90 年代に入って行われ始めた（Bayoumi and Eichegreen，1997a; 1997b; 1999）。先行研究では，費用と便益分析をもとに，需要と供給の面での非対称的ショックに焦点を合わせた。通貨を統合すると，統合後の非対称的ショックが発生した際に各国間の経済的格差を為替レートの変動により調整することができないため，為替レート以外の手段をもって，非対称的ショックによる各国間の不均衡を調整する必要がある。ここで，「他の手段」をその地域がもっているかどうかが最適通貨圏の条件となる。

非対称的ショックは供給ショックと需要ショックに大きく分けることができ，これらの経済的衝撃を解消する為替レート以外の条件や手段として，OCA では，経済開放度（McKinnon，1963），生産要素の移動（R. A. Mundells，1961），財政移転（Feldstein）等が議論されてきた。

1　経済開放度―非対称的需要衝撃吸収

共通通貨圏内における国家間共通の衝撃が発生して，各国の経済が同じ反応を示した場合，経済的格差は発生していないため，調整は必要ない。したがって，非対称的ショックが発生しないことが最適通貨圏の第一の決定要因である。しかし，共通通貨圏内における他の国では発生しないが，特定の国でのみ発生するという非対称的ショックが発生した場合は，共通通貨圏内において為替レート以外の手段で，各国間の経済的格差を解消する必要がある。

経済的格差を解消するための最初の手段はマッキノン（Mckinnon，1963）が提示した経済の開放性（openness）の度合いである。全体の生産に占める貿易財比率の大きさで開放度の程度を示すとして，開放度が高い経済では，変動相場制の下で貿易財の国内価格は大きく変動して，国内物価水準と雇用のレベルを不安全にするため，最適通貨圏を形成することが望ましいとの論理だ。

たとえば，共通通貨圏内において，一国で生産されている財の需要が他の国で生産されている財に移動する非対称的な需要ショックが発生したとしよう。もし価格が伸縮的であるとすれば，需要が増加した国ではその財の価格が上昇し，需要が減少した国ではその財の価格が下落することにより，不均衡が調整される。しかし，もし価格が硬直的であれば，価格によっては調整されず，需要が増加した国では増産するために労働者の雇用を増加させ，需要が減少した国では減産するために労働者の雇用を減少させることにより，調整される。

また，貿易面において経済が開放されている場合は，非対称的な需要ショックにより一国の総需要が増加して，他の国で総需要が減少したとしても，各国が財貨を輸出し，または輸入することにより，その非対称的な需要ショックは吸収できる。しかし，もし貿易が開放されておらず，GDPに占める非貿易材の割合が高ければ，需要ショックの吸収を外国に依存できなくなる。

2　労働の移動性―非対称的供給衝撃吸収

マンデル（Mundell，1961）が提示した生産要素の移動性（factor mobility）は，通貨圏内の労働と資本などの生産要素に関するモビリティが高ければ，域内もしくは域外国家間での収支が不均衡に陥ったとき，生産要素が赤字かつ不況の地域から黒字かつ好況の地域に移動可能なため，不均衡を是正できるという論理だ。

具体的には，以下のとおりである。一国の生産性が上昇して，他の国が下落（相対価格の上昇）する非対称的な供給ショックが発生した場合，貿易面で経済が開放されているだけでは，その非対称的な供給ショックを吸収できない。

生産性が下落した国では，雇用が減少することになる。雇用の減少を抑制するためにその国の生産物を外国に輸出しようとしても，価格が相対的に上昇するので，輸出は難しい状態になる。変動相場制であれば，失業率を抑制するために名目為替レートを切り下げて輸出拡大を図るところである。しかし，通貨統合後は為替レートを変動させる手段が使えないため，生産性が下落した国では，生産性が上昇した国へ労働者自身が移動する必要がある。このようにして，労働者が自由に国際的に移動することにより，非対称的な供給ショックにより発生する雇用の不均衡を各国で円滑に調整できる。

3　財政移転

次に，上記の労働の移動性と貿易の開放度が低い国はOCA対象国になれないのだろう。これを解消する方法として，国家間の財政移転を挙げることができる。非対称的な供給ショックと需要ショックが発生し，これを解消する手段がない場合，好況の国で税金を徴収して不況の国に補助金として支払う財政移転ができるならば，たとえこれらの非対称的なショックが発生したとしても，各国の経済間の調整は可能となる。ただし，国際的な金融移転には，各国政府が財政主権を放棄し，共同通貨圏の一員として総合的な財政政策を取るという負担を負わなければならない。

3　東アジア経済共同体構想

1　東アジア経済共同体モデル—欧州連合(EU)

東アジア経済共同体のモデルとしては，欧州経済共同体である欧州連合（EU）を挙げることができる。経済共同体として最も先進的なレベルであり，EUの設立過程を研究することは意味のあるアプローチであろう。たとえ歴史的な環境と現実的な条件が異なるとしても，欧州を地域統合の成功例として積極的に学ぶ姿勢が必要であると考えられる。欧州の地域統合は，ヨーロッパ大陸での戦争を防止し，平和を構築する政治的目的を追求したプロジェクトだったという事実に筆者は共感している。今の東アジアでは地域統合を通じて中国と日本の主導権争いを効果的に制御し，東アジアの繁栄を達成することが，東アジア諸国の最大の関心事だといえる。

欧州経済共同体設立をみると，1951 年に欧州石炭鉄鋼共同体（ECSC）が設立され，1957 年に欧州経済共同体（EEC）と欧州原子力共同体（EURATOM）の設立に続き，1965 年には欧州共同体（European Communities）に発展した。EU はユーロ参加条件として経済収斂基準（Convergent criteria）を提示した。この収斂基準条件を満たしているかどうかに基づいて加盟国を選定し，1992 年にはマーストリヒトで締結された欧州連合条約が発効し，加盟国は現在 27 カ国となっている。

経済共同体を造る目的は，世界経済の一員としてチャンスを機敏に捉え，リスクにすばやく対処することだ。そのために，FTA 関税同盟や経済共同市場，通貨統合といった政策を実施し，柔軟かつ実効性のある共同体を作るのである。それを実現するには，商品・資本・労働の移動が自由でなければならない。

イェール大学の地域統合問題の専門家であるベラ・バラッサ（Bela Balassa）教授は，域内の経済共同体を団結の程度に応じて，自由貿易地域（Free Trade Areas），関税同盟（Customs Union），共同市場（Common Market），経済同盟（Economic Union / Economic Alliance），完全な経済統合（Complete Economic Integration）の 5 段階に分類している。現在 EU は経済同盟の段階であり，現在の通貨統合と今後の財政統合まで行われたならば，完全な経済統合の段階に進めるだろう。

ベラ・バラッサ（1961）が提示した経済統合論に基づいて，次のような東アジアの経済統合の段階別アプローチを提示することができる（パク・ソンフン 2010）

a.　経済統合のステップ 1：東アジアの FTA の構築。

b. 経済統合のステップ 2：東アジアを関税同盟に発展させ，貿易と投資の円滑化を追求。

c. 経済統合のステップ 3：人材移動や資本取引など様々な生産要素が自由に域内を移動する東アジア共同市場（common market）を確立。

d. 経済統合のステップ 4：上記の統合成果を考慮し，可能ならば金融通貨分野も統合，最終的に単一通貨を導入する経済通貨同盟を設立。

2 EUの通貨統合の条件

EUは1991年，加盟するための収斂条件として「マーストリヒト基準」を設けた。マーストリヒト基準はインフレ，為替の安定，金利，財政の4分野に大きく分かれる。マーストリヒト条約の収斂条件は，具体的には，以下のとおりである。

a. インフレ率：評価時点までの1年間の消費者物価上昇率が，EU加盟国中最も低い3カ国の平均値の± 1.5%ポイントに収まること。

b. 為替：為替レートが自国で発生した理由により中心レートを切り下げず，少なくとも過去2年間ERM（Exchange Rate Mechanism）で定められた許容変動幅内にあること。

c. 長期金利：評価時点までの1年間の平均長期金利が，消費者物価上昇率が最も低い3カ国の平均+ 2%ポイント以内であること。

d. 財政：一般政府（中央政府，地方政府，社会保障会計）の財政赤字が名目GDPの3%を超えない（財政赤字 / 名目GDP ≦ 3%）こと。または実質的・継続的に財政赤字が縮小されて3%に近づくか，超えても一時的であること。また，一般政府の公的債務残高がGDPの60%以内（政府債務 / 名目GDP ≦ 60%）であるか，十分な速度で60%に向かって縮小されていること。

EU加盟のための収斂条件の特徴は，マクロ経済指標の収斂に重点を置いている点である。そのため，各国の国内金融構造などミクロ指標が反映されていない部分がある。したがって，イングラム（Ingram, J. C. 1959）などが提起した金融統合（financial integration）度などの指標も反映されるべきものである。

さらに，統合による国内経済の変化を考えなければならない。今までは，すべての条件が外から与えられたものとして議論されているが，通貨統合をきっかけに状況が変化し，収斂条件を満たさなくなる可能性もある。たとえば ローズ（ Rose and Engel, 2000）によると，通貨統合後，労働力の移動がそれまでに比べ活発になったという。このような，統合により行われる生産要素の調整についても考慮する必要がある。

3　通貨統合の便益と費用

通貨統合にかかるコストと得られる便益は，国ごとに異なっている。経済的側面からの利点がいくら大きくても，金融政策の自律性を失う結果，政治不安や国民感情の悪化を引き起こす可能性がある。

共同通貨や単一通貨が導入されると，東アジア各国は，金融政策の自律性と独立性，および通貨発行利益（Seigniorage gain）を放棄しなければならないうえ，東アジアの域内の非対称的ショックに対する為替レートの調整機能が低下する。その一方で，外国為替取引コストの削減，為替レートの変動リスク軽減，物価の安定，価格の透明性の向上，東アジアの金融市場の強化など，様々なメリットを享受できる。

具体的なメリットとしては，まず経済効率の向上が挙げられる。経済効率の向上には直接的なものと間接的なものとがある。直接的なものとしては通貨交換コストの削減と為替リスクの消滅などが挙げられ，いずれも不確実性の減少につながる。間接的なものとして挙げられるのは，資本ストックの活用により非効率部門を構造調整し，経済効果が向上することである。第二の効果としては，為替レートの不確実性がなくなることだ。為替レートの不確実性が除去されると，貿易と直接投資が増加することにつながって経済が活性化され，失業率が減少する。

第三に，為替レートの変動がなくなれば，貿易と投資が増加し，最終的には福祉を向上させる。市場は実は効率的ではなく，為替レートが経済環境を適切に反映しているとはいえない。そのため，名目レートの変化がむしろ経済効率性を悪化させている場合も少なくないのだ。単一通貨ユーロを導入して投資や貿易を増やすには，ユーロ圏外の通貨の変動率がずっと変わらないとの前提に立たねばならない。通貨統合をしなくても企業は財務的手法で為替リスクをヘッジできるため，通貨統合自体は貿易と資本移動を促進しないとの主張もある。しかし実際にはどうか。多くの企業は為替リスクのヘッジに苦慮しており，貿易の大きな障害となっている。特に中小企業や小国ではその影響が甚大だ。

通貨統合によって各国が独自の金融政策を行わなくなり，為替のボラティリティが縮小すれば，長期・短期資本移動にも影響が及ぶ。間接的な効果として，企業のリスクプレミアムを下げ，投資を増加させ，これにより失業率を低下させられる。

第四のメリットは，産出（資本や労働など生産要素が固定された状態での）への影響である。フランケル（Frankel and Rose，2000）は，通貨統合が貿易と生産に及ぼす影響を分析した。その研究によると，通貨統合は相手国との貿易を３倍以上に増加させ，国民の所得が増加するという。

第五の効果は，価格の安定である。通貨統合が行われると，為替通貨政策の自律性が消える。統合後の適切な緊縮財政政策は国内需要の減少とインフレ圧力の緩和につながり，インフレ（貨幣需要の減少）によるコスト，つまり，インフレ税とメニューコストの発生を抑えることができる。一方，為替レートを変動させないことによるコストも存在する。国際競争力の低下や輸出品への需要減少など外部環境の変化が発生した場合，貿易収支バランスも悪くなる。貿易収支の均衡のためには実質為替レートの調整が必要だが，その有力な手段が名目為替レートの変動である。例えば，世界中が景気低迷で失業率が増加すると，名目為替レートを切り下げて輸出を増加させ，失業率の減少を誘導するといった政策である。

4　東アジア経済共同体の範囲

東アジア文明圏は歴史的に日本，中国，韓国，ベトナム，東南アジアの多くの国を含んでいる（ジョドンイル，2011)。日本，中国，韓国の東アジア諸国とタイなどのASEAN（アセアン，東南アジア諸国連合）諸国を合わせて「東アジア」といってもよい。東南アジア経済共同体と相まって，日本，中国，韓国を含む東アジア経済共同体を設立し，より発展的なアジア経済共同体につなげる。ここで，東アジア経済共同体とは，東アジアの日本，中国，韓国にASEAN諸国10カ国を含む概念である「ASEAN + 3」あるいはAPT(ASEAN Plus Three：ASEAN + 3カ国首脳会談）を指す。次のステップは「ASEAN + 6」である。「ASEAN + 6」はASEAN + 3カ国にインド，オーストラリア，ニュージーランドまで含めるものである。ASEANは本来，東アジアで大国の政治力と軍事力から身を守り，自分たちの政治的アイデンティティのよりどころとするために設立した地域統合体である。

東アジア地域統合の動きの中で，常に中心的な役割を果たしてきたのは，ASEANであった。しかもASEANは，日中韓3カ国ばかりかインドまで巻き込んでASEAN + 6と呼ばれるようになるぐらい吸引力が強い。ASEANはこれまで積極的に地域統合政策をおこなってきたが，ASEAN域内の政治的・経済的結束をさらに強化するため，2003年10月，パリサミットでインドネシアの発議により3つの共同体設立のための宣言を行った。3つの共同体とは，1) ASEAN安全保障共同体，2) ASEAN経済共同体，3) ASEAN社会問題共同体であり，これらを合わせたASEAN共同体（ASEAN community）を作ることで関係各国が合意している。定期的に開催される東アジア首脳会談は，首脳間の相互信頼関係を深める絶好の機会でもある。しかし，今のところ歴史認識問題や靖国神社参拝問題，尖閣列島問題，韓国の独島やサード（THAAD）問題などが続き，解決は当面期待できそうにない。しかも日中の不要な覇権対立は東アジアのみならず世界の政治・経済の波乱要因となりうる。

ASEAN + 3で構成された東南アジア自由貿易協定を東アジア自由貿易地帯

（EAFTA; East Asia FTAs）と呼び，これは，アセアンが主導し中国が支援する地域内包括的経済連携協定（RCEP: Regional Comprehensive Economic Partnership）に発展した。APT は，EAFTA と RCEP を並行管理できるようにした。東アジア経済共同体に向けた様々な試みが展開されている。つまり，このような雰囲気の変化は，東アジア地域統合に非常に大きな肯定的な力として作用するものと期待される。

アジア太平洋地域の経済統合のため 2015 年までに加盟国間の関税を 100% 撤廃する多国間の自由貿易協定が，環太平洋パートナーシップ協定（TPP：Trans-Pacific Partnership）である。TPP は 2005 年に発足し，現在参加意思を表明している国は合計 11 カ国（ニュージーランド，シンガポール，チリ，ブルネイ，マレーシア，フィリピン，オーストラリア，ヴェトナム，ペルー，中国，メキシコ，日本）である。米国では最近のトランプ政権発足後，貿易赤字の主犯という理由で環太平洋経済連携協定（TPP）不参加を公式宣言した。今後の TPP の方向性が注目される。しかし，日本など 11 の TPP 加盟国は，米国抜きで TPP 発効案を用意することに合意した。

東アジア経済共同体の参加範囲を，まずは ASEAN + 3 を中心とし，今後の推移を見ながら，ASEAN + 6 などに拡大発展させることが望ましい。また，東アジア経済共同体を 2 つのルートで推進するよう筆者は提案する。1 つは ASEAN + 3 を中心に展開されている地域レベルの金融・通貨協力であり，もう 1 つは，東アジア各国が活発に行っている 2 国間または多国間の自由貿易協定締結である。この 2 つの取り組みを通じて，ASEAN + 3 を速やかに東アジア首脳会議（East Asia Summit: EAS）へと発展させていくべきだと考える。

4　東アジア経済共同体実現のための提言

1　アジア通貨危機と通貨金融協力の背景

1997 年 7 月にタイで発生したアジア通貨危機は，マレーシア，フィリピン，インドネシア，香港，韓国に拡大した。1980〜90年代に発展を遂げた東アジア経済は，アジア通貨危機により莫大な経済的および政治的な被害を受けた。東アジア諸国が不安定な短期資本に依存しすぎた点と，新興産業経済国（NIES）の資本市場が未熟であるにもかかわらず米国の主導で資本市場の自由化を急いだのは，反省点であるといえよう。しかし，米国が主導するIMFは，東アジアNIES諸国に対し資本市場の自由化を強く要求した。このことの責任も大きい。東アジア経済共同体構想が広く検討され始めたきっかけは，1997年の通貨危機である。米国主導のIMFなど国際金融機関がこれといって有効な対策を立てられなかったことから，機能的かつ機動的な地域協力体制を整える必要性を痛感したのである。日本政府はIMF体制との整合性が高い地域金融協力体制の確立を主張した。韓国の金大中大統領が提唱する「東アジアビジョングループ」設立にアジア各国が協力するのも効果的であると筆者は考える。しかし，東アジア共同体の対象国すら決まっていない状況である。

東アジア地域での本格的な通貨金融協力は，1997年の通貨危機当時，日本が提案したアジア通貨基金に始まる。つまり，1997年8月にタイが通貨危機に陥った際，日本はこれをサポートするためにアジア通貨基金の設立を提案した。この案は政策対話の促進，緊急資金支援制度の設置，金融危機防止などを主な内容としているが，国際通貨基金（IMF）および米国の反対，中国による日本牽制，そして，一部アジア諸国の日和見的態度などにより実現されなかった。しかし，後述するチェンマイ構想（Chiang Mai Initiative: CMI）とチェンマイ・イニシアティブのマルチ化共同基金設立により，アジア経済共同体が初めて経済的に1つになる。同基金は，IMF危機を二度と繰り返さないために設立された。金融面で東アジア経済共同体構想が実現した格好だ。

2　チェンマイ・イニシアティブのマルチ化（CMIM）共同基金設立拡大推進

1977年11月，マニラで開かれたASEAN＋3非公式首脳会議では，金融通貨財政問題に関する地域協力の強化について合意し，これを受けてASEAN＋

3 財務相会議が開かれた。2000 年 5 月にタイのチェンマイで開催された ASEAN ＋ 3 財務相会議で，アジア各国は，東アジア地域の流動性支援装置として，チェンマイ構想（CMI）と呼ばれる通貨スワップ（SWAP）協定を締結することに合意した。チェンマイ構想に基づいて東アジア諸国が域内に今まで存在しなかった多国間流動性支援装置を備えたことにより，域内金融協力に向けて一歩前進したといえる。既存の通貨スワップ網を強化し，すべての東アジア諸国に拡大することで合意したが，これがいわゆる「CMIM」である。CMIM は韓国，中国，日本，タイ，マレーシア，フィリピン，インドネシア，シンガポールの 8 カ国の間で締結された多国間通貨スワップ協定である。アジア域内の金融危機が発生したとき，流動性をサポートする金融安全網（Safety Net）ともいえる。ASEAN ＋ 3 全加盟国と香港が参加し，単一の契約により多国間で体系的な共同対応を行う。2009 年度に合意した財源の規模は 1200 億ドル。2012 年には規模を倍増し，スワップ限度額は 2400 億ドルとなった。分担金は，中国と日本がそれぞれ 32%，韓国 16%，ASEAN 諸国は 20%である。分担金に対する引き出し可能額の倍率は，中国と日本がそれぞれ 0.5 倍，韓国 1 倍，タイ，マレーシア，インドネシア，シンガポール，フィリピンは 2.5 倍，それ以外の ASEAN 諸国は 5 倍に決定した。アジア通貨危機は，チェンマイ・イニシアティブを通じて結果的に ASEAN と日中韓 3 カ国をつなぐ役割をし，経済問題だけでなく政治，安全保障問題にまで協議を導いたことで，東アジアでの経済地域統合の基盤を形成するのに大きく貢献した。また，域内貿易の増大により，3 国間の為替の安定が非常に重要となってきているため，中央銀行間スワップが将来，欧州通貨制度（EMS）のような流動性支援制度に発展する可能性もある。実際，韓国はすでに世界金融危機の時，中国と日本からそれぞれ 300 億ドル相当のスワップ協定を結んだことがあり，今後も日中韓 FTA の付属項として合意できると予想される。プラマー（Plummer and Wignaraja, 2007）は，貿易統合から金融統合の順に進んだヨーロッパとは異なり，東アジアの場合，貿易統合と金融通貨統合が同時に進行していると分析。貿易統合の成果が上がれば上がるほど金融通貨統合に弾みがつくと主張した。CMIM 体制は今後 CMIM 共同基金をアジア全体に拡大推進し，中長期的にアジア通貨基金（AMF：仮称）を設立する過程で重要な役割を果たすことが期待される。

3 ASEAN＋3 FTA締結の推進

東アジア共同体に関する議論は，経済協力の議論から始めなければならない。なぜなら，東アジアは政治的にも文化的にもヨーロッパに比べてはるかに多様であるため，経済的利益がない共同体の形成は，意味もなく実現もほとんど不可能だからである。

FTA は国家間の商品，サービス貿易の関税と非関税貿易障壁をなくしたり軽減して，相互間の交易を増やす貿易協定である。まず経済統合の分野では，FTA 交渉をはじめとする域内貿易協定と CMI など域内金融協力を強化し，産業協力と技術協力方案などを考慮して，ODA 事業を通じて経済協力を連携する戦略などが必要と思われる。特に最近，中国経済の台頭により域内貿易の比重が高まっているが，これらの域内貿易のほとんどが域内生産体制の移行に伴う中間財や部品の貿易であることを考慮すれば，米国や EU のような先進国の経済がまだ東アジア地域に大きな影響力を持つように見える。これにより，東アジアの景気変動は，域内経済はもちろん，米国や欧州の経済にも高い景気同調を示すことが分かる（ユンドクリョン・ムンオシク 2009）。

東アジアの市場統合の効果を最大化するためには，東アジア経済を主導している日中韓北東アジア 3 カ国間の FTA が実現しなければならない。まず日中韓 FTA を進めたうえで，ASEAN を参加させる戦略が必要と思われる。最近，米国を中心に保護貿易主義が強まる中，ASEAN + 3 FTA 締結は，東アジアの経済領土を広げ，保護貿易の壁を打ち破る手段として積極的に活用しなければならない。

4　東アジアの債券市場の発展方案

東アジアの通貨危機以降，緊急流動性を支援するための対策としてCMIをスタートさせたことに加え，東アジア地域の本質的な通貨金融問題を解決するための努力が重要であると考えられる。東アジア地域の通貨金融問題の本質は，資本のリサイクルが行われていないということである。東アジア諸国は，膨大な規模の経常収支黒字により資本を蓄積したが，域内資本市場が未発達のため，蓄積された資本が米国と欧州に流れ，安全資産として米国債などを買っているのである。流出した東アジア諸国の資金は，西欧の金融機関が東アジア地域の企業や金融機関に提供しているクレジットまたは直接投資の形で，東アジアに再び流入している。このような東アジア地域の資金の流れは，東アジア諸国自身ではなく西欧圏の国際金融資本が支配している。このため，域内諸国は自身の地域の金融経済事情とは無関係に国際的な金融危機や流動性危機にさらされやすい。したがって，東アジア地域の本質的な通貨金融問題を解決するためには，東アジア諸国の資金が域内で循環するよう域内資本市場を発展させ，金融インフラを改善し，金融市場の効率性向上と安定化を追求する必要がある。これに対する具体的な実行案の１つとして，東アジア諸国の豊かな貯蓄資金が域内で投資されるよう，域内債券市場を育成するための制度的・経済的基盤施設を用意すべきだというコンセンサスが形成された。アジア債券市場の発展方案としては，ASEAN + 3体制で推進しているアジア債券市場の発展方案（Asian Bond Market Initiative: ABMI）と東アジア大洋州地域の中央銀行間協力会議（Executives 'Meeting of East Asia-Pacific Central Banks: EMEAP）で推進しているアジア債券基金（Asian Bond Fund: ABF）がある。

1　ABMI

2002年11月に東京で開催されたASEAN + 3財務次官会議で，域内金融協力の主要な課題として，アジア債券市場の発展方案についての議論を推進しようという提案があった。翌年の2003年8月にマニラで開かれたASEAN + 3

財務相会議でABMIを地域協力事業として採択した。2007年5月に京都で開催された財務相会議では，インフラ資金調達のための債券の開発，融資資金の証券化，中期債券（MTN）開発案を研究するための作業を開始することで合意した。2008年5月，東アジア各国の財務相は，ABMI議論をより体系的かつ効率的に推進するための新たなロードマップを採択した。新しいロードマップは，域内の債券市場の発展方案を要求・供給・規制インフラの4つの領域に分けている。このロードマップに沿って，領域ごとに運営グループ（steering group）を設立し，目標を設定した。2009年5月に開催された財務相会議では，5億ドル規模の信用保証投資機構を設立すると発表した。同年11月に釜山で開催されたASEAN + 3財務次官会議では，この機構の名称を信用保証投資機構（Credit Guarantee Investment Facility: CGIF）に変更し，機構の形態は，アジア開発銀行（Asian Development Bank: ADB）傘下基金とすることで合意した。資本金は5億ドルから7億ドルに拡大した。2010年9月には，アジア債券市場フォーラム（Asia Bond Market Forum: ABMF）を設立した。ABMFはASEAN + 3諸国に対し，a. 域内債券市場の詳細な分析と域内各国債券市場の比較分析，b. 域内での国境を越えた債券の発行および投資を円滑にするための制度の調整，c. 地域間債券市場の統合のための規制や慣行の調和などの研究結果を提供する。

2　ABF

ASEAN + 3体制を中心としたABMI議論とは別に，EMEAP加盟国は，ABFを通じた地域債券市場の発展を模索してきた。EMEAPは2003年6月，約10億ドルに達するABF1の発足を発表した。ABF1はEMEAP 11加盟国のうち，日本，オーストラリア，ニュージーランドを除く8つの加盟国（韓国，中国，香港，インドネシア，マレーシア，フィリピン，シンガポール，タイ）によって発行された米ドル建て債券を出資して設立された。しかし，ABF1は規模が零細なうえ，域外通貨建てで発行される債券への投資にとどまったため，アジア金融市場の本質的な通貨不一致の問題を解決することができなかった。これらの問題を補完するために作ったのが，2004年12月に発足したABF2ある。ABF2はアジア債券投資信託ファンド（Pan-Asian Bond Index Fund: PAIF）とFund of Bond Funds（FoBF）で構成されている。PAIFは8つのEMEAP加盟国で発行された領域内通貨建て国債および準国債に投資する，単一のファンドで，投資対象の8カ国の債券を専門機関が作成した債券指数に応じて自由に投資することができる。FoBFは8つの加盟国ごとに自国通貨の国債および準国債に投資する国別債券ファンドである。

3　アジア債券市場の発展方案の限界

ABMIは域内債券市場育成のための本格的な議論の場を設け，ABFでEMEAP加盟国の中央銀行によるファンドを域内通貨建て債券にする。これらはいずれもアジア債券市場を発展させるための取り組みであり，域内諸国間の金融協力に大きな貢献をしたといえる。しかし，このような多くの努力にもかかわらず，ABMIを利用した債券の発行はほとんどなく，また，ABFの投資規模も，全体的な債券投資の現状に比べれば非常に微々たる水準に過ぎず，これといった成果を見せていない。

5　東アジア地域の金融経済危機対応策

東アジア地域は，まだ国際金融市場の変動に脆弱である。対外経済的な影響をまともに受け，危機への対応能力が弱い。したがって，適切な経済金融危機への対応策を事前に用意することが，東アジア経済共同体を構築するために，何よりも重大であり，次の危機対応策を提示することにつながる。

1　日中韓3カ国の共同基金創設

金融経済危機が発生したとき，ASEAN + 3体制のCMIMだけでは十分に対応できない。CMIMと同時に，比較的外貨準備高の規模が大きい日中韓が外貨準備の一部を利用した共同基金を創設しなければならない。そして，非常時には流動性を確保するためにこの共同基金を使って危機をできる限り回避し，あわせて域内で債券を発行する際の保証目的としてこの共同基金を利用することにより，域内の地域開発と債券市場の発展を図ることが望ましい。具体的な規模は大きいほど良い。少なくとも現在のCMIMで議論されている2400億ドルより大きな規模でなければならない。

2　通貨スワップ協力拡大の推進

2008年の世界金融危機当時，韓国と米国は300億ドル規模の通貨スワップ協定を締結した。これらの通貨スワップ協定は，当時高まってきた金融市場での不安を静めるために大きく貢献した。韓国は，国際的な金融危機に対応するため，韓中と日韓間の通貨スワップ規模をそれぞれ300億ドルに拡大する協約を締結した。これは，流動性確保の目的以外に，両国間の貿易の比重が急速に増加している状況で，両国の通貨での取引を拡大するきっかけを作った格好だ。これらの通貨スワップ協定の効果として，金融市場の心理的不安を払拭し，金融市場を安定させるなど，大きな影響を及ぼした。これらの通貨スワップ協定は存在自体に危機の拡散を阻止する効果がある。したがって，期間を定めて危機時のみ発動する2国間通貨スワップの形で契約を更新するよりも，恒常的な通貨スワップ形態をアジア諸国にも拡大することが，より効果的である。

6　アジア通貨統合(ACU：Asian Currency Unit)の推進

1997年のアジア金融危機以降，域内の為替レートを安定させ，域内金融市場を発展させるための一環として，域内通貨の創出の必要性が提起されている。また，アジア金融危機以降，国際金融システムの改編について議論されるようになったが，これらの議論では，アジアの地位を向上させ，域内通貨協力を進展させる方策としても，地域通貨単位の導入が提起されている。東アジアでの地域通貨単位の議論は，最初，日本を中心に展開された。

鳩山（元日本首相）は，2010年10月，世界の知識フォーラムで，東アジア共同体の先決課題として単一通貨を導入しなければならないと主張した。ASEAN＋3リサーチグループで地域通貨単位の構成，監視，監督体制との連携，地域通貨単位の活用方案などの研究を進めてきたが，ほとんど成果がない。これは域内各国が通貨主権については全く譲らず，自国通貨を中心の通貨ブロックが形成されることを意図しているからである。ASEAN＋3諸国は，単一の通貨なしに経済規模が大きくなる場合，アジア各国の通貨価値はドルと比較して，慢性乱高下圧力に苦しむようになる。円，人民元，ウォンなどの主要通貨が上がり続けては危機が発生し，大きく下げるを繰り返し，変動を増幅するわけだ。取引の安定性のためにも単一の通貨発足は不可欠であり，米ドル中心の国際金融システムの不合理性を是正しなければならない。単一通貨が発足すれば，ドル，ユーロに続く3大国際通貨になり得る。この絶好の機会を利用しない手はない。そのためには，A3貨幣基金（韓・中・日の割合2：4：4），東アジア中央銀行，通貨安定委員会を設立し，チェンマイ・イニシアティブを具体化するなど，制度的基盤を体系的に構築しなければならない。そして，通貨金融協力の最終段階として東アジアの中央銀行を創設，単一の通貨を導入して，実質的な金融システム統合を推進するのである。

5 結論

本論文では，東アジア地域での金融経済協力のために，まず，東アジア地域統合について理論的に考察した。関税同盟の理論は，自由貿易に転向する段階で関税同盟の結成が加盟国の厚生を増加させるとの見方だ。通貨統合の理論はマンデル（Mundell）が最適通貨圏の理論として提示したものである。最適通貨圏とは，域内で単一通貨を採用することが望ましい経済圏を意味する。通貨を統合すれば，財政移転を通じて統合後の非対称的ショック，すなわち労働の移動が活発化することによる供給ショックと経済開放による需要ショックが緩和され，各国の経済間の調整が可能になる。

そして，東アジア経済共同体構想では，経済共同体の成功事例として EU を設定したうえで，EU 通貨統合の条件であるマーストリヒト基準と通貨統合の，便益と費用を検討した。その結果，経済的効率が向上することで経済統合が容易になることが示された。

また，ベラ・バラッサが提示した経済統合論に基づき，東アジア経済統合の手順を提示することができた。東アジア経済共同体はまず ASEAN + 3 を中心に展開し，今後の推移を見ながら ASEAN + 6 などに拡大発展させることが望ましい。東アジア地域で実質的な地域金融経済協力を進展させるには，日中韓 3 カ国間の協力を優先的に推進し，これをもとに ASEAN 地域協力に拡大させていくのが有効である。

東アジア経済共同体実現のためには，まず通貨金融の面で協力が必要であり，そのために創設するのが CMI と CMIM の共同基金である。CMIM 共同基金の規模をさらに拡大すれば，中央銀行間スワップ協定締結が実質的な流動性支援制度になるだろう。東アジア通貨危機と世界的な金融危機の原因は，1 つは域内資本市場の未発達，そしてもう 1 つは通貨と満期の不一致という通貨金融の本質的な問題である。これを解決するために，東アジア債券市場の発展方案を提案した。その中でまず，ASEAN + 3 体制で進めている ABMI と EMEAP が運用する ABF を例に挙げて説明し，それらの取り組みはアジア債券市場の未熟さを考慮しつつ行う必要があると述べた。そして，東アジア地域の金融経済危機への対応策として，日中韓 3 カ国による共同基金の創設と通貨スワップ協定の積極的な拡大を提案した。さらに，通貨金融協力の最終段階で，アジア通貨統合（Asian Currency Unit: ACU）によって東アジア中央銀行を創設し，単一通貨の導入を図る。通貨金融統合を達成するために何よりも重要なのは，政治的，社会的，文化的交流を積極的に行い，「東アジア共同体」意識を共有することである。

【参考文献】

（1） ギムセウォン『EU 経済学：欧州経済統合の理論と現実』博英社，2004 年。
（2） ギムインジュン・イ・ヨンソプ『国際金融論』第 2 版，栗谷出版社，2012 年。
（3） ギムジェイン・ヨムドンホ・キムヨンジュン「東アジアの所得ショックとリスクシェアリングの効果」，『韓国の生産性学会』第 27 巻第 3 号，2013 年。
（4） ジャンホンボム『東アジアの金融統合協力：評価と示唆』Working Paper 第 468 号，金融経済研究院，韓国銀行，2011 年。
（5） ジョドンイル『東アジア文明論』知識工業，2011 年。
（6） ジョンホンテク・パクミョンホ『東アジアの統合戦略 I & II』韓国開発研究院，韓国学術情報株式会社，2013 年。
（7） バクジョンピル「EAEAP の ABF 運用の現状と今後の課題」，『外国為替国際金融レビュー』第 6 号，韓国銀行，2005 年。
（8） パクヨンジュン・イドンウン・オヨンヨプ・アンジヨン『新しい国際金融秩序の下での東アジアの金融協力方案』研究報告書 10-08，対外経済政策研究院，2010 年。
（9） 谷口誠『東アジア共同体』ギムジョンゴル・ギムムンジョン訳，ウルリョク，2007 年。
（10） ユンドクリョン・ムンオシク他『安定的な成長のためのマクロ経済構造：海外依存度の合理性の調整』対外経済政策研究院，2009 年。
（11） Krugman. P, *Increasing Returns and Economic Geography*, Journal of Political Economy, Vol. 99, pp. 183–199, 1991.
（12） Bayoumi, T. and Eichengreen. B, *Ever closer to heaven ? An optimum-currency-area index for European countries*, European Economics Review, 41, 761–770, 1997.
（13） Mundell, R. A, *A Theory of Optimum Currency Area*, American Economic Review, Vol. 51, No. 4, 1961.

第9章

「名古屋」から考える「東アジア安全共同体」―戦争・災害・災難―

宋浣範（ソウル女子大学）

1　はじめに―問題提起

2018年の3月には2011年3月11日午後2時46分に発生した東日本大震災（韓国では「3.11 東日本大地震」という）から早くも7年を迎えた。高麗大学グローバル日本研究院（前・同日本研究センター）では，いち早く大地震発生の3日後である3月14日から1つの研究チームを立ち上げ活動を開始した。これは，テレビの画面からではあるが日本の甚大な被害を目の当たりにして，日本がどのような形にせよネガティブかつ閉鎖的な傾向を見せるのではないかと予想されたことが1つのきっかけとなった。そして，そのような日本の変化は韓国をはじめとする東アジアの周辺国家に，これまで考えることのなかった分野において多くの影響を与えると考え，日本の災害を韓国と切り離して考えることはできないという結論に至った。

ほどなくしてこの研究グループの名称は「ポスト3.11と人間：災害（災難）・安全・東アジア」研究チームへと変更され，拡張・整備された。その間の研究チームの成果と活動経緯については，以前から折に触れて報告してきたものがあるので，そちらを参考にしていただきたい（宋浣範　2012a, 2012d, 2014e)。

ここからはこれまでの成果を振り返り，新たな研究のスタートとしたいと考えている。まず，約5年間の学術大会やシンポジウムなどにおける発表や地域社会での討論などの回数は20回余りに及ぶ。年度別に見ると，2012年度に4回[(1)]，13年度に6回[(2)]，14年度に5回[(3)]，15年度は3回[(4)]で，2016年の1月には2回行われた[(5)]。また，同じ期間にすでに公刊された論文やマスコミへの寄稿文などもまた20本余りにのぼる。こちらも年度別に見てみると，2011年度に2本[(6)]，12年に6本[(7)]，13年度に5本[(8)]，14年度も5本[(9)]，15年度は2本[(10)]などである。

以上のように20回余りの発表と20本の整理された文章がすべて一貫しているわけではないが，関心事の変遷は注目に値する。そこでまず，キーワード別に整理してみよう。最初に設定したキーワードは「災害（災難）・安全・東アジア」であるが，これはこれまでも有用かつ中心となるキーワードになりつつあった。その後，日本の災難・災害を韓国側からの視点でどのように導き出すことができるかという点に主眼が置かれた。これは本研究チームのそれまでの成果が日本の災害研究の翻訳に集中しているということに対する反省でもあった[(11)]。そのような反省を踏まえ，現在の研究の主眼は「人間」と「共生」をメインとする「人間の安全」と「安全共同体」に置かれている。

また毎年3月頃，本研究院が開催する学術大会の方向性からも関心事の変化を読み取ることができる。「3.11東日本大震災」から1年後の2012年は，「3.11東日本大震災の教訓―複合危機と危機管理―」について，2年後は「東アジアの災害研究の発信と国際協力の模索」，3年後は「現地で見た3.11東日本大震災と共生」，4年後は韓国産業安全研究院と共同開催する形で「災難および産業災害に関しての『東アジア安全共同体』の模索」についてであった。要約すると「災害における教訓」「災害研究の協力」「現地から発信する共生」「安全共同体の追求」などであったということである。

上記のような我々の努力は，2014年4月16日に発生した「セウォル号沈没事件（日本では，2014年韓国フェリー転覆事故）」によりターニングポイントを迎えることとなる。「セウォル号沈没事件」は韓国社会にしばらくの間，忘れがたい衝撃を与えたと同時に猛省を促す事件であった。この事件をきっかけに本研究チームはハンギョレ新聞社の海外取材に応じたが，それは「試される災害後の韓国」（『ハンギョレ 21』2014a）と「韓国災害学を始めよう」（『ハンギョレ 21』2014b）などで詳しく紹介されている。

2014 年 4 月以降に行った研究の主なキーワードは「人間の安全」（2015 年 3 月 28 日，人文韓国（HK）研究所共同学術シンポジウム，建国大学）と「東アジア安全共同体」（2015 年 4 月 17 日，3.11 東日本大震災から 4 年後の国際学術大会，高麗大学）へと定着することとなった。さらに 2015 年の年末に韓国社会が重大事件として挙げたのが「セウォル号」「伝染病 MERS」「教科書国定化」であったという事実[(12)]からわかるように，我々の作業は今この瞬間も進行中の，いわば生きた課題でもある。そして「東アジア安全共同体」の模索とは韓国だけの問題ではないと同時に，その解決策の追求のみで終わるものでもなく，東アジアという規模の安全を確保するグランド構想に他ならない。

このような基礎認識のもとに，今回の学習院女子大学の授業の全体主題でもある「東アジア共同体」に関連して「安全共同体」を再構想することは，意味のある作業でもあった。これまでの政治・経済・安保をテーマとした共同体の構想は，該当する構成員の利益のみを優先する共同体構想であったと言える（国分　2006，進藤　2007）。

これに代わる「人間の安全」を優先した「安全共同体」構想は，今までに注目されてこなかったのではないだろうか？　特に「東アジア安全共同体」の追求は，一国の国境や国籍を超える大胆かつ柔軟な発想に基づくものでなければならない。人間社会の「安全」に影響を与えるのは「災害」もしくは「災難」だけではない。それ以外に「戦争」も大きなウエイトを占める。

それで本論では，「東アジア」「戦争」「災害・災難」をキーワードに話を進める。まず，第 2 節では「東アジア」と「東アジア世界論」に注目する。第 3 節では「戦争」から見る「東アジア世界」を，第 4 節では「災害・災難」を通じた「東アジア世界」について考える。そしておわりには「東アジア世界」の共生と共存・共栄のための終着点としての「東アジア安全共同体」について考察したいと思う。

このような考察により，従来の東アジア共同体論の核心テーマを「安全」に絞ることが可能となり，また虚像の共同体ではない実態のある東アジア共同体論としての第一歩を踏みだせると期待している。

2　東アジア世界とは？

東アジアという言葉ほど多種多様な使われ方をする単語はないだろう。論者や学問分野によって東アジアという言葉の範囲や意味は少しずつ変わってくる（国分　2006，進藤　2007）。ではまず，私が考える東アジアについて説明した後，東アジアを１つの範疇として解釈する従来の東アジア世界論と私の持論を比較してみようと思う。

1　東アジア

まず，東アジアというのは非常に自己中心的な概念である。通常，東アジアとは中国，韓国，日本を含む意味で用いられる場合が多い。中国は３カ国を列挙する場合に中，日，韓の順に並べる。韓国は，韓，中，日と並べる。では日本は？日本の場合は，言うまでもなく日，中，韓である。このように通常，東アジア３国というが，３国を列挙する場合は各国が自己中心的な順序で並べるのである。

周知のように中国は，韓国や日本と社会体制が異なる。すなわち，韓国や日本は自由・民主主義国家であり，中国は共産党による一党独裁体制である。このような根本的な体制の違いがあるにもかかわらず韓国や日本はそれぞれ韓・中・日，日・中・韓といい，自国の次の順序に中国を持ってくるのである。また中国の中・日・韓の順序も現在の外交関係を反映していないのは明らかである。そのように考えると，東アジア３国がそれぞれを列挙する順序には，自己中心的思考が働いていることがわかる。

また，東アジアというのは可変性や拡張性のある概念である。言い換えれば，東アジアとは上記で述べた3国以外にもASEAN10カ国を加えた13カ国からなる東アジアという考え方もある。さらにアジア大陸と直接連携し，アジア大陸の周辺海域をカバーする勢力であるインド・オーストラリア・ニュージーランドも合わせて16カ国として扱う場合もある（国分　2006，進藤　2007）。

それゆえに，東アジアとは3カ国から13カ国，またあるときは16カ国にまで変化が可能であり，3から13，16へと拡張可能な概念であるということがわかる。また今後，アジア大陸に連なるロシアや太平洋沿岸のアメリカが含まれないという保証もない。

このように東アジアという概念には，自己中心的で可変かつ拡張可能という意味が含まれていることがわかる。しかし，いくら自己中心的で可変かつ拡張可能という概念でも，恒常的に含まれる地域は決まっており，それが中国，韓国，日本の3カ国である。しかし，これらをただ3カ国と呼んだのでは何とも味気ない。私はこれらを大陸，半島，列島の総合体と呼んでいる。

中国は1つの国という範囲に収めるには非常に複雑で広大な国である。1つの国と呼ぶと55の少数民族と彼らなりの固有の領域を持って暮らすその姿をうまく表現できない。そのような意味で私は中国を1つの大陸と表現したい。これに比べて韓国は，もう少し正確に言うなら韓国を含む韓半島は，北側が大陸と繋がっていながらも残る3辺が海と接している半島である。そして日本は単なる島国ではなく，数多くの島々が連なる列島である。

このような点から，韓半島は超大国である中国と侮れない大国である日本の間で生きていかなければならない地政学的運命をたどっていると言える。そのような韓半島の地政学的な運命が韓半島自体のチャンスとなるのか，または危機となるのか，さらに韓半島のそのような地政学的位置が超大国中国と大国日本を結び付けることもでき，引き離すこともできるという点が，「東アジア安全共同体」を考えるうえで重要なキーポイントの1つであるということは明らかである。

2 東アジア世界論

前の節で述べた東アジアについて，日本歴史学会では早くから学問的課題として分析しようという試みがなされてきた。これについて行われてきた論議を，東アジア世界論をめぐる業績であるということができる。ただし，それに対する評価や賛否は学問的分野によって，また学者ごとに学問的経験や方法によって変化する。本稿では，報告者が歴史学専攻であるため，歴史学会での東アジア世界論を前提とする。

まず，中国古代史専攻の西嶋定生（にしじま・さだお，1919～1998）の説である（西嶋　2002）。彼の説の背景には，1949年に発表されたマルクス主義の史学者である松本新八郎（まつもと・しんぱちろう，1913～2005年）[(13)]の「世界帝国論」に影響を受けた部分が大きいという。西嶋の東アジア世界論は1962年の冊封体制論を経て1970年に東アジア世界論へと発展，整理された。

特筆すべき点として彼が提唱した東アジア世界とは，共通の文化圏と言える4つの共通点として漢字，（漢訳）仏教，儒教，律令を挙げている。そしてこれら4つの共通する文化的特性を持つ地域として中，韓，日にベトナムを加えたのである。西嶋説は今でも日本の中・高等学校の歴史の教科書において基本的な枠組みとなっていることを考えると，大きな影響力を持っているとみられる。

続いては，日本古代史と中世史を専攻した石母田正（いしもだ・しょう，1912～1986）の説である（石母田　2000–2001）。この説も1962年に発表された「東夷の小帝国論」に基づいている。石母田は古代日本の国際関係史を説明するにあたって「古代帝国主義論」を提唱し，その投影が中国の唐を中心とした「大帝国」と，日本を中心とした「小帝国」の闘争であるとした。石母田説は少なくとも日本古代史専攻者たちにとっては，古代日本に関連する国際関係を説明しようとする場合には，言及せざるを得ない文献という位置付けであると言える。

次は2010年から提唱され始めた説である。この説は廣瀬憲雄（ひろせ・のりお）を中心とした研究グループの東アジア世界論に近いもので「東部ユーラシア論」という[14]。「東部ユーラシア論」は中・韓・日以外にも北方のモンゴル高原，西側のチベット高原などの北アジアと中央アジアを合わせて，すなわちパミール高原以東の変化に対しての理解と受容を前提としている広大な説明である。

廣瀬は従来の西嶋説を批判し，その根拠として3つの点を挙げている。まず，時期的に西嶋説の中心は隋と唐の前半期に重点をおいて分析したものであるという点である。2つ目に，地域的な面で北方と西方との関係に触れず韓半島と日本という東方を中心として全体を説明するのは間違いであるという点，最後に，歴史的観点から分析対象となる周辺勢力の主体性を軽視しているという点を批判した（廣瀬　2014）。この説をめぐる今後の評価が気になるところである。

それ以外にも「海域アジア史論」がある[15]。現代の歴史学会は1970年代後半から80年代を起点として一国主義や国民国家史観，ヨーロッパ中心主義史観の克服，文献資料を中心とした「客観性」に対する疑問などが噴出し始めた。このような動きに関連して陸地中心で論議されてきた東アジア，東南アジア，南アジアなどとは異なり，海中心の「海域アジア」という観点が生まれたのである。これは一方でアジアの特定地域の中心主義や先進性を過度に強調する傾向，つまり具体的に中国，イスラム，中央ユーラシアに見られるオリエンタリズムに対する反駁という機能をも担うことが特徴である（桃木編　2011）。

以上のように，国を超えて東アジアの国々を1つの範疇とみなし，陸地中心のもしくは海中心の全体的かつ総合的な理解を図るという試みは，自国中心的な歴史叙述形態に陥りやすい東アジア各国の歴史を多面的に見ようとする，積極的な試みとして評価できる。ただし，各国が唱える説の長所と短所や特性が異なるため，観点によってはそれが正しいのかどうかを判断することが難しいというのもまた事実である。

3 「気象予報士」の位置から考える東アジア世界

本節では，私の東アジア世界に対する理解について簡単に述べたいと思う。

私は2003，4年頃に博士論文を執筆する過程で「気象予報士の位置から考える東アジア世界」という観点にたどり着いた。これは私が日本に留学していた韓国人留学生であったという個人的経験から得たところが大きい。さらに付け加えるならば，当時，2人の子供たちがまだ幼かった関係で日常生活は日本語のみを話していたが，これでは帰国後に困ったことになると思って，韓国語放送を視聴しようとパラボラアンテナを設置し，テレビで韓国の放送を見ていた。それゆえリモコン1つで韓国と日本のチャンネルを見ることができた。

そんなある日，天気を伝える予報士の位置が韓国と日本では異なることに気が付いたのである。つまり，韓国の気象予報士の場合，韓半島の右下である日本の九州の北側あたりに立って韓国の天気を伝える。しかし，日本の気象予報士は太平洋上に立って天気を伝えていた。これはごく当たり前のことであったが，私は韓国と日本の気象予報士のそれぞれの立ち位置が，まさに両国の歴史を説明し理解するのにぴったりな位置であると考えたのである。

つまり，韓国は天気を伝える際，韓半島の右下に位置する日本列島には別段関心がないということである。いや，特に関心を持つ必要がないというべきかもしれない。これは歴史的な面にも共通する。言い換えれば，中国のみを重視し日本を軽視してきた，それまでの歴史観とも妙に重なる部分がある。

一方，日本の気象予報士が日本の天気を伝える際には，中国の天気も当然重要ではあるが，韓半島から変わっていく天気の変化を伝えることが，日本にとってはより重要であることがわかる。そしてこれは日本が韓半島を越えて中国大陸を目指した歴史的過去と重なるのである。

要するに，韓国の立場から日本が何を考えているのかを理解するためには，従来の韓国の気象予報士の立ち位置ではなく日本の気象予報士の立ち位置に立たなければならないということである。そうして初めて，日本が韓半島越しに大陸を見る歴史的観点を知ることができると思う。

以上の「気象予報士の位置から考える東アジア」に関する個人的な経験に基づく説明は，2005年に帰国した後，各地の大学や様々な講演会で紹介してきたが，比較的高い評価と支持を得ているようである。しかし，文章としてはまだ紹介したことがなかったので，この場を借りて紹介させていただいた。

3 「戦争」でみる東アジア世界

「安全共同体」について述べるうえで「戦争」という言葉ほど確実かつ明確な事案もないであろう。特にその「戦争」が国際的な部分と連動している場合の波及力は想像を絶する。現在の東アジアに残存する戦争要素の1つとして，韓国と北朝鮮の休戦状態が挙げられる。つまり，韓半島は完全に戦争が終わったというわけではないということである。そのような状態の中での北朝鮮の一連の核問題は，東アジア世界を混乱へと陥れた。

2016年1月6日，北朝鮮の朝鮮中央TVは午後0時30分の特別重大報道にて「1月6日午前10時に初の水素爆弾実験に成功した」という内容の声明を発表した。これを北朝鮮の「第4次核実験」という。過去に北朝鮮は，2006年10月9日の第1次核実験，2009年5月25日の第2次核実験，2013年2月12日の第3次核実験を実施し，今回はそれに続くものである。毎回の核実験のたびに国連安全保障理事会（安保理）は，対北制裁決議案1718号，1874号，2094号をそれぞれ採択して対北制裁に乗り出したが，満足のいく結果とはならなかった。今回の北朝鮮の核実験をめぐる中・韓・日の憂慮は計り知れない[(16)]。

このように韓半島の「安全」が脅かされる事態は，当事者である韓国はもちろん中国や日本にも不安を与えている。その理由として韓国は，中国と日本とは切っても切れない関係だからである。最近の韓国のGDPにおいて貿易が占める割合は約83%で，その貿易で最も大きな割合を占めるのが中国と日本なのである。韓国において中国は主な輸出対象国であり日本は高度な機材の輸入対象国である[(17)]。

しかし「韓国の安全」の実情は，終末高高度防衛ミサイル（THAAD: Terminal High Altitude Area Defense[(18)]）とアジアインフラ投資銀行（AIIB:

Asian Infrastructure Investment Bank)[19]の状況に如実に表れている。両方とも韓国に必要なものではあるが，決定の際に，前者は中国を意識しなければならず，後者は日本とアメリカを意識しなければならない。もちろん，どちらの場合にも，影響力の大きいアメリカの存在を無視できないという現実も存在する。

一方，中国と日本は歴史的な部分で韓半島に対する「覇権意識」を露呈している。すなわち，中国では「東北工程」[20]という考え方が，日本では「韓半島南部経営論」[21]という考え方が残っていたことも事実である[22]。

まず，韓国と中国の関係について考えてみよう。一言で言うと「分裂と統一の交差方程式」である。歴史的に韓国と中国はほぼ同じ軌跡をたどってきた。中国で王朝が交代すれば韓半島でも王朝が交代し，中国が分裂の時代（魏晋南北朝，五代十国）に突入すれば，韓半島も分裂の時代（三国，後三国）を経験した。中国を中心とする冊封体制が東アジア世界に存在した結果，中国で王朝が交代しても受け入れない場合には侵略（蒙古の侵入，丁卯・丙子胡乱）された。

現在，2分されている中国が統一の方向へと動き出すなら，南北に分かれている韓半島も統一の道を進み，中国を統一する勢力と連携する勢力が韓半島を統一へと導くだろう。これまで，中国の反対側に位置する国が韓半島を統一した事例はなかった。韓半島を統一するためには，中国との関係が重要であるということがわかる。

では，韓日関係はどうだろうか？　韓国と日本は2000年を超える相互交流の中で人と物，そして情報（人・物・知）の交流を通じた歴史的実体を共有してきた。しかし，「任那日本府の設置」が招いた「韓半島南部経営論」による歴史紛争が続いている（金鉉球　2011，2002，1993）。韓日間は一言で言えば「日本の一方的な侵略」の過去に基づいている。日本との関係を歴史的に見ると，一方的な侵略のみを受けたと言える。

例えば，「任那問題」と呼ばれる三国時代，倭寇に象徴される高麗末から朝鮮初頭，壬辰倭乱，日韓併合などである。このような侵略原因は基本的に，日本は食糧などの資源が不足しており，平時は貿易によりこれらを補充できたが，海外との交渉が円満に進まない場合には，侵略という武力行使にて解決しようとしたためである。さらに，日本の韓国侵略は日本が分裂から統一の時期に差し掛かったときに起きた。それは統合された勢力の不満のはけ口として最も近い韓国が狙われたのである。

現在，日本は第二次世界大戦の敗戦から再び大きな意味を持った復興期に入っている。したがって韓国に対する影響力拡大はすでに始まっていると言える。経済的側面から構造的に韓国を隷属させているという事実がその証拠である。要するに日本との関係は中国とは異なり，我々の方針というよりは日本国内の事情により左右されるということである。このような面において韓国の立場からは中国との関係より日本との関係の方が難しいと言える。

では，中・韓・日が互いに戦った戦争が果たしてあっただろうか？　歴史上には中国の唐が韓半島を掌握しようとした663年の「白村江の戦い」で，古代の韓半島が日本と組んで唐を阻止したという記憶がある（宋浣範　2007）。また，日本が韓半島を掌握しようとした1592年の壬辰，丁酉倭乱では，中国の明と組んで日本を阻止した（韓明基　1999，2009）。そして1894年の日清戦争では，韓国の力が弱く結局中国と日本が韓半島における互いの利益を主張し合い，結果的に韓半島が日本の植民地と化した（原田　2012，原　2015）。その植民地支配のゆえに今でも韓日の関係は未だ荒波の中である。

この3つの戦争には共通点がある。まず，戦場がすべて韓半島であったという事実である。大陸の中国と海洋の日本が戦ったのに，その戦場は韓半島であったというあきれる事実は，韓半島の地政学的位置の扱いにくさを改めて思い起こさせる。結局，東アジアで韓半島が生き残る道は，韓国が力を持ってある一方に偏らず，東北アジアのバランスを取るためのおもりとしての役割を果たす必要があるという結論に至る。

また，他の共通点として3つの戦争の結果，東アジアで新たな勢力再編が起きたという点が挙げられる。「白村江の戦い」以降，韓半島3国が統一新羅と渤海の南と北で対峙するようになり，唐と日本が対立する構図は現在の東アジアの勢力図と酷似している。そして「壬辰戦争」は中国の明から清への王朝の交代，日本の豊臣から徳川への勢力の交代を伴った。また，「日清戦争」は韓半島に対する勢力権が清から日本へと移る転機となった。

このように，古代から近代まで3つの東アジア世界の歴史的経験が物語っているのは，東アジアの「安全」を脅かす大きな要因の1つがまさに「戦争」であるという事実である。

4 「災害・災難」でみる東アジア世界

「3.11 東日本大震災」以降，しばらくの間，本研究チームは主に翻訳という学術活動を通じて「災害大国」であり「防災大国」でもある日本の事例を韓国に紹介しようと努力した。[23] 当然これらすべてが日本の経験であるという限界があった。それで最近の韓国の実情に合った「災害と安全」という研究に目を向けている。さらにこのような経験から，国境や国籍を超えて東アジア全域の安全を守る「東アジア安全共同体」の創出のために努力したい。

2013年12月，年末の雰囲気に浸っていた日本社会に悪夢のような大地震のシナリオが紹介された（宋浣範　2014f)。このシナリオは「日本政府防災会議」の報告書が提出したものであった。この報告書は日本の首都である東京都付近を震源とする，いわゆる「首都直下型地震」を想定したもので，その被害は「3.11 東日本大震災」をはるかに凌ぐものとされた。もちろん仮想シナリオではあったが，日本の首都圏である東京都，神奈川県，埼玉県，千葉県を襲う大地震という非常に現実的なシナリオの1つであり，結果的に「3.11 東日本大震災」の被害規模を反映したものであった。

このような仮想シナリオを含め「3.11 東日本大震災」は，これまでの日本社会全般や災害論全体に広範囲にわたり衝撃を与えた（御厨　2011)。さらに自然現象である地震を歴史的に考えて災害を防ぐという防災から，どのようにすればその被害を少なくできるかという減災への転換という，災害に対する根本的な思考の変化をもたらしている[(24)]。

言い換えれば「3.11 東日本大震災」のような天災と人災が同時に起きる複合災害は，理工学的方法に偏ったハード面での防災だけでは対応できないということを如実に物語っている。むしろ，それよりも人間社会の防災力の向上によって，すなわち従来の人文や社会科学的方法によって被害を減らせるのかという問いに対する期待感が高まった。つまり，行政主導の防災システムから住民主導の減災への政策転換を意味する。結局，減災という用語はそのような背景から生み出されたものであると考えるべきである。これまでの日本や韓国の災害・災難研究のほとんどは机上の空論であった。それゆえにどうしても「被害」に重点を置いた研究が大部分であった（宋浣範　2014d，2014e）。

これからは，このような立場よりは「人」自身を重視する必要があると思う[(25)]。そして「人」に目を向けて研究を進めるためには，災害研究でこれまで別段注目されてこなかった人文学と社会科学的な思考を強化しなければならない。要するに，災害・災難研究は従来の文・理分離を抜け出し，融合・複合的かつ学際的な方面から考えなければならないということである。また「東アジア型災害学」のためには，まず東アジアの地震学の研究現況および課題についての理解をした後，東アジア型地震学の構築のための制度と理論の構築と実践方案の模索が必要である。最後に災難・災害ガバナンスの国際協力を模索し，必要なネットワークを構築しなければならない。

そのための努力は，単に各国の政府関連部署や事故関連機関の問題だけではない。各国の学界も災害の事例を収集・記録し，その分析を通して予防，対応，処理についての代案を提示できるようでなければならない。それで私は具体的な学界の代案を提示する基礎作業として，まず災害に関連した基礎情報の体系化が必要であると考えるに至った。そのため次のような問題意識を持つようになった。

第一に，毎年東アジアで数多くの自然災害と交通，産業，都市災害が頻繁に発生しているというのに，このような災害の事例を整理・体系化する主体的な研究基盤が未だ整備されていないという点。第二に，各国の防災関連機関や民間団体の災害に関する様々なシステムと災害マニュアルの収集，調査，発掘および総合的な整理作業と，災害関連データの体系化・情報化の必要があるにもかかわらず，未だ対応がなされていないという点。第三に，東アジアの近年における災害の様々な事例を時間軸に沿って体系化し，それを東アジアまたは世界の他の国の災害防災学と比較検討すること。それを基にした，社会システムの安全網構築のための制度改善を行い，基礎情報を確保しなければならないが，そうできていないという点を挙げることができる。

この必要性に共感できるなら，実際に東アジア各国の災害に対する総合的な情報を集め，それを東アジア社会全体，特に産業界，政府機関，学界が共有しなければならない。また総合的な災害関連情報は，災害予防，対応，処理についてのガイドラインとして提供され，東アジアの災害事例およびそれらの事例の総合的な分析のための基盤構築が可能でなければならない。さらに，「災害と安全」に対する学問的対応論理と談話を再構築し，「災害学」という新たな学問の土台作りができるのではないかと考えている。

言い換えれば，東アジア型災害研究における基礎的研究は，安全を希求する人間本来の欲求からスタートしなければならないということである。そのためには，人類がこれまでに作り上げたすべての学問的実態を総合して融合させる必要がある。そのような点から「災害学」もしくは「地震学」に対する切実なる苦悩はまだ始まったばかりである。

さらに，パイオニア的な位置付けである日本型災害研究が自然災害に偏ったものであるのに対し，東アジア型災害・災難では，人災という領域において「戦争」も想定できる。[26] それならば，「災害と安全」は「戦争と安保」へと転換が可能であると言える。つまり，「戦争と平和」を「災害と安全」へと拡大することもできるということである。それほどに拡張性のある「東アジア型災害学」の整備は急を要する課題である。[27]

5 おわりに

以上に述べたことの簡単な要約をもって本稿の結論としたいと思う。

まず前節で，東アジア型の「災害」では人災という領域において「戦争」も想定できると述べた。それならば当然，「災害と安全」は「戦争と安保」とも関連付けることができる。すなわち，「戦争と平和」は「災害と安全」と切っても切れない関係なのである。

そして災害は，政権の安危とも直結している（徐承元・金瑛根編　2013）。現在の日本の首相である安倍晋三は，第3次内閣に該当する。第1，2次安倍内閣の間の特筆すべきこととして，約3年間，民主党が政権を担っていた（2009年7月～2012年12月）ことである。民主党政権下での忘れられない事件といえば「東日本大震災」で，この災害の影響を受けて民主党政権が崩壊し，再び自民党政権，つまり第2次安倍内閣が成立した。言い換えれば，想像もしなかった大災害が第2次安倍内閣への政権交代を招き，さらに「集団的自衛権[(28)]」を生んだ側面も指摘できるのである。

韓国における2014年「4.16セウォル号沈没事件」と2015年「MERS」は我々を震撼させた。ルーズな災害対応体系が韓国の真の姿であったという事実は，国民を惨めな思いにさせた。これらの事件は，果たして韓国に災害マニュアルが存在しているのかという基本的な疑問を抱かせるほどに，韓国の災害対応態勢と安全システムについて警鐘を鳴らしている。

では福島の原発事故の本質とは何か？　福島で原発爆発事故が発生したとき，韓国政府は偏西風の風上なので韓国は安全であるとした。それならば，中国の山東半島に建設中の原発で事故が起きたらどうなるのか？　もしくは，韓国の東南部海岸に建設または建設予定の原発で事故が起きたら，その死の灰はどこに飛んでいくのか？　昨今の問題に対する根本的な課題に対して決断もできないままに，一国の安全云々を語るという発想自体を根底から改める必要がある。

要するに，「東アジア安全共同体論」について考える準備をしている我々の最終目標は，東アジア世界の共存・共生・共栄のためになることでなければならない。このような目標にいかなる政治的意図や不純な思想も入る余地はない。東アジアの安全共同体を主張する理由は，大学も社会の一構成員と見るとき，大学に籍を置く「大学人」として，たとえ理想論であるという批判にさらされても，後回しにできない急を要する課題であるからである。

【注】

（1）「環東海地域の災害と安全」（4月26日，於慶熙大学）慶熙大学国際地域研究院国際学術大会『環東海地域の力動性と多層性』。「古代の災害から見た『3.11大震災』」（5月11～12日，於高麗大学）東アジア文化交渉学会国際学術大会。「韓国における『3.11以降の日本災害研究』」（5月18日，於関西学院大学）日本関西学院大学災害復興制度研究所国際学術フォーラム。関西学院大学・高麗大学日本研究センター共同国際学術大会1部司会『東日本大震災と日本―災害からみた日本社会と韓国への投影―』（9月18日，於高麗大学）

（2）「韓国からの人文科学的災害研究―日本災害研究関連図書の翻訳出版について―」（1月17日，於学習院女子大学）学習院女子大学国際文化交流学部研究交流会「『災害研究』の海外発信と国際協力の模索」。高麗大学日本研究センター国際学術大会『東アジアの災害研究の発信と国際協力の模索』（3月9日，於高麗大学），司会3部「東日本大震災と環境，国際協力」。「みえる歴史として大震災」（3月13日，於岡山大学）岡山大学文学部人文学フロンティア2012シンポジウム『韓国からみた日本』。「東日本大震災からの復興のための人文学的模索―人文学的視覚と融合のために」（8月29日，於高麗大学），高麗大学日本研究センター国内学術セミナー『3.11東日本大震災と地震学―翻訳を超えて：高麗大学日本研究センター』第3部総合討論司会。「律令国家の天災異変と政策の転換」（10月23日，於鹿児島大学）韓・日共同シンポジウム『3.11以降の人間と社会』。「3.11東日本大震災と韓国型災害研究」（11月6日，於国会議員会館）国会議員室主催国際学術大会『3.11福島原発事故が韓国社会に及ぼした影響』。

（3）「文化研究方法の融合・総合的考察―『3.11東日本大震災に関連して』」（2月8日，於中央大学）韓国日本学会第88回国際学術大会『日本研究の人文社会学的融合・複合化』，日本歴史文化学会主催『日本の複合的思想文化と教育』午前司会：午後招請発表。高麗大学日本研究センター主催3.11東日本大震災から3年後の記念学術大会『現場で見た3.11東日本大震災と共生』，総合討論座長（3 月 3 日，於高麗大学)。「災難（災害）と安全から考える東アジア」（10 月 15 日，中国杭州浙江工商大学）浙江工商大学東アジア研究所発表。「日本史書における災異の記事」司会（11 月 14 日，於高麗大学）鹿児島大学・高麗大学日本研究センター共同主催国際学術大会『「災害と知の越境：グローバル化する東アジアで考える」』。「日本的価値の韓国的模索―3.11 東日本大震災に関連して―」（11 月 15 日，於慶熙大学）韓国日本思想史学会秋季学術大会『東アジアの共存・共生は可能であるか』。

（4） 「『災難（災害)』を通して見た『人間の安全』」（3 月 28 日，於建国大学）2015 人文韓国（HK）研究所 共同学術シンポジウム「韓国社会が尋ね，人文学が答える」。3.11 東日本大震災から 4 年後の国際学術大会・産業安全研究院共同開催「災害および産業災害に関する『東アジア安全共同体』の模索」，司会（4 月 17 日，於高麗大学)。国防大学大学院セミナー講義「『戦争』と『災害』から考える『東アジアの安全』」（12 月 9 日，於国防大学)。

（5） 「『東アジア安全共同体論序説』：戦争・災害（災難)」（1 月 12 日，学習院女子大学）学習院女子大学国際文化交流学部『東アジア共同体論』。「地域を越えて：東アジア安全共同体の模索」（1 月 23 日，於鹿児島大学)。

（6） 宋浣範（2011a，2011b)。

（7） 宋浣範（2012a，2012b，2012c，2012d)。高麗大学日本研究センターポスト 3.11 と人間研究チーム（2012)。

（8） 宋浣範（2013a，2013b，2013c，2013d)。高麗大学日本研究センター・関西大学復興制度研究所共編（2013)。

（9） 宋浣範（2014a，2014b，2014c，2014d，2014e)。

（10） 宋浣範（2015a，2015b)。

（11） 2013 年 8 月 29 日に本研究院で開かれた国内学術セミナー『「3.11 東日本大地震」と震災学―翻訳を超えて』資料集参照。

（12） 韓国連合ニュース（2015 年 12 月 13 日)。

（13） マルクス主義の歴史学の立場から日本の封建制度を研究し，特に「南北朝の争乱」を封建革命とみなした。

（14） 上田（2005)。吉川（2006)。皆川（2011)。山内（2011b，2011c)。廣瀬（2011，2014)。鈴木靖民（2012)。鈴木靖民・金子修一編（2014)。

（15） 日本海域アジア史研究会ホームページ。桃木編（2011)。鄭（2011)。

（16） 「『水素爆弾実験』NPT 脱退から『水素爆弾実験』まで」『連合ニュース』（2016 年 1 月 6 日)。

（17） 金鉉球高麗大名誉教授の高麗大核心教養科目『歴史はどのように叙述されるのか』の講義案参照：「韓国株式市場『チャイナ・フォビア』からの脱却」『ヘラルド経済』（2016 年 1 月 27 日）参照。

(18) 「『朴大統領－習近平』韓中首脳会談『5つ』のイシュー」『マネートゥデイ』(2015年8月20日)。

(19) 「AIIB公式出帆—韓国経済に及ぼす影響は？」『世界日報』(2016年1月17日)。

(20) 東北工程とは，旧満州にあたる中国北東部の歴史研究を目的とする中国国家プロジェクトで，1997年に始まり2000年以降に研究成果を公表。特に高句麗の系統が新羅と金に分割され，渤海の系統が金へ発展した事実をもって，高句麗と渤海を中国史の地方政権として扱う。韓国はこれに反発し2006年には外交問題にまで発展。現在では「学術討論で解決し，政治問題とはしない」という点で合意されている。政府レベルでは沈静化「『高句麗史問題』，韓・中が『賢明な措置』で合意」，『連合ニュース』(2006年10月13日)。または「潜伏状態」という表現「習近平の新・朝鮮戦略」，『中央日報』(2014年7月10日)，中国の意図は北朝鮮政権崩壊後の布石（東朝鮮，西朝鮮），もしくは多民族国家維持の布石など，『中央日報』(2015年9月17日）と言われている。

(21) 「任那問題」のゴールが「任那日本府」という機構であったと理解する韓国学界では，「任那問題」を主に「任那日本府」という機構の有無やその性格をめぐって論議を重ねている。「任那問題」の本質は日本が韓半島南部を支配していたのか，「任那日本府」という機構は倭が韓半島南部を支配していたかどうかによって，その有無や性格が決定される副次的な問題である。「任那問題」は韓国で主に用いられる〈任那日本府問題〉と呼ぶよりも，韓半島南部を支配したという意味を含んで日本で用いられている〈南鮮経営論〉が妥当であろう。〈南鮮経営論〉は今日の韓半島を卑下する意味を含む〈南朝鮮経営論〉という表現の略なので，現代的用語としては〈韓半島南部経営論〉が適切であると思われる。

(22) 本章の韓国と中国，韓国と日本に関する全般的な説明は，金鉉球高麗大名誉教授の核心教養科目『歴史はどのように叙述されるのか』の講義案に基づいている。

(23) 高麗大学日本研究センター「ポスト3.11と人間研究」チーム訳（2012)，宋浣範（2013b)。

(24) 金瑛根「日本の災害ガバナンスと韓国型地震学の構築」，宋浣範（2014f)。

(25) 2015人文韓国（HK）研究所共同学術シンポジウム資料集（2015)。

(26) 宋浣範「3.11東日本大震災と韓国型災害研究」国会議員室主催 国際学術大会『3.11福島原発事故が韓国社会に及ぼす影響』(国会議員会館)，2013参照。

(27) 歴史学研究会編（2012)，平川南・三宅和朗ほか編（2013)，東北文化研

究センター編（2014），公益財団法人史学会編（2015）参照。

(28)　この「集団的自衛権」遵守の核心は，問題となっている「安保法案」に他ならない。「安保法案」の通過に至るまでの苦難の前史が存在する。この前史を調べる必要がある。宋浣範（2015b）参照。

【参考文献】

石母田正（2000–2001）『石母田正著作集』（全16巻），岩波書店。

上田信（2005）『中国の歴史9　海と帝国』，講談社。

公益財団法人史学会編（2015）『災害・環境から戦争を読む』，山川出版社。

高麗大学日本研究センター・関西大学復興制度研究所共編（2013）『東日本震災と日本—韓国から見た3.11』，関西大学出版部。

国分良成編（2006）『世界のなかの東アジア』，慶応義塾大学東アジア研究所。

進藤榮一（2007）『東アジア共同体をどうつくるか』，ちくま新書。

鈴木靖民・金子修一編（2014）『梁職貢図と東部ユーラシア世界』，勉誠出版。

鈴木靖民（2012）「東アジア世界と東部ユーラシア世界史—梁の国際関係・国際秩序・世界認識を中心に」『専修大学東アジア世界史研究センター年報』6。

鄭淳一（2011）『九世紀の来航新羅人と日本列島』，勉誠出版。

東北文化研究センター編（2014）『東北学』，はる書房。

西嶋定生（2002）『西嶋定生東アジア史論集』（全5巻），岩波書店。

日本海域アジア史研究会ホームページ　http://plaza.rakuten.co.jp/kaiikofficial/ (5/10/2016)。

平川南・三宅和朗ほか編（2013）『環境の日本史』全5巻，吉川広文館。

廣瀬憲雄（2011）『東アジアの国際秩序と古代日本』，吉川弘文館。

———（2014）『古代日本外交史—東部ユーラシアの視点から読み直す』，講談社選書メチェ。

御厨貴（2011）『「戦後」が終わり，「災後」が始まる』，千倉書房。

皆川雅樹（2011）「日本古代の対外貿易と東部ユーラシア」『歴史学研究』885。

桃木至朗編（2011）『海域アジア史研究入門』，岩波書店。

山内真次（2011a）『承和転換期とその周辺』，思文閣。

———（2011b）「九世紀東部ユーラシア世界の変貌—日本遣唐使関係史料を中心に」『承和転換期とその周辺』，思文閣。

———（2011c）「東アジア史再考」『歴史評論』733。

吉川真司（2006）「律令体制の展開と列島社会」『列島の古代史8　古代史の流れ』，岩波書店。

歴史学研究会編（2012）『震災・核災害の時代と歴史学』，青木書店。

高麗大学日本研究センター「ポスト3.11と人間研究」チーム訳（2012）『検証

3.11 東日本大震災』，図書出版ムン。
宋浣範（2007）「白村江の戦いと倭―東アジア世界の再編に関連して―」『韓国古代史研究』45 集（『日本の戦争と平和』，インターブックス，2014 に再録）。
―――（2011a）「試論　日本人の『秩序意識』に見られる歴史性」『高大新聞』1665 号，3 月 21 日。
―――（2011b）「『3.11』以降の日本，そして東アジア」『東北アジア歴史問題』50 号，5 月。
―――（2012a）「『3.11』にみる歴史の中の『東日本大震災』」『ジャパンレビュー2012―3.11 東日本大地震と日本―』，図書出版ムン。
―――（2012b）「日本律令国家の信仰と災難―『四天王信仰と貞観地震』―」東国大日本学研究所『日本学』34 集，5 月。
―――（2012c）「3.11 東日本大震災後の日本におけるダルビッシュ旋風の意味」『プラットホーム』33 号（5・6 月号），仁川文化財団。
―――（2012d）「『環東海地域』の災害・安全から考える『環東海学』」慶熙大学国際地域研究院『アジア太平洋研究』19 － 3 号，12 月。
―――（2012e）［共著］「日本律令国家の信仰と災難―『四天王信仰』と『貞観地震』」東アジア古代学会編『東アジアの宗教と文化』，景仁文化社。
―――（2013a）［訳書］『文化遺産の保全と復興哲学―自然との創造的関係再生』，高麗大学出版部。
―――（2013b）［共訳］『東日本大震災―復興のための人文学的模索』，高麗大学出版部
―――（2013c）［共訳］『提言東日本大震災―継続可能な復興のために』，高麗大学出版部。
―――（2013d）「日本律令国家の天災異変と政策の転換」『日本思想』第 25 号，12 月。
―――（2014a）「試論　『東日本大震災』から 3 年を迎えて」『高大新聞』1744 号，3 月 10 日。
―――（2014b）［共著］「みえる歴史としての大震災」岡山大学文学部プロジェクト研究報告書 21『災害・戦争・疫病の表象観念と文化』，岡山大学文学部，3 月。
―――（2014c）［共著］「序章：『3.11 東日本大震災』が韓国に及ぼした影響」『日本の災害復興―3.11 東日本大震災と人間』，人文社，4 月。
―――（2014d）［共著］「『3.11 東日本大震災』と新たな学知としての『歴史地震学』」『ジャパンレビュー2014―日本の変容』，インターブックス，5 月。
―――（2014e）「融合・総合的日本学からの『歴史地震学』―『災害学』に対する提案―」『日本学報』100 号，8 月。

―――（2014f）［共著］『日本の災害復興―3.11 東日本大震災と人間』，人文社。
―――（2015a）「『3.11 東日本大震災』と『韓国的災害学』の出発に見られる韓日協力」『韓日協力』春号，韓日協力委員会，1 月。
―――（2015b）「韓・日関係の多様性：『安保法案』と『3.11 東日本大震災』」国防大学安保問題研究所『安保懸案分析』7 月号。
『ハンギョレ 21』（2014a）第 1009 号，2014 年 5 月 5 日。
『ハンギョレ 21』（2014b）第 1014 号，2014 年 6 月 9 日。
金鉉球（1993）『任那日本府研究』，一潮閣。
―――（2002）『百済は日本の起源なのか』，創批。
―――（2011）『任那日本府説はフィクションか』，創批。
徐承元・金瑛根編（2013）『ジャパンレビュー2013』，高麗大学出版部。
韓明基（1999）『壬辰倭乱と韓中関係』，歴史批評社。
―――（2009）『丁卯・丙子胡乱と東アジア』，青い歴史。
原田敬一（2012・崔碩完訳）『日清・日露戦争』，語文学社。
原朗（2015・金連玉訳）『日清・日露戦争をどう見るか』，サルリム。
2015 人文韓国（HK）研究所共同学術シンポジウム資料集（2015）「『災難（災害）』を通して見た『人間の安全』」，『韓国社会が尋ね，人文学が答える』，建国大学。
「『水素爆弾実験』NPT 脱退から『水素爆弾実験』まで」『連合ニュース』2016 年 1 月 6 日。
「韓国株式市場『チャイナ・フォビア』からの脱却」『ヘラルド経済』2016 年 1 月 27 日。
「『朴大統領－習近平』韓中首脳会談『5 つ』のイシュー」『マネートゥデイ』2015 年 8 月 20 日。
「AIIB 公式出帆…韓国経済に及ぼす影響は？」『世界日報』2016 年 1 月 17 日。

第 10 章

北東アジア経済の変貌と物流共同体の可能性

朱永浩（福島大学）

1　はじめに

本論が分析の対象とするのは，日本，大韓民国（韓国），朝鮮民主主義人民共和国（北朝鮮），モンゴル，ロシア極東地域，中国東北部の 6 カ国・地域を含む「北東アジア」である。ここでいう中国東北部は遼寧省，吉林省，黒龍江省からなり，「東北三省」とも呼ばれ，地理的に北東アジアの中心に位置し，ロシア極東地域，朝鮮半島と陸続きで隣接し，その先には日本海を隔てて日本がある。

中国東北部の面積は日本の国土の約 2 倍に相当する 78.8 万㎢で，2015 年末の人口は 1 億 947 万人で，中国総人口の 7.96％を占めている。2015 年の中国東北部の地域内総生産（GRP）は 5 兆 8101 億元（9329 億ドル）に達し，これは中国国内総生産（GDP）の 8.59％に相当する[1]。

かつての社会主義計画経済時代，中国東北部は国有企業を軸に中国の重工業発展の担い手であった。しかし改革開放時期以降，石油化学，石炭などの資源開発産業に大きく依存する東北部経済は，計画経済から市場経済への移行に適応できず，経済的停滞に直面していた。

ところが 21 世紀に入り，中国東北部の状況は大きく変化した。中国中央政府が経済発展のサイクルを作り出せないでいた東北部の経済開発（いわゆる「東北振興」戦略）に本腰を入れ始めたのである。具体的には，抜本的な国有企業改革と経済的な対外開放を推進し，非効率の産業構造からの転換を図っている。また，中国東北部は北東アジア経済連携の「結節点」としても消費市場としても，周辺国との協力や連携に活路を見出そうとしている。

さらに中国の周辺外交の新たな展開として，2013年には習近平政権が「一帯一路」構想を提唱した。この構想は鉄道や道路，港湾などインフラ整備を行い，中国から中央アジアを経る「シルクロード経済ベルト」（一帯），東南アジアを通る「21世紀海上シルクロード」（一路）によって中国と中央アジア，欧州を結ぶという内容である。この構想に沿って，中国東北部が物流，貿易，観光などの分野において，「北東アジア国際経済交流の窓口」として地理的に近いロシア極東地域，韓国，北朝鮮，日本との経済協力を進めている。

こうした背景整理を踏まえて，本論では，中国東北部からの視点を中心に，北東アジア域内の経済的相互依存の実態を明らかにしていきたい。まず，近年における東北部経済の特徴と対外貿易の現状を分析する。次いで，ロシア極東地域，韓国，北朝鮮，日本との経済連携についての進捗状況を考察する。最後に，中国東北部が北東アジア諸国とこれから向き合う上での課題，および北東アジア物流共同体を構築する可能性について考えていきたい。

2　中国東北部の経済発展と物流インフラ整備

1　中国東北部の経済構造の現状

中国は1978年に従来の計画経済体制から政策を方向転換し，市場メカニズムを漸進的に導入してきた。それから30年以上，急激な勢いで経済成長を続けた結果，世界経済の牽引役としての中国の存在感が増しつつある。中国の経済規模は名目GDPの推移でみると，1980年には世界第11位に過ぎなかったが，2009年にはアメリカに次ぐ世界第2位の経済大国に躍進している。

本論で取り上げる中国東北部経済も2000年以降，中国経済の上昇傾向と同様に著しく成長した。具体的には，黒龍江省は2002～2012年の11年連続で，遼寧省は2002～2011年の10年連続で，吉林省は2003～2012年の10年連続で2桁成長を記録した。(2)

一方，近年の中国経済が安定的な中成長の実現を目指す「新常態（ニューノーマル)」が定着するなか，2013～2015年の東北部は中国の他地域に比べて成長鈍化が著しく，2015年の経済成長率は遼寧省が3.0%，吉林省が6.5%，黒龍江省が5.7%で，3省ともに全国平均値（6.9%）を下回り，全体として東北部経済成長が鈍化傾向にある。

2015年の1人当たり名目GRPをみると，遼寧省が6万5521元（米ドル換算で1万520ドル)，吉林省が5万1852元（同8327ドル)，黒龍江省が3万9352元（同6318ドル）となっている。黒龍江省を除けば，遼寧省と吉林省が全国平均の4万9351元（同7925ドル）を上回っている。他方，2015年の中国東北部のGRPにおける投資形成の寄与率は，遼寧省が44.0%，吉林省が70.7%，黒龍江省が64.7%だったが，吉林省と黒龍江省は全国平均（44.9%）を大幅に上回り，経済成長は投資に大きく依存していることがわかる。

東北部の経済構造は，中国全体と比較して特徴が2つある。その1つは，農業

表10-1　中国東北部の産業構成比の推移（2000～2015年，単位：%）

年		2000	2001	2002	2003	2004	2005	2006	2007	2008	2009	2010	2011	2012	2013	2014	2015
中国全体	一次	14.7	14.0	13.3	12.3	12.9	11.6	10.6	10.3	10.3	9.8	9.5	9.4	9.4	9.3	9.1	8.8
	二次	45.5	44.8	44.5	45.6	45.9	47.0	47.6	46.9	46.9	45.9	46.4	46.4	45.3	44.0	43.1	40.9
	三次	39.8	41.2	42.2	42.0	41.2	41.3	41.8	42.9	42.8	44.3	44.1	44.2	45.3	46.7	47.8	50.2
遼寧省	一次	10.8	10.8	10.8	10.3	12.0	11.0	10.6	10.3	9.7	9.3	8.8	8.6	8.7	8.6	8.0	8.3
	二次	50.2	48.5	47.8	48.3	45.9	49.4	51.1	53.1	55.8	52.0	54.1	54.7	53.2	52.7	50.2	45.5
	三次	39.0	40.7	41.4	41.4	42.1	39.6	38.3	36.6	34.5	38.7	37.1	36.7	38.1	38.7	41.8	46.2
吉林省	一次	21.4	20.2	19.9	19.3	19.0	17.3	15.7	14.8	14.3	13.5	12.1	12.1	11.8	11.6	11.0	11.4
	二次	42.9	43.3	43.6	45.3	46.6	43.7	44.8	46.8	47.7	48.7	52.0	53.1	53.4	52.8	52.8	49.8
	三次	35.7	36.5	36.5	35.4	34.4	39.0	39.5	38.3	38.0	37.9	35.9	34.8	34.8	35.5	36.2	38.8
黒龍江省	一次	12.2	12.8	13.0	12.4	12.5	12.4	11.9	13.0	13.1	13.4	12.6	13.5	15.4	17.5	17.7	17.5
	二次	55.0	52.3	50.7	51.4	52.4	53.9	54.4	52.3	52.5	47.3	50.2	50.3	44.1	41.1	37.2	31.8
	三次	32.9	34.8	36.3	36.2	35.2	33.7	33.7	34.7	34.4	39.3	37.2	36.2	40.5	41.4	45.1	50.7

（出所）　中国国家統計局『中国統計年鑑』各年版より作成。

部門が東北部経済において重要な地位を占めている点である。2000年以降の産業別構成比をみると，全国の傾向として第1次産業の比率が徐々に低下しているが，東北部の吉林省と黒龍江省は依然高い比率を維持している（表10－1）。

具体的には，2015年における中国東北部の食糧生産量は1億1974万トンに達し，これは全国総生産量の19.3%に相当する。このうち，黒龍江省が省・自治区・直轄市別で全国首位の6324万トン，吉林省が同4位の3647万トン，遼寧省が同12位の2003万トンとなっている。とりわけ，東北部のもみ（米）生産量（3298万トン）は全国シェアの15.8%，トウモロコシの生産量（7753万トン）は同34.5%，豆類の生産量（513万トン）は同32.3%に相当し，東北部の対中国総人口シェア（7.96%）に比べれば，中国の食糧安全保障において東北部が最も重要な地域であると評価できる。

第二の特徴は，工業を中心とする第2次産業の比率が高い点である。近年，第3次産業の伸びによって相対的に低下してはいるものの，東北部の第2次産業の比率が依然として高い。特に遼寧省の第2次産業の比率は，2004年を除けば一貫して全国平均を上回っている。高度成長から転換期へと変化した中国経済の産業構造の中で，次の経済成長の主役と期待される第3次産業は，2013年に初めて第2次産業を抜いて最大シェアを占めた。他方，第3次産業のシェアを伸ばせないのが中国東北部の現状である。特に遼寧省，吉林省においては，2015年の第3次産業のシェアがそれぞれ46.2%，38.8%と，全国平均の50.2%より低い状況である。これは第2次産業の伸びが大きかった一方，中国の全国平均に比べ東北部の第3次産業の伸びが相対的に低かったことを示している。

2　中国東北部の対外貿易の特徴

中国東北部の対外経済関係をみると，急速な経済成長と共に2000年以降の対外貿易は2014年までに大幅に増加した。2014年の中国東北部の輸出額は819億ドルで，このうち遼寧省が588億ドル，吉林省が58億ドル，黒龍江省が173億ドルだった。そして，東北部の輸入額は974億ドルで，このうち遼寧

図 10-1　中国東北部の貿易額の推移（2000 ～ 2015 年）

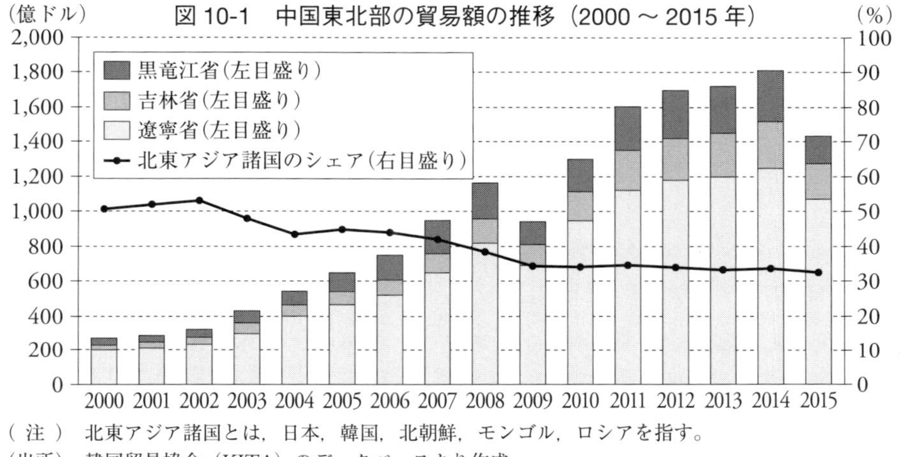

（注）　北東アジア諸国とは，日本，韓国，北朝鮮，モンゴル，ロシアを指す。
（出所）　韓国貿易協会（KITA）のデータベースより作成。

省が 552 億ドル，吉林省が 206 億ドル，黒龍江省が 216 億ドルで，吉林省と黒龍江省はともに輸出入の最高額を記録した（図 10 － 1）。

一方，2014 年の東北部の輸出，輸入の全国シェアはそれぞれ 3.5%，5.0% だった。これは東北部の GDP シェアと比べて約半分程度であり，経済規模の割にかなり少ないことがわかる。特に低いのは，内陸の吉林省と黒龍江省である。

2015 年の東北部の貿易動向を見てみると，輸出額は遼寧省が前年比 7.8% 減の 512 億ドル，吉林省が同 13.7% 減の 54 億ドル，黒龍江省が同 47.8% 減の 64 億ドルであった。他方，輸入額は遼寧省が前年比 18.8% 減の 562 億ドル，吉林省が同 30.3% 減の 145 億ドル，黒龍江省が同 42.7% 減の 99 億ドルであった。輸出入のいずれも大幅な落ち込みとなり，東北部対外貿易の減速が中国全体と同様，鮮明になっている。さらに留意すべきことは，東北部の対外貿易増加分の大半が海岸線をもつ遼寧省によるものだという点である。内陸 2 省の吉林省と黒龍江省を大きく引き離し，「遼寧省の独走現象」が続いている。

表 10 － 2 は 2014 年における中国東北部の主要貿易相手国・地域の構成比を

示している。国・地域別に輸出先をみると，遼寧省では日本（16.97%），吉林省では北朝鮮（12.09%），黒龍江省ではロシア（58.35%）が最も大きいシェアを占めており，これらの国はすべて中国にとっての北東アジア周辺国である。そして，遼寧省では日本に次ぐのが米国（11.04%）と韓国（10.42%），吉林省では北朝鮮に次ぐのが日本（10.56%）とロシア（8.66%），黒龍江省ではロシアに次ぐのが韓国（3.58%）と米国（3.26%）だった。全体として，東北部の輸出は北東アジア諸国と米国にかなり集中している。

一方，東北部の輸入国のシェアをみると，遼寧省，吉林省ともドイツからの輸入が最も多く，それぞれ9.85%，47.69%を占めた。黒龍江省ではロシアの割合が最も多く8割強を占めている。遼寧省ではドイツに次ぐのが日本（8.46%），韓国（7.29%）の順である。吉林省ではドイツを筆頭に日本（11.04%），スロバキア（7.14%）と続く。黒龍江省ではロシアに次ぐのがモ

表10-2　中国東北部の主要貿易相手国・地域（2014年）

	遼寧省			吉林省			黒龍江省		
	順位	国・地域	シェア(%)	順位	国・地域	シェア(%)	順位	国・地域	シェア(%)
輸出	1	日本	16.97	1	北朝鮮	12.09	1	ロシア	58.35
	2	米国	11.04	2	日本	10.56	2	韓国	3.58
	3	韓国	10.42	3	ロシア	8.66	3	米国	3.26
	4	シンガポール	5.43	4	米国	7.78	4	インド	2.41
	5	香港	5.06	5	韓国	7.74	5	オーストラリア	2.07
	9	北朝鮮	2.88	6	イラン	4.08	7	日本	1.85
	13	ロシア	2.19	7	ドイツ	4.07	13	モンゴル	0.85
	57	モンゴル	0.12	69	モンゴル	0.05	53	北朝鮮	0.13
輸入	順位	国・地域	シェア(%)	順位	国・地域	シェア(%)	順位	国・地域	シェア(%)
	1	ドイツ	9.85	1	ドイツ	47.69	1	ロシア	81.71
	2	日本	8.46	2	日本	11.04	2	モンゴル	3.67
	3	韓国	7.29	3	スロバキア	7.14	3	米国	3.42
	4	米国	6.87	4	ハンガリー	4.66	4	ドイツ	1.98
	5	ブラジル	6.30	5	ベルギー	2.95	5	フランス	1.07
	12	ロシア	2.78	8	北朝鮮	2.08	7	日本	0.98
	16	北朝鮮	1.65	10	韓国	1.71	12	韓国	0.40
	66	モンゴル	0.02	18	ロシア	0.70	30	北朝鮮	0.04

（出所）　朱永浩（2015）「中国東北部経済と北東アジア地域との連携」『東亜』№575，霞山会，54ページ。

ンゴル（3.67%），米国（3.42%）である。このように東北部の輸入は，総じて北東アジア諸国およびドイツに偏重する構造となっている。

3　国境に向かう東北部の物流インフラ整備

中国東北部の交通輸送網は鉄道，道路，水路（河川・海運），空路により構成されるが，中でも鉄道と道路が重要な役割を果たしている。その交通大動脈は鉄道・道路ともに「ハルビン～長春～瀋陽～大連」と縦貫する「哈大線」となっている。2000 年以降の経済成長に伴って，東北部の貨物輸送量はトンベース，トンキロベースともに大きく増加を続けている。輸送モード別の特徴は，中国全国平均と比べて鉄道の占める割合が高くなっている点であり，内陸の吉林省，黒龍江省は特にその傾向が強い。

東北部は中国の中で比較的鉄道インフラが整備されていた地域であり，その鉄道網はハルビン，長春，瀋陽，大連，錦州，チチハル，ジャムス，牡丹江などの交通ハブ都市を中心に，哈大線を含む幹線・支線が 90 本近くある。2015 年末時点で東北部の鉄道延長は 1 万 7060km に達し，全国シェアは 14.1%となっている。100km²当たりの鉄道延長は 2.16km で，全国平均（1.26km）の 1.7 倍である。そして東北部の道路延長は全国の 8.3%に相当する 38 万 924km となっており，全国シェアは面積比・人口比からすると平均的な水準である。供用中の高速道路の整備水準を見ても，全国平均と同程度である(3)。

一方，東北部の港湾に関しては，遼寧省だけが海岸線をもっている。主要な港湾としては大連港と営口港，丹東港がある。このうち遼東半島の南端に位置する大連港は東北部最大の貿易港となっている。現状では，大連港から遼寧省内の周辺地域へ陸送する高速道路網には特段の問題はない。しかし，内陸の吉林省，黒龍江省においては石炭，食糧などの一大供給地という産業構造上の理由から，輸送量が多い秋・冬季を中心に鉄道輸送が混雑する。この時季は大連港までの鉄道輸送力が相対的に不足し，ほかの貨物の輸送スケジュールにも影響する場合がある。そのため，国家施策として高速鉄道（旅客専用輸送線路）

の建設，高速道路や配送ターミナルの整備などが講じられている。

鉄道整備の例をみると，「長春～吉林旅客専用鉄道」（延長 111km）が 2011 年 1 月，「ハルビン～大連旅客専用鉄道」（904km）が 2012 年 12 月に開業したほか，「東北東部鉄道（牡丹江～中朝国境～丹東～大連）」（1380km）が 2012 年 9 月，「瀋陽～丹東旅客専用鉄道」（224km）が 2015 年 9 月，「牡丹江～綏芬河鉄道」（138km）が 2015 年 12 月に開通し，東北部の鉄道整備は驚異的なペースで進んでいると確認できる。

ここで特筆したいのは，東北部の交通ハブ都市の中で，丹東，延辺朝鮮族自治区，綏芬河は，中ロ・中朝貿易および物流の動向を左右する重要な存在である。とりわけ内陸の吉林省，黒龍江省にとって，ロシア極東地域（または北朝鮮）の港湾経由で日本海へ出る物流ルートの確保，北東アジア諸国との交通インフラの連携は，対外開放を拡大するための最重要課題である(4)。

さらに，2011 年には，高まる国際物流効率化の必要性を視野に，輸送モード間の連携に基づく国内・国際物流ルート構築のための「東北部物流結節点都市」が中国中央政府によって指定された。指定地域としては，今後の北東アジア経済交流の動向を左右する丹東市（遼寧省），延辺朝鮮族自治区（吉林省），綏芬河市（黒龍江省）などの国境都市が選ばれたのである。中国東北部の対外開放拡大のために，北東アジア諸国との交通インフラの連携を図ろうとする意図があるものとみられる。

3　中国東北部と北東アジアの経済関係

1　中国東北部とロシア極東地域の経済的接近

前節で分析したように，2000 年以降における中国東北部は，北東アジア諸国との経済的な結び付きを強めている。そこで本節では，中国東北部にとって経済的に重要な相手国であるロシア（極東地域），韓国，北朝鮮，日本を各二国間関係の視点から考察を加え，それぞれの特徴を明らかにすることにしたい。

まずは近隣諸国の中で，中国にとって最も重要な二国間関係は，4314kmに及ぶ国境を接するロシアとの関係である。冷戦体制崩壊前の1980年代から中ソ（中ロ）関係の改善が進み，1990年に中ソの軍事衝突を回避するための「国境地域兵力削減および信頼醸成協定」が締結された。その後，1991年に「中ロ東部国境協定」，1994年に「中ロ西部国境協定」が調印された。2001年には「中ロ善隣友好協力条約」が締結され，2004年には歴史的に両国間関係の懸案事項であった国境線の画定問題について決着がつけられた。両国が対立した大ウスリー島（中国名・黒瞎子島）の帰属問題については，2005年に追加協定の批准文書が交換され，国境の標識設置などの具体的な作業も2008年に完了した。これにより中ロ経済連携を進める環境が整ったといえる。

二国間貿易は2000年以降のロシア経済成長に伴い，世界金融危機，クリミア問題による対ロシア経済制裁の影響を強く受けた2008～2009年，2015年を除くと，増大傾向にある。中国にとってはロシアが第9位の貿易相手国となっており，ロシアにとって中国は最大の貿易相手国である。従来，中ロは政治面での関係の進展に比べ，経済分野の協力での遅れが指摘されていたが，両国は貿易関係を着実に深化させているといえる。その中で，中国東北部の対ロ輸出の主な市場は，地理的制約が原因となって，国境で隣接するロシア極東地域に限定される場合が多い。人口減少傾向が続くロシア極東地域にとって，中国は最大の貿易相手国である。2015年のロシア極東地域の輸出額に占める中国のシェアは18.8％で，輸入額に占める中国のシェアは43.9％であった（図10－2）。

さらに，近年の中ロ地域間経済関係が，1990年代以降に発展してきた国境貿易に留まらず，様々な分野に広がりを見せようとしている。その中で特に注目すべき分野は，エネルギーと物流である。この2分野は交渉や規制が多岐にわたるため，その持続的発展には中ロ政府間の政策調整が不可欠である。たとえば，天然ガス供給を巡る長年の交渉により，2014年5月にロシアが2018年から30年間にわたり年間380億㎥の天然ガスを中国へ供給する契約を正式に締結した(5)。また，同年11月，習近平国家主席とプーチン大統領が首脳会談を行い，天然ガス供給や油田開発，原子力・水力発電協力などを盛り込んだ「エネルギー協力協定」に調印した。こうした中ロ経済協力の緊密化は，両国間の政策的アプローチに依るところが大きいことは明らかである。

一方，中国東北部の経済発展においても中ロ国境地域の平和と安定が欠かせないという認識から，ロシアと 3088km の国境を接する黒龍江省が特に重要である。2000 年以降における黒龍江省の対ロ貿易額の推移をみると，2008 年までは飛躍的に伸びていたが，2009～2010 年の貿易額は大きく落ち込んだ。これは輸出入取引に対するロシア側の関税・非関税措置の規制強化政策，そして 2008 年後半に発生した世界金融危機の影響によるものである。2011～2014 年は，ロシアからのエネルギーの輸入拡大により，大幅な回復基調が観察された。しかし，2015 年は経済制裁・原油安・通貨安でロシアが景気後退の危機に直面した影響もあり大幅に減少した（図 10 − 3）。

さらに「一帯一路」構想に関連し，黒龍江省は西側へ向かう陸上シルクロードの東への延長を推進するため，2014 年末に「東部陸海シルクロード経済ベルト」という構想を打ち出した。この構想は，黒龍江省の対北東アジア経済協力推進の目玉として掲げているものであり，特に「ハルビン～綏芬河～ロシア

図 10-2　ロシア極東地域の対中国貿易額の推移（単位：億ドル，%）

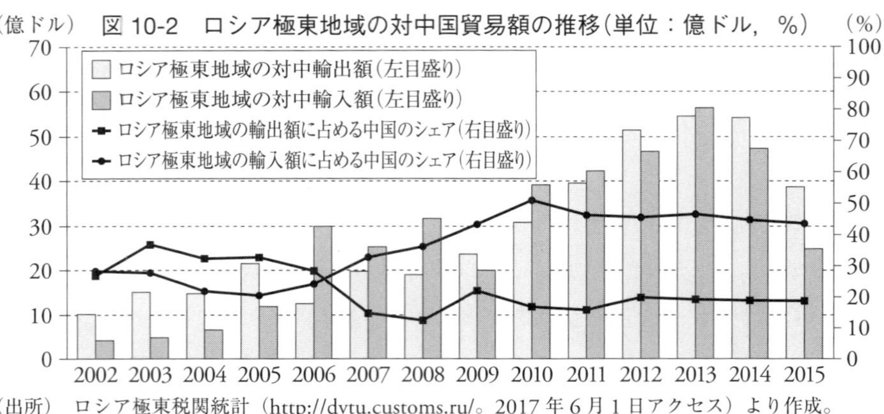

（出所）　ロシア極東税関統計（http://dvtu.customs.ru/。2017 年 6 月 1 日アクセス）より作成。

極東の港湾～日本・韓国を含む第三国」という複合一貫輸送ルートの整備・運営が重要な部分である。今後，コンテナヤード整備の進展や，中ロ鉄道間の積替え作業(6)の効率化，鉄道運賃の引き下げなどの具体的な進展が期待される。

2　中国東北部と韓国の経済関係の進展

中韓両国は，かつて朝鮮戦争で直接戦火を交えた敵対国関係にあったが，冷戦の終結後に国交を樹立すると，経済的補完関係を徐々に築いてきた。その結果，1992 年の国交樹立当初とは比べものにならないほど，両国の経済関係は深化している。

2015 年末の時点で，中国は韓国にとって最大の貿易相手国であり，一方の韓国は中国の第 3 位の貿易相手国として，その存在感も大きい。韓国の対中国東北部の貿易額は，2000 年の 33.1 億ドルから 2015 年の 110.9 億ドルの規模にまで拡大した。ただ，中韓貿易額に占める東北部のシェアは，2000 年の 9.6% から下落し続け，2015 年には 4.0%となっている（図 10 − 4）。

図 10-3　中国東北部とロシアとの貿易額の推移（2000 ～ 2015 年）

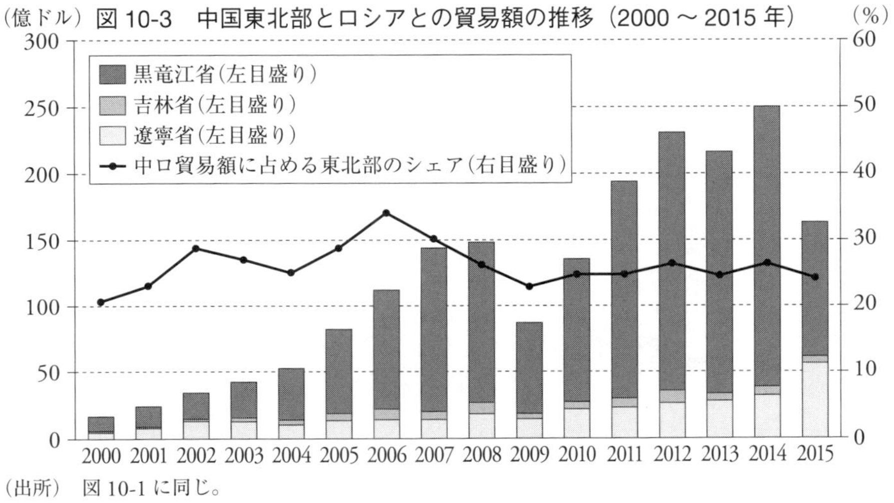

（出所）　図 10-1 に同じ。

次に，中韓経済関係のもう１つの柱である「韓国企業の対中進出」に触れておきたい。1990 年代後半までは韓国企業の対中進出先として，朝鮮半島から地理的に近い環渤海湾地域や，韓国語のできる朝鮮族の多い東北部を選好する傾向が強かった。また，生産コストを削減するための中小零細企業を中心に，縫製衣類・毛皮製品，食料品などの労働集約型業種への進出が圧倒的に多かった。

2000 年代に入ってから，韓国企業の主な中国進出先はエレクトロニクス産業集積地の長江デルタにシフトするようになったものの，韓国の対中直接投資額に占める東北部のシェアは 2000 年の 9.9％から 2011 年の 17.0％へと拡大した。その理由としては，2010 年以降，東北部に対する金融・保険，食品加工分野への新規投資案件の増加が挙げられる。業種別にみると，近年では韓国の対東北部への直接投資が製造業からサービス業へと移る傾向にある。(7)

韓国の対東北部投資を牽引しているのは遼寧省である。在瀋陽韓国総領事館の資料によれば，中国東北部に進出している韓国企業数は約 4500 社（2013 年末現在）で，このうち約 3900 社が遼寧省に，463 社が吉林省に，120 社が黒龍江省に進出している。そして，東北部に長期滞在する韓国人の数は約４万

図 10-4　中国東北部と韓国との貿易額の推移（2000 ～ 2015 年）

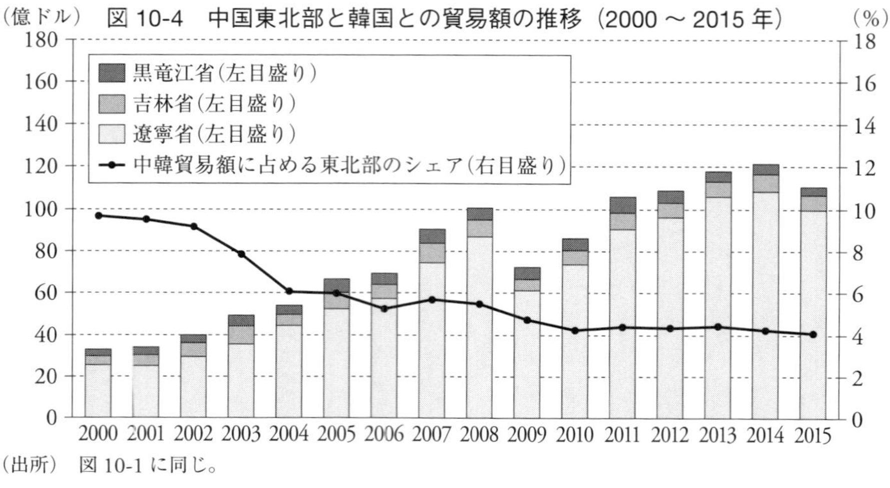

（出所）　図 10-1 に同じ。

3000人，このうち留学生は7136人（2016年末現在），このうち遼寧省が4694人，吉林省が1411人，黒龍江省が1031人にのぼる[(8)]。

3　中国東北部と北朝鮮の経済関係の現状

近年，北朝鮮の度重なる核実験で朝鮮半島情勢に緊張が高まっている中で，中朝関係は政治面では冷却化がよく指摘される。他方，経済面での中朝両国の結び付きは相変わらず堅固であり，北朝鮮にとって最大の貿易国は中国である。中朝貿易関係の変化をみると，1990年代の中朝貿易の大半は中国から北朝鮮への経済的な援助性格をもつものであったが，2000年以降になると中朝貿易が相互補完的な貿易関係に転換した。

中国から北朝鮮への輸出は主に原油や石油製品，食糧などであり，輸入は主に鉱石，鉄鋼，魚介類などである。中国側からみれば，対北朝鮮の貿易規模が中国全体の対外貿易に占める比率は微々たるものであるが，中国東北部と北朝鮮との経済交流関係の拡大を通じて北東アジア諸国との全方位経済外交を進めることが不可欠である[(9)]。

図10－5に示したように，2013年以降，北朝鮮と地理的に隣接する中国東北部は，対北朝鮮の貿易規模が減少傾向にある。2015年における東北部の対北朝鮮の貿易額は，輸出が20.6億ドル，輸入が14.7億ドルで，貿易額が35.3億ドルとなった。ここで留意すべき点は，中国の北朝鮮に対する原油輸出は，2014年に続き2015年も統計上は「ゼロ」であった[(10)]。つまり，2013年までの中国から北朝鮮への主要輸出品目であった「原油」を除くと，東北部の対北朝鮮輸出に著しい変化はみられないといえる。

なお，中国の各省，直轄市，自治区の中で，遼寧省は中朝貿易に占めるシェアが最も高く，吉林省は遼寧省に次ぐ全国第2位となっている。2000～2015年における東北部の対北朝鮮の貿易額は，中国全体の45.9%～78.7%を占めたが，各年度の変動幅が大きかった。たとえば，2002年における東北部の対北朝鮮の貿易額が中国全体に占める比率は78.7%で最も高かったが，2009年には45.9％へと急低下していた。しかし，全体としてみれば，東北部が中国の対朝貿易の大半を占めるという実態は変わっていない。

遼寧省丹東市および吉林省延辺朝鮮族自治州は，中朝国境地域の経済交流における中国側の2大拠点である。以下では，1990年代初めから吉林省が進めてきた図們江地域開発の視点から図們江地域の中朝経済交流の進捗状況と課題について，検討を加えることにする。

ここでいう図們江とは，北朝鮮と中国の国境にある長白山に源を発し，東進して北朝鮮，中国，ロシアの3カ国の国境を通り抜けて日本海に注ぐ全長516kmの河川である。延辺朝鮮族自治州から図們江を約130km下ると日本海であるが，中国領は河口までわずか15km残したところで終わり，そこから先はロシアと北朝鮮の国境となる。図們江地域開発構想は，図們江下流域付近の地域を多国間の協力により，エネルギー，物流，観光などの分野で地域経済の一体的な発展を推進しようとする計画である。その対象地域は延辺朝鮮族自治州，ロシアの沿海地方，北朝鮮の羅津・先鋒地域（現・羅先）である。

東北部内陸の吉林省にとって，日本海への出口を確保する図們江地域開発の

図10-5　中国東北部と北朝鮮との貿易額の推移（2000～2015年）

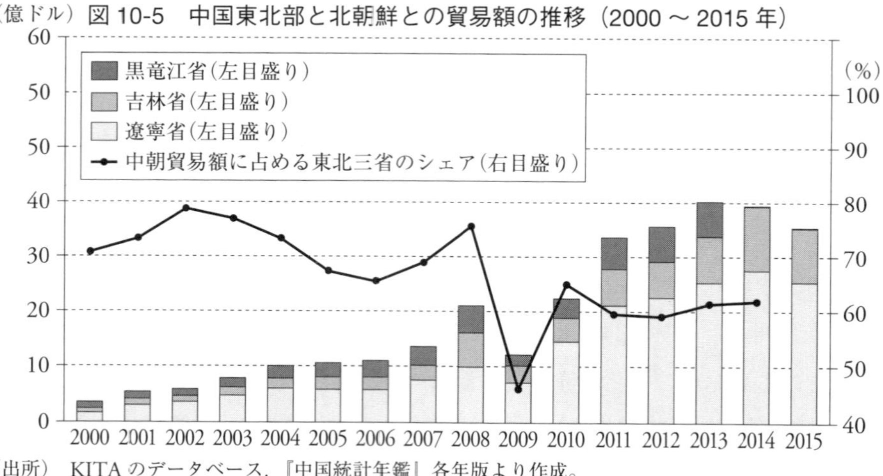

（出所）　KITAのデータベース，『中国統計年鑑』各年版より作成。

意義は大きい。そのため，吉林省は1992年と1999年にそれぞれ「図們江下流の琿春地域の総合開発計画要綱」と「中国図們江地域開発計画」を制定し，この地域の国際共同開発を推進しようとした。その後，中国政府が2009年に「中国図們江地域協力開発計画要綱－長吉図開放開発先導区」を国家級プロジェクトとして承認したことにより，図們江地域開発は再び注目を集めるようになった。この計画の開発対象は吉林省長春市，吉林市および延辺朝鮮族自治州である。具体的には，2020年までに「長春～吉林～図們の経済一体化」を図りながら，中朝・中ロ国境地域の開放・開発が行われる計画である。

こうして図們江地域開発が中国の地方レベルから中央レベルに格上げされたことで，中朝間の物流インフラ整備および経済協力の推進が期待されている。たとえば，吉林省が北朝鮮の羅津港を経由して海上航路で結ぼうとする「借港出海」(11)が2000年代後半から具体的に推進されている。吉林省の視点で考えれば，羅先港経由で日本海に出るルートが開通すれば，北朝鮮は中国東北部の物流中継基地としての役割が期待できる。

しかし，近年において北朝鮮が核実験と弾道ミサイル発射実験を立て続けに強行したこともあり，中朝関係は大きく冷え込み，両国間の経済交流が阻害されるようになっている。こうした不安定な北朝鮮情勢が北東アジア地域経済連携の最大の不確定要素となっていることを改めて浮き彫りにした格好である。

4　中国東北部と日本との経済関係の現状

日本は中国にとって重要な輸入相手国であり，中国は日本にとって最大の貿易相手国となっている。一方，中国東北部の対日貿易については，次の2つの特徴が挙げられる。第一の特徴は，日中貿易における東北部の存在感が全体的に低下している点である。表10－3に示すように，2000年以降における中国東北部の対日貿易額は全体的に増加傾向にあるものの，日中貿易に占める東北部のシェアは，輸出において2000年の12.4%から2015年の6.7%へ，輸入において2000年の7.6%から2015年の4.1%へと減少した。これは，日中貿易が珠江デルタ，長江デルタ，環渤海湾地域などの沿海部に集中したからである。

第二の特徴は，東北部各省の対日貿易額における「遼寧省の独走現象」という特徴がみられる。たとえば，2015年における東北部の対日輸出額は90.9億ドルで，東北部の輸出総額の14.3%を占め，全国平均水準（6.0%）よりかなり高い。しかし，各省によってバラツキがあり，遼寧省が突出して多い。具体的には，表10－3に示すように，2015年における遼寧省の対日輸出額は84.3億ドルで，同省輸出全体の16.5%を占めている。その一方で，吉林省，黒龍江省の対日輸出額はそれぞれ4.7億ドル（吉林省の輸出総額の8.6%），1.9億ド

表10-3　中国東北部と日本との貿易額の推移

		2000年		2005年		2010年		2015年	
		輸出	輸入	輸出	輸入	輸出	輸入	輸出	輸入
中国全体（100万ドル）		41,654	41,510	83,986	100,408	121,043	176,736	135,897	142,716
	中国の対世界貿易額に占める日本のシェア（%）	16.7	18.4	11.0	15.2	7.7	12.7	6.0	8.9
遼寧省（100万ドル）		3,804	2,841	6,500	4,284	9,816	6,090	8,430	4,500
	中国の対日貿易額に占める遼寧省のシェア（%）	9.1	6.8	7.7	4.3	8.1	3.4	6.2	3.2
	遼寧省の対世界貿易額に占める日本のシェア（%）	26.0	23.8	27.7	24.4	22.8	16.2	16.5	8.0
吉林省（100万ドル）		311	179	474	900	522	2,470	466	1,242
	中国の対日貿易額に占める吉林省のシェア（%）	0.7	0.4	0.6	0.9	0.4	1.4	0.3	0.9
	吉林省の対世界貿易額に占める日本のシェア（%）	14.4	4.5	19.2	22.2	11.7	20.0	8.6	8.6
黒龍江省（100万ドル）		1,030	115	301	335	329	286	190	156
	中国の対日貿易額に占める黒龍江省のシェア（%）	2.5	0.3	0.4	0.3	0.3	0.2	0.1	0.1
	黒龍江省の対世界貿易額に占める日本のシェア（%）	35.9	4.7	5.0	9.6	2.0	3.1	3.0	1.6

（出所）『中国統計年鑑』『遼寧統計年鑑』『吉林統計年鑑』『黒龍江統計年鑑』各年版（2000年，2005年，2010年データ），KITAデータベース（2015年データ）より作成。

ル（黒龍江省の同 3.0％）にとどまっている。

2014 年 10 月現在，東北部に進出している日系企業数は 2113 社で，その 82.2％に相当する 1736 社が遼寧省沿海都市の大連市に，10.7％を占める 227 社が同省都の瀋陽市に進出している(12)。このように沿海都市・大連を除けば，中国東北部の内陸（吉林省，黒龍江省）に日本企業がその力を活かせるような産業集積はまだ不十分である。そのため，生産地，消費市場として日本企業からの直接投資を東北部の内陸に引きつける潜在力はあるものの，投資が十分に行われるほどの投資環境を築くには至っていない。日本からの投資を呼び込むには日本企業の内陸進出が必要で，その内陸進出を後押しするためには，集荷機能の向上や，効率的な物流体系の構築が欠かせない。すなわち，東北部（特に吉林省，黒龍江省）にとって，物流環境の改善は日本との経済交流拡大のための重要なファクターとなることが分かる。

4 おわりに

本論では，2000 年以降の中国東北部の経済現状とその特徴を分析するとともに，北東アジア諸国との地域経済連携，および物流インフラ整備の動向について考察した。今後の課題と展望をまとめれば，次のようになろう。

第一に，中国東北部はロシアと約 3088km の国境を接しており，こうした位置づけから，歴史的に日本や朝鮮半島を含む北東アジア域内経済交流の重要な役割を果たしてきた。東北部が中国の北東アジア戦略の先導役として十分な機能を発揮できるようになったとき，北東アジアの経済環境，経済連携の動きが大きく進展すると予想される。

第二に，中ロ・中朝経済関係においては，中国東北部の存在感が大きいことである。他方，ロシアでは，2015 年 7 月に制定された「ウラジオストク自由港法」により，ウラジオストクとその周辺一帯は，税制面での優遇措置や通関の迅速化などの規制緩和が受けられる特別な経済区域に指定された。したがって，ロシア極東地域と中国東北部との人やモノの交流を一層拡大することが期待される。今後，進展する中ロ国境地域の経済交流に日本・韓国がどう関与するかについては，中長期的な戦略が必要になってくる。そのような戦略のもと，中ロ・中朝間で進む国境地帯のインフラ整備と物流サービスの改善状況を考察し，適時・適切な協力ができるような準備を進めることも必要である。

第三に，近年における新規インフラ整備および既存国際交通網の拡張を梃子に，国際貨物輸送力が大幅に増強されれば，中国東北部は北東アジア地域経済連携の行方に大きな影響を与える可能性がある。2017年5月，北京で「一帯一路」国際協力フォーラムが開催され，そこで中国が「一帯一路」構想の協力重点分野として，「①政策協調，②施設の相互接続（コネクティビティー連結性），③貿易円滑化，④資金の融通，⑤民心の通い合い」を提唱した。また，このフォーラムにおいて，中国は北東アジア地域の物流トランジット地域となるロシア極東地域との経済連携（インフラ整備など）を支援する姿勢を示し，「中ロ地域協力発展投資基金」という総額1000億元規模のファンドを創設した。こうした北東アジア域内の国際運輸・物流ルートの整備に積極的にアプローチする中国の動きは，地理的に離れた日本と韓国を直接連結させる場合，ロシア極東地域（または北朝鮮）を経由する物流の新たなルートを開拓することが不可欠である。したがって，中国東北部発着の国際複合一貫輸送の常態化の実現に向けて，特にロシア極東地域・北朝鮮の港湾を経由する「借港出海」の取り組みについて，中国は一層積極的に動く可能性が高いと考えられる。

第四に，今後，北東アジア経済協力を一層推進していくために，物流インフラ整備がさらなる経済成長の呼び水となることが期待されている。とりわけ，継ぎ目のない物流，つまり陸運～海運～陸運を連続的かつ円滑に結ぶ「物流のシームレス化」の実現が重要となる。具体的には，「どのような貨物が，どこで生産され，その貨物がどのような輸送手段により，どの港湾を経由して，どの国・地域に輸出されるのか」について，輸送のリードタイム，経路，物流コスト，サービス等の角度から現状と課題を明確にするとともに，北東アジア各国がその情報を共有することが喫緊の課題である。さらに，税関・出入国管理・検疫（CIQ）手続きの迅速化，物流情報システムの連携に加え，将来の「北東アジア物流共同体」の構想を展望するべく，「北東アジアの地理的空間において，物流分野に関わる二国間・多国間の協力や統合の制度化を目指す」努力を重ねていくことが重要である。

【追記】

本論は，2017年8月5日に名古屋市で開催された「Session 1（Politics, Economics, Social Matters, Environment and Social Matters），One Asia Convention Nagoya 2017」の筆者の研究発表の内容を纏めた，拙稿（「第9章中国東北部から見た東北アジアの地域経済連携」，朱永浩編『アジア共同体構想と地域協力の展開』文眞堂，2018年）を改訂したものである。なお本論は，JSPS科研費（課題番号JP16K101972「中ロ国境地域経済の変容に伴う越境輸送高度化と北東アジアへの含意」による研究成果の一部である。

【注】

（1） 中国国家統計局『中国統計年鑑』2016年版，2016年より算出。

（2） 中国国家統計局『中国統計年鑑』各年版，各省統計局の公表資料による。以下，本節においてデータの出所は注2に同じ。

（3） 中国国家統計局『中国統計年鑑』2016年版，2016年より算出。

（4） 中ロ国境横断鉄道の例をみると，現在3本の路線が存在する。すなわち①「満洲里駅～ザバイカリスク駅」，②「綏芬河駅～グロデコボ駅」，③「琿春国際駅～カムショーバヤ駅」の3ルートである。

（5） 2015年7月にガスパイプライン東ルートの中国国内の区間が着工し，同年11月に中国はロシアに150億ドルを前払いしている。

（6） 中国の鉄道レール幅は標準軌（1435㎜）で，ロシアは広軌（1524㎜）である。そのため，中ロ国境で貨物をそれぞれの国の鉄道貨車へ移し替える作業が必要である。

（7） 韓国輸出入銀行のデータベースによる。

（8） 詳しくは，在瀋陽韓国総領事館（http://overseas.mofa.go.kr/cn-shenyang-ko/index.do　2018年4月1日アクセス）の公表データを参照されたい。

（9） 李鋼哲「中朝経済関係の現状と展望」小牧輝夫・環日本海経済研究所編『経済から見た北朝鮮：北東アジア経済協力の視点から』明石書店，2010年，146～151ページ。

(10)　ほかの主要国の貿易統計からは北朝鮮への原油輸出実績は把握されておらず，また，北朝鮮で深刻なエネルギー不足が生じていることを示す兆候も確認されていないことから，実際には原油の供給は継続しているとの見方が強い（日本貿易振興機構『2015 年度　最近の北朝鮮経済に関する調査』JETRO，2016 年，126 ページ）。

(11)　「借港出海」とは，港を借りて海に出て行くことである。すなわち「中国吉林省～北朝鮮の港湾～中国南方地域または第三国」の輸送ルートを指す。

(12)　在瀋陽日本国総領事館の資料による。ここの日系企業数は，在留届等の届け出を在瀋陽日本国総領事館に行っている企業集計であり，実際に中国東北部に進出している日系企業は，正確な数字がつかめないが，実態はこの集計より多いと思われる。

【参考文献】

（1）　新井洋史・朱永浩「中ロ貿易関係の変化と国境物流の新展開」『ERINA REPORT』No. 119，環日本海経済研究所，2014 年。

（2）　林珉璟「韓国の対中国東北三省の貿易推移と構造的変化―韓中国交樹立 20 周年を機に」『ERINA REPORT』No. 109，環日本海経済研究所，2013 年。

（3）　小川雄平「超広域連携と日・中・韓の地域間経済協力」『商学論集』57 巻 4 号，西南学院大学学術研究所，2014 年。

（4）　小牧輝夫・環日本海経済研究所編『経済から見た北朝鮮：北東アジア経済協力の視点から』明石書店，2010 年。

（5）　朱永浩『中国東北経済の展開：北東アジアの新時代』日本評論社，2013 年。

（6）　朱永浩「中国東北部経済と北東アジア地域との連携」『東亜』No. 575，霞山会，2015 年。

（7）　朱永浩「北東アジアに開かれる中国東北部―改革開放の進展と課題」，伊集院敦・日本経済研究センター編『変わる北東アジアの経済地図―新秩序への連携と競争』文眞堂，2017 年。

（8）　日本貿易振興機構『2015 年度　最近の北朝鮮経済に関する調査』JETRO，2016 年。

第４部

アジア共同体への視点２
歴史，教育，思想，哲学，宗教

第 11 章

中日関係における歴史問題とアジア共同体

王新生（北京大学）

グローバル化時代の現在，地域一体化は将来の大きな課題である，アジア地域における２つの最大規模の経済体である中国と日本にはその課題に対し重要な役割を担っている。しかし歴史問題および尖閣諸島問題などの領土問題は中日関係の順調な発展を制約する２つの重要な要因であり，領土問題も本質的には歴史問題の範疇に属している。このような問題をどのように解決するか，中日関係および地域関係の順調な発展ないしアジア共同体の形成をどのように推し進めていくのかは，各国政府首脳，学術研究者，商工業企業家，一般民衆を含むすべての関係者が共同努力する重要な課題である。また，ある視点から見ると，学術界はより一層大きな責任と使命を背負っていると思われる。

1　歴史問題と歴史認識問題

日中関係における歴史問題が最初に表面化したのは 1982 年であり，それはすなわち第１次教科書事件である。同年，文部省は高校１年，２年の教科書検定の際，日本の第一次世界大戦および第二次世界大戦中における侵略行為を書き換えるようにと要求したうえで，具体的な史実問題に対しても，詳しい修正意見を提示した。例えば，日本の関東軍が計画的に起こした“九一八”事変（柳条湖事件ないし満州事変）について「日本軍が南満州鉄道を爆破した」と言い逃れ，日本軍が挑発した「盧溝橋事変」および華北侵略を「進入」に書き換え，すべての「侵略」という言葉は日本語の「進出」に書き換えさせた。日本軍が中国で実行した残酷で人道をわきまえない「三光政策」を「中国軍の激しい抵抗を受け，日本軍が治安を保証せざる得なくなった」と書き換えさせ，従来の教科書での，「南京を占領した際，日本軍が中国軍人，国民を殺害し，強姦，略奪，放火を実行した。この南京の虐殺は国際的な非難を浴びた。中国犠牲者は20万人に達した」という表現は削除され，「南京を占領した際，中国軍の激しい抵抗を受け，日本軍は相当大きな損失が生じ，激怒した日本軍が中国軍人と国民を殺害した」と改めさせた。

上記の教科書内容は直ちに中国の激しい抗議を招いた。『人民日報』は7月20日に批判文章を発表し，26日，駐日中国大使館は日本政府に抗議した。8月1日，中国政府は，文部省が中国侵略の史実問題を改ざんした問題を解決するまでは，文部大臣小川平二の中国訪問は適切ではないと日本側に通知した。8月6日，文部大臣小川平二は，第二次世界大戦中での日本側の中国に対する戦争は侵略で，出版社と作者の要求を引き受け，教科書の不適切な記述を訂正する予定であることを公に認めた。8月8日，鈴木善幸首相は原則において中学の歴史教科書を書き換えることを決定した。26日，宮沢喜一官房長官は，今後，教科書検定に際しては，『日中共同声明』の趣旨を尊重し，中国，韓国からの批判に真剣に十分耳を傾けるとの談話を発した。9月14日，小川平二文部省大臣は記者会見を開き，「近隣アジア諸国で発生した近代及び現代の史実問題，現象を処理する場合，国際理解及び国際協調の姿勢から十分な配慮がなされたものでなければならない」と表明した。教科用図書検定調査審議会も「近隣のアジア諸国との間の近現代の歴史的事象の扱いに国際理解と国際協調の見地から必要な配慮がされていること。」という規定を社会科教科書検定規準に定めることを許可した。いわゆる近隣諸国条項である。

1986年5月，「日本を守る国民会議（現在の日本会議）」が編纂した歴史教科書『新編日本史』は文部省の検定で合格と定められた。この教科書に記載された多くの記述は史実問題を歪め，日本がほかの国を侵略したことには一言も言及しなかった。しかも，堂々と侵略戦争を粉飾し，罪を覆そうとした。日本の中国侵略戦争について，「余儀なく応戦」と記述し，南京虐殺の真相をごまかし，「未有定論」と称し，日本が遂行した太平洋戦争を「欧米列強のアジア支配からの解放」,「日本がリードした下で大東亜共栄圏を建設」と主張した。この教科書が検定合格後，国内外の世論からの強烈な非難を招き，アジアの関係諸国と地域は相次いで日本の文部省に書きかえを要請した。中国外交部は日本に覚え書きを手渡し，日本側に教科書の過ちを修正することを厳正に要請した。しかし，日本の右翼はアジア諸国が提出した教科書問題に対して内政干渉だと批判し，文部省が検定合格した教科書を修正する必要はないと公言した。このような状況の中，中曽根康弘首相は再三考慮した後，4回にわたって，文部省に検討を要請，修正の指示を出して，1982年，内閣官房長官談話の趣旨に従い，教科書を修正するとの意思表示をした。教科書の修正作業は何度も引き延ばされたが，ほとんど日本政府の意思どおりに修正された。それにもかかわらず，4年に1度の教科書検定はいずれも日中政府と民間が衝突する歴史問題となった。

一方で，政治家が靖国神社を参拝することも日中関係の歴史問題である。1985年8月15日，中曽根総理が内閣メンバー全員を率い，靖国神社を公式に参拝した。この行為は単なる国内の世論と野党の批判を招いたのみならず，中国と韓国を含む諸国の反発を引き起こした。1986年8月14日，後藤田正晴官房長官は「我が国が平和国家として，国際社会の平和と繁栄のためにいよいよ重い責務を担うべき立場にあることを考えれば，国際関係を重視し，近隣諸国の国民感情にも適切に配慮しなければならない」という談話を発表し，中曽根総理，倉成正外務大臣および官房長官らも靖国神社参拝を中止した。だが，その後も内閣メンバーによる靖国神社の参拝は日中間の大きな問題となり，特に，小泉純一郎首相が6回連続で靖国神社を参拝したことに対して，中国は大規模なデモを行い，激しく反発した。それによって，日中両国政府の関係は硬直化し，「政冷経熱」の局面になった。

そのほか，歴史問題には政治家の失言も含まれる。1986年7月から，藤尾正行文部大臣は記者会見など公の場で侵略戦争を美化し，日本軍国主義のため，定説（通説）をひっくり返そうとした。藤尾文部大臣は極東国際軍事裁判で日本戦犯を審判したことについて指摘し，「勝ったやつが負けたやつを裁判する権利があるのか」，「世界は一部の侵略歴史，戦争歴史であり，日本だけが侵略という悪業をやり，戦争の惨禍を世界中に撒き散らしたという間違った見方を訂正しなければばならない」と明確に表明した。『文藝春秋』にも「南京虐殺は不明な事件である」，「戦争とは人を殺すことであり，戦争で人を殺しても国際法から言えば殺人には当てはまらない」，「日韓併合は，形式的にも事実の上にも両国の合意の上で成立している。韓国側にもやはりいくらかの責任がある」，「広島，長崎の原爆と比較して，日本だけが侵略戦争をやったのではない」との文章を掲載した。藤尾文部相の失言が日本国内とアジア諸国から強く非難され，野党も彼のことを「放言大臣」と称した。しかし，彼が謝罪を拒否したことに対して，近隣アジア諸国を重視することを考慮に入れた中曽根首相は，9月8日に藤尾文部大臣を罷免し，日本軍国主義の中国侵略という事実を否定してはいけないと改めて強調した。

その後も，日本政府の内閣メンバーは何度も繰り返して日本侵略戦争の歴史を否認し，日本軍隊が侵略戦争の中で犯した甚だ大きい罪を抹殺し，日本の海外での植民地支配を美化した。例を挙げると，中曽根康弘内閣の藤尾正行文部大臣，竹下内閣の奥野誠亮国土庁長官，羽田孜内閣の永野茂門法務大臣，村山富市内閣の櫻井新環境庁長官，島村宜伸文部大臣および江藤隆美総務庁長官などがそうであった。戦後50周年に当たる1995年，元社会党が提出した第二次世界大戦中での侵略と植民地支配に対して反省し謝罪する「不戦決議」をめぐって，各種の右翼政治勢力は相次いで抵抗を示した。結果として，衆議院が通した『戦後50周年決議』は，言葉遣いが曖昧で，意味不明のため，国際社会の激しい不満を招いた。それにもかかわらず，右翼政治家からは激しく反対された。同じ時期に，自民党国会議員105名からなる自民党歴史研究委員会は『大東亜戦争の総括』という本を編集，出版し，「満州は中国の領土ではない」，「日本は自衛のためにアジアに出兵した」，「南京大虐殺は捏造されたもの」等を公言し，極力当時の日本侵略戦争のために弁解した。

文化教育の分野において，東京大学教育学部教授藤岡信勝をはじめ，一部の知識人は日本近代の侵略の歴史を覆そうとする「自由主義史観」を大々的に鼓吹した。自由主義史観は，戦後日本の歴史教育がアメリカ占領当局の日本思想改造を計画した「東京裁判史観」およびソ連の国家利益に基づく「コミンテルン史観」という2種の史観に基づき，「日本国家否定」の歴史認識は形成されたと考える。したがって，国民の間に「自国歴史に自慢を持つ」，「自信を持って誇る」ような教育を普及させるべきで，明治維新以来の歴史を否定する「自虐史観，暗黒史観」を普及させるべきではない，と主張した。この人たちからなる「自由主義史観研究会」は，1996年1月15日から『産経新聞』に「教科書が教えない歴史」を連載し，日本侵略戦争の歴史を美化した。当年の年末，それらを本にまとめて出版したが，それはベストセラーとなった。2000年4月，日本電気通信大学教授西尾幹二を会長とし，藤岡信勝を副会長とした「新しい歴史教科書をつくる会」が文部省に教科書『社会』と『歴史』の原稿を提出し，その原稿の内容が黒を白といいくるめて侵略の歴史を肯定するものであったにもかかわらず，新しく発足した文部科学省は「新しい歴史教科書をつくる会」に意味のない修正をさせた後，検定を通過させたのである。そのうえで，中国と韓国が提出した修正要請を不当にも拒絶した。

今日に至るまで，教科書問題，靖国神社問題，政治家の不用意な発言などの歴史問題は依然として日中関係に影響を与えている。第2次安倍晋三政権が成立した後，彼の容認の下で，内閣メンバーは相次いで靖国神社を参拝し，彼本人も歴史問題に関して次々と不用意な発言をした。当選直後，教科書検定の際，近隣諸国国民の感情を考慮する「宮沢談話」，従軍慰安婦の募集について政府が関与したと認めた「河野談話」，対外の侵略戦争行為を深刻に反省する「村山首相談話」に対して，修正する意向を表明した。それと同時に，彼はいろいろな場で，「従軍慰安婦の募集について，日本政府と軍隊による強制性を裏付ける証拠がなかったのは事実」と表明し，それを否定する態度を示した。2013 年 4 月 22 日，安倍は参議院予算委員会において，侵略の定義に関しては，学術上も国際上も定められてはいないのであり，各国の見地も異なるとの意見を述べた。安倍晋三首相の間違った歴史観は東アジア情勢の混乱を招く恐れがあり，同時にアメリカの利益に損害をもたらす恐れがあるとアメリカ議会調査局は 5 月 8 日に発表した日米関係の報告書に意見を表明した。報告書の中で，安倍を「頑固な民主主義者」と称し，安倍の発した慰安婦問題，歴史教科書問題，靖国神社参拝問題に関する言動に対して，中国と韓国が注意するばかりではなく，アメリカも「常に監視」する必要があると書いた。さらに注目すべきなのは，2016 年 8 月 15 日の「全国戦没者追悼式」での安倍首相の式辞内容には，日本の歴史上の加害者責任や不戦の誓いという用語が除外されたことである。

上述の歴史問題では，対立した双方が歴史認識問題における相違を表している。しかし，この相違は政治的，学術的，感情的な歴史認識に分かれており，お互いに錯綜して複雑なため，解決の困難性が増した。いわゆる政治的歴史認識とは，政治家が個人の政治生命，党派の利益あるいは政権の安定などの政治要素に基づき発表した観点であり，2 国間および多国間関係に大きく影響されやすい。いわゆる学術的歴史認識問題とは歴史学者が学術研究により得られた結論であるが，歴史研究はただ歴史資料の積み重ねではなく，歴史学研究者が自身の判断力を使って思考を行った結果である。歴史研究者が歴史資料に対して，実証研究を行う過程そのものには研究者の分析と判断が含まれている。しかし，歴史研究の視点，理論と方法の違い，同時にまた所属社会の価値観，イデオロギー，歴史文化によって影響され，異なる歴史認識が生じることもある。例えば，中国の学者が歴史資料と歴史事実を重視する上で，唯物史観を利用して，日本の侵略拡張の必然性と連続性について分析を行ったことに対して，日本の学者はより史料と史実を重視し，しかも歴史が発展していく過程の細かい部分に関心を持っている。所謂感情的歴史認識問題とは，一般国民が自分自身の体験により歴史を叙述することである。先の大戦から言えば，中国人の記憶は当然として中国が被害者で，日本が加害者であるが，一方，日本人の記憶も自分が被害者であるほうがより強い。つまり，戦争末期に無差別爆撃され，特に原子爆弾が投下されたことなどが記憶に残っているからである。

客観的に言えば，異なる歴史認識の中で，学術的歴史認識はより事実に近づいている。それゆえに，学術的歴史研究，特に両国あるいは多国間の歴史共同研究を通して，共通認識が形成され，政治的，感情的な歴史認識に影響を及ぼしていくことが，日中の学術界にとって，重要かつ喫緊な課題である。

2　歴史（認識）問題が激化した背景

上述した共同歴史研究が示した学術的な歴史認識は，政治的な歴史認識，感情的な歴史認識に対して，大きい影響をもたらさなかった。現在，日中間の歴史（認識）問題がより激しくなっていく勢いにあり，その原因は明らかに歴史問題そのものを超えて，深く歴史，現実，文化の様々な国内外の要素と絡み，政治的，感情的な歴史認識に影響を与えるのみならず，学術的な歴史研究においても考慮しなければならない問題である。

いわゆる歴史要素とは冷戦体制，サンフランシスコ講和会議，1972年の日中国交正常化などを含め，歴史問題に対して徹底的に処理できず，その影響がいまだに存在している要素である。第二次世界大戦後，アメリカを始めとする連合国軍は日本を占領し，「非軍事化」，「民主化」改革を施したが，米ソ対立の冷戦体制が発生したことにより，その改革措置のほとんどは慌ただしく終わるか中途半端に終わった。特に，朝鮮戦争が勃発後，アメリカの対日政策は「経済的自立を確立する」，「日本再軍備」に変わり，対日講和会議を開いた際，中華人民共和国と台湾当局を招かなかった。その後，アメリカにプレッシャをかけられ，吉田茂政権と台湾国民党政権は平和条約を締結し，中期的に中華人民共和国と対立した状態に陥った。70 年代初め，国際情勢が変化し，中米が和解したため，日中はそれぞれの必要に応じ，迅速に国交正常化を実現した。その後の 10 年間も友好関係を保っていた。

しかし，このような迅速な国交正常化はマイナスの影響を多く残した。劉建平が指摘したように，「戦後日中関係の基本枠組みは日米同盟の対中敵視による仕組みとアメリカ強権保護下の日本の対中蔑視によるものの複合体である。蔑視の仕組みと敵視の仕組みはお互いに促しあい，日中関係の事実上の対立の長期化と固定化を引き起こした。この歴史的連続性がある日中関係の仕組みは日中国交正常化における政治「講和談判」過程において，真剣に処置されなかった。その表現として，いわゆる「歴史問題」の間欠発作があり，日中関係の「周期的な悪化」などの発展特徴を植え付けられた」(劉建平『戦後中日関係：「不正常」歴史的過程と仕組み』，社会科学文献出版社，2010 年，27 ページ)。

具体的に言えば，日中両国が国交正常化を回復した後の最初の段階では，中国は経済建設を中心とする改革開放段階にまだ踏み込んでいなかったので，より多く理想主義的な傾向を持っていたが，それに対して，日本はより実用的な傾向が強かった。これは知らないうちに今まで影響をもたらす矛盾を生み出した。例を挙げると，日中国交正常化後最初の 10 年，1971 年の「ニクソンショック」と 1973 年の「石油ショック」の影響を受け，日本は新しい商品市場とエネルギー提供地が必要であったが，中国はちょうどその要求を満たすことができた。したがって，大手企業に押され，田中首相は就任後，直ちに中国と国交正常化し，その迅速さは日本政策決定過程の「全体一致」という伝統を打ち破った。その後，中国に大量の設備セットを輸出し，政府開発援助を提供した。1978 年，中国は改革開放を実施し，日本の資金と技術，さらに日本の大型工業設備も必要になったので，円借款を中心とした政府開発援助などを積極的に利用した。したがって，両国関係は非常に友好な状態を保って，いかなる歴史問題の衝突も表れず，日中戦争時期を反映する文学，芸術も主に両国人民の友好を謳えることをテーマとした。中国人民代表大会が『日中平和友好条約』を許可した3日後，福田赳夫首相は「八一五敗戦記念日」に靖国神社を参拝したが，中国側は反応を示さなかった。2カ月後，鄧小平は『日中平和友好条約』相互批准書交換式に参加するために，日本を訪問した際，率直に「過ぎ去ったことは過去のものとして，今後は前向きに両国の平和な関係を築きましょう」と天皇に語った。しかし，中国では資金不足のため，たくさんの大型建設プロジェクトが頓挫したので，中国は日本と結んだ大型プロジェクト協力協定の廃棄を望んだが，違約金を取られた。そして，日本側が提供した設備セットが比較的古いものであったので，上記のように，80年代半ばになると，貿易収支の不均衡が現れたことは，「首相の靖国神社参拝」，「歴史教科書」などの歴史問題を改めて提起させ，80年代半ばには，「盧溝橋抗日戦争記念館」，「南京大虐殺記念館」などの愛国主義教育基地も相次いで完成された。

いわゆる現実的な要素としては日中両国とも現在苦難に満ちた歴史的改革を行っており，その改革が招いた社会の緊迫した雰囲気は特定な状況の下でナショナリズムに変わってしまった。そして，特別な歴史的原因により，日中両国はそれぞれがナショナリズムをぶちまける最もいい相手となった。中国は今歴史上最も激しい社会的変動期に置かれ，改革開放30数年，経済は著しく発展したが，政治と社会改革の歩みが甚だしく遅れ，経済発展のボトルネックとなった。つまり，30数年間改革開放で形成された中国模式（チャイニーズ・モデル）—すなわち外資導入，大量輸出，安価な労働力に基づく経済高度成長モデルは既に行き詰まり，内需を主とする経済成長に転換しなければならない。それと同時に，計画経済体制から市場経済体制に移行する際，国有資産の流失，国営企業の経営不振，汚職の横行，労働者の大量失業，就職難，貧富格差の急拡大，都市と農村間の格差および地域の格差などの問題は日増しに注目されたため，激しい社会的緊張状態あるいは反発行動を引き起こした。近年来，毎年数十万回に及ぶ「群発性事件」，すなわちデモ，ストライキ，暴力的反発などの抗議は，特定の条件の下（政府の制圧およびマスコミの意識的な誘導，国民が不満を吐き出すルートが必要であることなど）で，排外主義的なナショナリズムに変化した。例えば，「反日」デモあるいは他の行動に参加する者たちは日本のことについて分かっていなかった。そのかなりの部分は，自分の現実に対する不満を吐き出すために参加しただけであった。

日本でも困難な改革は行われた。1993年に自民党が政権を失って以来，政治改革，行政改革，社会改革などが次々と議事日程に入れられたが，20年来，改革の進展はあまりなかった。その理由の1つには，バブル経済崩壊の影響があると言えるだろう。まず，経済に刺激を与えて景気を取り戻すか，それとも構造的改革を行うかに関して，政権担当者は選択することができなかった。強い意気込みを示した橋本龍太郎首相は，かつて1996年に「6大改革」のスローガンを提唱したが，参議院選挙の敗北を受け，引責辞任した。日本経済に2003年から景気回復の兆しが見えたにもかかわらず，たくさんの人々はそれを「中国特需」と結びつけ，小泉純一郎首相の業績とは見なさなかったし，「日本改革，自民党改造」という看板はただの口実に過ぎないと思われた。最も重要なのは，日本の世論が分析したように，現在の改革が明治維新，戦後初期改革に継ぐ第3の開国であり，グローバル下で戦後政治，経済，社会体制に対する全面的な清算を行う改革であるということである。いずれにしても，戦後の日本経済社会発展の中で，政府は重要な役割を果たしたので，これは政府主導型発展モデルと言える。このような発展モデルは日本で大きな成功を収めたが，日本が70年代に世界を市場とする経済大国になるにつれて，その欠点も次第に現れた。政府が産業特に第3次産業に対して過度に干渉することは，バブル経済の発生，崩壊後20年に亘って経済低迷の要因となったと言える。したがって，徹底的に政府機能を弱めなければならない。しかし，濃厚な集団主義的傾向のある日本社会が，自由競争に適した体制に転換することは相当な時間と試練を要すると思われる。この過程の中，経済の長期衰退による焦りと先行き不安の情緒はナショナリズムを社会的基礎に据えることとなった。

いわゆる文化要素とは日中両国の伝統の相互間認知である。歴史から見ると，中国大陸政権はより先進的生産力と文化を保有したので，東アジア地域の秩序を中心として周辺近隣国に影響を及ぼしてきた，つまり「華夷秩序」である。それによって構成された東アジアの地域関係は「朝貢体制」と呼ばれる。したがって，中国大陸政権および国民は周辺近隣国に対して，常に高所から見下すような態度を取りがちであり，たとえ歴史上において何回も少数民族に支配されたとしても，最後的に漢民族が主として支配するような形に取り戻した。その上，少数民族を漢民族に融合し，より強い民族プライドを持つようになった。特に「華夷秩序」の境目に置かれた日本列島に対して，中国大陸政権および国民は長期的に「軽視」ないし「蔑視」の態度を取ってきた。近代以降になると，日本が西洋列強の「横暴」文化—弱肉朝食型の「条約体制」を受け入れたことによって，伝統的な教化を主とする「王道」文化—「朝貢体制」を中心とする中国大陸政権の場を失わせた。その後，中国が日本に学ぶという短い時期はあったが，しかし，日本の中国に対する大規模な侵略拡張は失敗し終止符が打たれたため，「軽視」，「蔑視」，「警戒」を代表とする対日本観はいまだに中国人の主流意識のままである。そのような意識の結果は，日本を分からない，日本を分かろうとしない，むやみに自信をもち，対日強硬を主張するなどの形で現れた。具体的に言えば，一般的に中国人は日本に無関心であるし，日本を直視したくないし，日本のことを文化も歴史もない成金と思い，苦労して理解し研究する価値はないと思っている。日本と言えば，侵略，残酷，右翼傾向などが先に浮かびあがり，戦後日本の濃厚な平和民主主義思想，多元政治体制下の経済高度成長，強大な経済実力および膨大な対外経済援助等々に注目しようとない。

一方，東アジア「華夷秩序」境界に位置する日本社会は，歴史において，大陸の先進的な文明を受ける中で発展してきたとはいえ，常に文化中心にある中国大陸王朝の権威に挑んできた。例えば，飛鳥時代から律令時代まで，日本は大陸国家と同等な地位を取ろうとした。日本は「遣唐使」を中国大陸に次々と派遣するとともに，朝鮮半島において唐王朝の軍隊と大規模な戦争を遂行したが，一方，経済社会発展レベルの格差のため，室町幕府の３代将軍足利義満はやむを得ず「朝貢国」の身分で「勘合貿易」を行った。豊臣秀吉がアジアの覇者になろうとした野心は明王朝と李氏王朝の連合軍につぶされたとはいえ，江戸時代になると，中国大陸が満民族という少数民族に支配され，しかも，「幕藩体制」という封建制度が日本人に「朱子学」の正当性を疑わせたので，「中華文化が日本にある」という考えが生まれ出した。「国学」を中心とした文化自立運動および中途半端に覆い隠す「中華嫌い」意識はようやく近代西洋「国民国家」の考えに「朝貢体制」から徹底的に抜け出す理論サポートを見つけ出した。明治維新以降，日本は速やかに近代国民国家に転換し，経済において高度成長を成し遂げ，古いしきたりに閉じこもって進歩を求めようとしない満民族の清王朝に勝った。それにより，大陸国家に対する軽蔑的な意識が生まれ，それに基づいた拡張態勢も強くなる一方であった。

第二次世界大戦において，日本は惨敗に終わったが，戦後急に立ち上がり，経済大国になった事実から，日本が東アジア近隣国に対面する時の優越感は相変わらず存在した。しかし，輸出主導型の工業化モデル国家として，中国大陸の市場およびエネルギーは，日本にとってかなり魅力を持っている。同時に，中国の広い国土および人口は日本に強い危機感を持たせた。したがって，歴史にずっと残された中国に対する「蔑視」と「畏敬」は日本人の中に並存しているのである。

中国が日本を研究するレベルより，日本が中国を研究するレベルは遥かに高く，日本の書店で中国関連の本は至る所に並べてある。過去の戦争の時代といい，戦後の発展の時期といい，日本の中国に対する研究は極めて詳しい。日本人は中国に対して，一般的に先進国である優越感を持っているが，このような意識は礼儀正しい表の下に隠されている。一方，中国の領土が広く，人口が多い。近年来経済が凄まじい勢いで発展し，2010 年になると，中国の GDP は日本を越えた。それに対して，危機感の強い日本人が妙にプレッシャを感じたので，自らの優位を守るために，政府は各方面から中国に強硬な態度を取ることを支持した。特に，両国の戦争問題に関する歴史認識が絡み合うことは，より一層日本に「中華思想」からの威嚇を感じさせたので，経済の面では中国と永遠に一定の距離を保つことを望んだ。

3　共同歴史研究としての歴史問題

学術的な歴史研究はまだ大きな役割を果たしてないが，歴史認識問題が大きく両国あるいは他国関係を制約している今日では，歴史共同研究の必要性はますます増えている。ここで，歴史共同研究を行う場合，注意を払わなければならない4組の関係について説明したい。

1　政治性と学問性

すなわち政治的歴史問題と学術的歴史問題が並存している現象である。現在，東北アジアの各国関係の中にすべて歴史問題が存在しているが，そのほとんどは政治的歴史問題である。つまり歴史問題の政治化あるいは政治化した歴史問題である。簡単に言えば，歴史問題は相互関係の中で外交道具の一種になっている。例えば，靖国神社，南京大虐殺，日韓合併などの歴史問題は，ある意味では一種の特殊象徴あるいは記号になっている。このような政治的歴史問題において，学術的に論議する余地があまりなく，もし，冷静に研究するとしたら，客観的な環境の変化が必要である。ただし，このような問題は確実に東北アジア各国の関係に影響をもたらした。その典型的な例として，小泉純一郎が日本の首相に就任していた間，自分の政権の安定を求めるために，毎年A級戦犯を祀る靖国神社を参拝したことは，深く近隣国民の感情を傷付けたし，日本と近隣国の関係を悪化させた。そもそも，歴史問題が表れたのは，リアルに東北アジア地域関係の中に他の問題と矛盾が存在しているからである。つまり，その他の問題が歴史問題を引き起こし，歴史問題が他の問題を悪化させた。東北アジア地域の協力がこんなに難しいということは，現実的な利益の衝突以外に，最も重要な2種類の意識が欠けているからである。これは各国間の関係に影響をもたらし，しかも歴史問題を表面化させた。2種類の意識とは，1つは信頼意識，もう1つは対等意識である。東北アジア地域では，冷戦の時期に両陣営の対抗前線があったことはイデオロギー上の対抗を招いた。その他，歴史意識の継続も重要な要素である。つまり伝統的な東北アジア地域での国際関係の影響であり，その中のもっとも重大な問題は古代時期の大陸政権主導下の「朝貢体系」および近代史の時期の日本帝国主義が遂行した「条約体制」に関する評価である。具体的に言えば，大陸政権がより多く「朝貢体制」の政治性を強調したことに対して，周辺政権は「朝貢体制」の経済性に注目した。近代歴史の「条約体制」について，侵略側がその有効性に注目したことに対して，侵略された側はその脅迫性を強調した。ここで，注目していただきたいのは，共同研究に参加している学者が学術的研究を行っているにも拘らず，両国政府間の研究プロジェクトである以上，ある程度の政治性を持っていることである。したがって，テーマ選びにしても，結論にしても，政府と民衆の反応を考慮する必要がある。

2 歴史性と現実性

すなわち過去の歴史問題と現実の問題意識である。歴史学者が研究したのは過去に発生したことであるが，その問題意識は大半現実社会から来ている。東北アジア地域では各国関係の歴史問題が存在し，特に，近代以来の歴史認識に対して，大きな相違が生じたことから，両国あるいは他国関係が順調に進められるように，日中韓3カ国の歴史学者は相互間の学術的な協力を始め，両国若しくは他国の努力によって，できるだけ共通認識を得ようとしている。一方，立場が異なることにより，歴史研究の結果も異なるので，異なる国家の歴史観および結論を理解し認めるのは各国の学者にとって重要な仕事でもある。何年前からこのような動きは既に現れ，日中韓3国の民間学者が執筆した『東アジア三国史の近現代史』は中国での売れ行きが大変良く，発行部数は10万冊に上った。さらに，日中と日韓では政府が主導した歴史共同研究プロジェクトが行われた。当然，このような努力が予期したような効果を得られるかどうかについては，まだ疑問が残っている。日韓の間では第1期の研究段階まで実行されたが，共同認識が得られなかったように，最終の研究報告は「各自の叙述」の段階に留まっている。日中間の共同研究でも似たような問題が存在し，第1期の研究が終わった後でも，社会からのプレッシャがひどく感じられ，それぞれの国の国民の期待に応えることは難しかった。それにしても，このような相互間の研究は次のようなメッセジーを伝えることはできた。すなわち，それぞれの関連国が両国関係にマイナスの影響がある歴史問題を精一杯に解決しようとしたことを通して，関係改善の意欲と姿勢を示した。次に，このような協力研究がそれぞれの歴史研究レベルないし研究方法を進め，歴史資源の共有に基づき，共同意識に近づき，あるいは共同意識を達成させ，地域間の協力と友好往来を推進することができた。例えば，日韓間の歴史共同研究の第1段階が終わった後，韓国側は韓日関係史10巻を出版した。これは韓国史学界がこの分野の研究を深めただけではなく，共同研究にも必要な研究上の基礎を提供した。韓国，日本が共同研究する際，厖大なグループを設立したように，中国も共同研究のために，歴史学界の優秀な専門家を集め，クループを構成した。これは歴史研究界の全体を動かせる以外に，関連学術研究の深化と発展を促すこともできる。もっとも重要なのは，共同研究を通して，相手国の歴史研究レベルと研究理論を理解できることである。

3　過程性と結果性

すなわち過程の歴史問題と結果の歴史問題である。もし，ひたすらに両国関係の歴史問題の解決を求めようとすると，個別の問題に関して慌しく共同認識を得られたとしても，相互関係に影響する歴史問題を徹底的に解決し難い。徹底的に歴史研究を行えば，研究過程に受け入れにくい学術の考え方ないし相互間の矛盾と衝突が起こるにつれ，各界の不満を招くこともあるが，最終目的を達成することができる。つまり，両国関係の中に，歴史問題がもたらした障害となる要素を解消し，両国関係を推し進める原動力になる。急がば回れ，ある結果を急いで追求するのではなく，両国の学者達に客観的，安定的な研究環境と雰囲気を提供すべきであり，長期的な研究過程を経ることによって，より良い成果を成し遂げることができる。学術的共同研究が政治的歴史問題を最終的に解決することはできないが，少なくとも国民の歴史観に影響を与える上で，歴史問題が両国関係あるいは他国関係に及ぼすマイナスの影響を減らすことはできる。それによって，共同研究の部分的目的あるいは大部分の目的は果たされる。日中間共同歴史研究プロジェクトの主旨は両国間の『日中共同声明』，『日中友好平和条約』，『平和と発展のための友好協力パートナーシップの構築に関する日中共同宣言』など３通の政治文書の原則に基づき，歴史を直視し，未来に向かう精神を持ち，日中間の2000年近くの交流の歴史，近代の不幸な歴史および戦後半世紀に亘る日中関係史に対して，共同研究を行うことである。共同研究によって歴史問題に対する認識を交換し，同じあるいは異なる意見と見方を交換することによって，歴史過程の客観認識を深め，相互間の理解を深化させる。このような意識に基づき，共同研究は短い間に様々な研究課題，特定テーマの共同研究報告と総合研究共同報告を形成させ，初歩的で部分的な問題に対する共通認識が得られた。しかも，それぞれの国の関連する部門にアドバイスし，それを両国の歴史教科書を編纂する際の指導的意見とする。日中歴史共同研究第１段階の実践および結果から見ると，ほとんど上述の目標を満たしたと言えるだろう。

4　相違性と共同性

すなわち共同研究の目的を果たし，歴史問題における共同意識を達成させるために，東北アジア地域の古代史の発展過程中の相違性と近代歴史発展過程中の共同性を強調する必要がある。いわゆる共同歴史研究とは国別史（中国史，日本史あるいは韓国史）を研究するわけではなく，両国あるいは他国の政治，経済，文化などの交流が相互間の関係および各自国家の歴史，文化の発展に与えた影響を研究することである。交流の範囲から見ると，古代歴史時期と近代歴史時期が異なり，古代は主に地域内の交流が主流であり，近代以降はグローバル範囲内の交流が主流である。具体的にいえば，古代歴史では大陸文化，儒教文明が3カ国に深く影響してきたし，今日に至ってもその濃厚な痕跡が見られるが，3カ国はそれぞれ独自な文化と歴史を持っている。日本は隋唐時代では全面的に大陸文化を吸収したが，核心的な政治制度—科挙制度を採用せず，その後，日中両国がそれぞれ「尚文」，「尚武」の道を歩んだ。そのほか，東北アジア3カ国の具体的な歴史から見ると，中国大陸政権では常に「易姓革命」が行われ，つまり暴力によって王朝交代が行われた。しかし，日本と韓国においても，改革あるいは政変により社会を変化させる目的を達成した。例えば，日本の「大化の改新」，「幕府将軍」，明治維新，戦後改革および朝鮮半島の高麗王朝，朝鮮王朝はそうである。したがって，この相違性を重視，明確にする必要がある。そうすれば，異なる文化あるいは文明間の交流，融合の歴史過程を説明できるとともに，他の民族，国家の歴史を尊重し，自国中心主義の歴史観を避けられ，しかも，近代以来3カ国の異なる発展の道を認識することができる。さらに，一層うまく相互間の学術的交流を行い，違う分野の各レベルの間の対話を促せる。一方で，近代の歴史発展において，3カ国が現代化を追求する共同性をより多く強調する必要がある。3カ国はすべて西洋工業文明の圧力下で現代化を行い，工業化の発展は相互間の連携と協力を必要とさせた。近代の発展の中で武力征服と隷属を伴う歴史現象が現れたが，このような歴史がもたらしたマイナスの影響をどういうふうに乗り越えるのかは，われわれが研究を行う主な目的である。特に，20世紀末，世界が本格的にグローバル化時代に入り，地域協力ないし地域経済の一体化は歴史発展の流れとなった。それゆえに，政治家，官僚にしても，学者，企業家および各国のエリート達にしても，客観的で冷静な考えをもち，各国間の相互協力と発展について検討すべきである。歴史を直視し，正確で客観的な評価を下す上で，歴史問題がもたらしたマイナスの影響を避けることに力を入れるべきである。結果から見ると，3カ国間の両国歴史共同研究はこの点において，相当な共同認識をもたらしたと言えるであろう。

第 12 章

アジア共同体の形成基盤としての「隣人知」の共有と蓄積

宋錫源（慶熙大学）

1　アジア共同体と「隣人知」

国家間の対立や葛藤を乗り越えて和解や協力を増進させる目的で国家間の連合を探ろうとする発想は長い歴史的な淵源を持つものとは言うものの，実際のところ具体的な形態として結実を挙げた事例は多いとは言えない。というのは，国家間の連合が理想とは違って現実的には多くの難題を含んでいるからである。EU が政治的，経済的，社会文化的統合を目指してそれぞれの問題領域での連合を図りながら各国にすべての領域への参加のみを強要せず，一部の領域への加入だけをも許容するようになったのも国家間の全面的な統合の困難さを立証するものでもある。周知のように，東南アジア連合（ASEAN）の場合は，政治的，安保的統合は初めから論外にしながらもっぱら経済的統合だけを目指している。こうした方法が東南アジア地域における統合的秩序の模索では現実的な最大値であるといえるであろうが，それは同時に東南アジア地域の政治と安保などにおける統合は初めから不可能であるということを前提としたものでもあるといえよう。

アジアが再び全世界に注目されている。一時，「アジアの４つの龍[(1)]」が驚異感とともに言及されたりもしたのであるが，それは厳密な意味においては龍になった4カ国を除いたアジアの停滞性を言及したものでもあった。「アジア的価値」論争[(2)]でもアジアは普遍的民主主義に逆らう政治的後進性のメタファーとして言及された。しかし，現在のアジア関連論議において注目される変化は，アジアが環境，自然などにおいて人類社会の「対案」として言及されるようになったということであろう。今までの人類文明の主流として認識されてきたヨーロッパの文明あるいは価値をアジアの文明あるいは価値が代替してゆくであろうという主張である[(3)]。「アジアの時代」は現実のものになれるか？ それが現実のものになるための条件は何か？ 本稿ではアジアの時代を迎えるためには何よりもまずアジア諸国間の関係がもっと協力的なものにならねばならず，こうしたことを牽引するためには隣の国やそこに住んでいる人々に対する些細な知，すなわち「隣人知」の共有と蓄積が必要，かつ不可欠であるという観点から「隣人知」にかかわるいくつかのテーマを取り上げることにしたい。

しかし，いかなる地域かにかかわらず，「隣人知」はそう簡単に蓄積されるものではあるまい。しかもアジアにおける「隣人知」の構築には数多くの障壁が存在する。「地域」としてのアジアは地球上の他の地域に比べて，何よりもまず多様性が顕著であるからである。まず，エスニシティ，宗教，文化などが多様である。経済や政治のレベルも千差万別である。したがって，厳密な意味で極めて広く，多数の人口を包含するアジアを1つの「地域」として理解せんとする試み自体が無理かもしれない。こうしたアジアで「隣人知」を形成することは簡単ではない課題でしかないであろう。じっさい，アジア共同体に関連した議論が活発に行われているにもかかわらず，アジアに住んでいる人々の間ではまだ「アジア人」という意識が確立されていないのが現実である。アメリカ，カナダ，オーストラリアなど多文化先進国で‘Korean American’，‘Japanese American’，‘Chinese American’のように国家別あるいはエスニシティ別カテゴリーとともに‘Asian American’[(4)]という用語が使われていることは注目に値する。たとえば，アメリカ社会で黒人かヒスパニック系移民者たちと区別される用語のように，「アジア移民者」たちが1つのグループとして呼称されているのである。お互い同じくアメリカ市民権者であるという共通性にもかかわらず，母国との関係が投影されて相互間に超えがたい障壁を認識することが日常的であるとしても，他の地域的カテゴリーと比較される際にはおのずと‘Asian American’であることを前に立たせることは稀なことではない。また，アメリカ，ヨーロッパなど学問先進国で韓国文学，日本文学，中国文学，タイ文学などの用語とともに「アジア文学」という用語が使われているのも特記すべきであろう。アジア文学という用語もやはり明確な概念規定がなされているとはいえないであろう。しかし，「アジア移民者」や「アジア文学」など，アジアを1つのカテゴリーとして認識する場合があるとはいえ，依然としてそれぞれの用語が自己完全性を持っているとはいえない。ただ，アジアを一束の単位として理解せんとすることは重要な変化であるという点は確認しておく必要があるといえよう。いずれにせよ，繰り返して指摘しているように，アジアという地域が「共同体」という形式に結合していくためには何よりもまずアジアに住んでいる人々の間に「アジア人」という意識が明確な形態で形成されなければならないはずである。このことのためにも「隣人知」を根底から構築してゆかねばならないことは言うまでもあるまい。

2 「隣人知」の諸相

では，「隣人知」はいかにして蓄積できるであろうか。いかなる形になろうとも，地域統合は‘下位政治（low politics）から上位政治（high politics）への拡散（spillover）’の観点から戦略的に推し進めなければならないことは統合理論の最も基礎的な教えであるといえよう。下位政治を強化することによってアジア地域の磁場の範囲を明確にしていくことが必要である。したがって，文化，文学，芸術およびデザインなどを含む下位政治の観点からアジアを複眼的に把握することによって，究極的にアジア「隣人知」の構築可能性を模索せねばならない。事実，現在までのアジア共同体に関する研究はじつに豊富であるといえようが，それにもかかわらず多少政治や経済をテーマにしたものに偏っているのも事実であろう。こうした傾向はアジア共同体を目指すべき目標として掲げ，そのための戦略探求に重点を置いた結果であろう。しかし，真の意味においてのアジア共同体は，下位政治の側面，言い換えれば，アジア共同体の形成基盤としての「隣人知」を構築し，かつ共有から始めなければならないと考える。ただ，紙面の制約を考慮して優先的に扱われるべき6つの主題について取り上げることにしたい。

第一に，アジアは地政学的に対立や協力が錯綜する地域でもあるので，何よりもアジア地域内「葛藤」の地政学的起源から抜け出さねばならないであろう。周知のように，地政学に関する理論は，マハン（A. T. Mahan）の島嶼国家支配論（Theory of Insular Dominance）[5]，マッキンダー（H. J. Mackinder）のハートランド論（Heartland Theory）[6]，スパイクマン（N. J. Spykman）のリムランド論（Rimland Theory）[7]などによって発展，推移してきた。このことは，すなわち，地政学が第一次，二次世界大戦の間に強大国の勢力圏の拡大論理を後押ししてきたことを意味する[8]。帝国日本の時期のいわゆる「大東亜共栄圏」の構想もこうした地政学的発想から作り出されたものである。すなわち，帝国日本はハウスホーファー（K. Haushofer）の生活圏理論をベースにした地政学思想を借りて，アジア侵略への政治的スローガンとしての大東亜共栄圏の論理を掲げたのである[9]。日本を中心として共存共栄する東アジアの諸民族やその居住範囲を意味する大東亜共栄圏の政治イデオロギーあるいは政治的スローガンは「アジア人のためのアジア経済」であった。しかし，現実での大東亜共栄圏は，太平洋戦争当時の日本が中国および東南アジア諸国に対する侵略を正当化させるために掲げたスローガンであり，日本の南方および東アジア支配のための地政学的口実であった。大東亜共栄圏に基づいた地政学的戦略は最終的には挫折し，戦争期間中多数の日本人や東アジア人が犠牲になった。にもかかわらず，今でもいわゆる「歴史問題」が国家間の懸案になっている状況である。こうした現実が東アジア人の相互理解の増進やアジア共同体結成に障害要因として作用しているのである。このように東アジアの「歴史」は地政学的戦略が国家間の葛藤や対立を激化させたもっとも代表的な事例であるといえよう。アジア地域の連帯を目標とした「過去」の事例がアジア共同の利益ではなく，むしろ特定の国の侵略と支配とを正当化したものであったという事実はその後のアジア地域における地域統合の新しい挑戦に大きな障害として作用しているのである。したがって，今後のアジアはこうした葛藤の地政学的起源から離れて協力の地政学の構築を図っていく必要がある(10)。国境を接した地域を共同開発することは協力の地政学的構築の主要なきっかけになり得る。中国・北朝鮮・ロシアの国境の境界地域，環東海，メコン川流域の諸国の間で共同投資・共同開発が構想されたり，実際に推進されている点は，かりにスピードは遅くてもアジアにおける協力の蓄積であるという意味で重要である。それは多層的な「隣人知」の共有や構築のための第一歩でもあろう。

第二に，文学を通した相互共感の強化と拡張とである。文学は個別の国家あるいは民族（エスニシティ）の情緒を反映するはずであり，したがって「民族文学」あるいは「国文学」の範疇が存在する。このことは，裏を返せば，国家や民族の境界を越えた「地域文学」あるいは「世界文学」という構想はまだ明確な形を備えているとはいいがたい，ということを意味するものでもあろう。ほとんどの人々は子供の時期から世界文学全集を読んできたであろうが，この場合に言う世界文学全集は世界各国の文学の総合というより世界的に有名な作家たちの作品全集という意味が強い。したがって，前にも指摘したように，韓国文学，日本文学，中国文学，タイ文学などは明確な形で存在するであろうが，アジア文学というのはなぜかまだ馴染まないままである。しかし少なくとも韓国・日本・中国の３カ国に限定してみれば，東アジア文学は漢字文化圏，科挙や禮教のような制度（むろん，日本は科挙制度は受容しなかったのだが），儒教や仏教のような宗教，共同文語文学と漢詩／白話詩，郷歌，和歌などのような民族語文学などの共通項を持っている。特に，韓国・中国・日本の３カ国の短形詩である絶句（五言　20字，七言　28字），和歌（5.7.5.7.7　31音）と俳句（5.7.5　17音），時調（三章六句，45字内外）などでも驚くほどの形態の類似性がみられる。こうした短形詩が各国における特定の人々（支配層，知識層）によってのみ消費されてきたという限界はあるものの，詩それ自体が彼らの教養の程度を測る要因であった漢字，漢文で行われたことによってお互い相手国家の詩の解読にそれほどの困難さは感じえなかったであろうし，詩に内在された抒情性をも相互共感されたはずであろう。アジア文学全体を一言で概念化したり特定することは簡単なことではありえない。一国の文学を客観的に要領よく纏めることも大変なのに，アジア文学においておや！　しかし，そうした共感が民衆にまで広く拡散されず支配層に限定されたという限界があるとはいえ，アジア3カ国の過去に相手国文学に対する情緒的共感が可能であったという事実は重要な意味を持つ。現在，3カ国を越えアジア諸国の文学がお互い紹介し合っているのみならず，各国の一般人にアジア各国の文学が消費され始めたという点では文学を通じた「隣人知」の共有と蓄積は目の前にきたという感もなくもない。

第三に，文学のアジア性とかかわるものではあるが，アジア関連の情報が多様な媒体を通じて活発に発信される必要があろう。テレビや映画のような視聴覚媒体だけではなく，アジア各国を取り扱っている書籍は全般的に貧弱であるといえよう。一部の国家がアジア諸国に関する教養書，専門書を出版しているだけである。周知のように，教養書であれ，専門書であれ，書籍が出版されるためにはそうした本を執筆できる著者と赤字の危険性に甘んじられる出版社，自国以外のアジア各国に対する好奇心溢れる読者などが同時に存在しなければならない。ここで重要なことは，読者層の構築であるといえる。あえてアジア関連書籍を消費しようとする読者層の存在が執筆や出版につながれるからである。近代において，国民国家を創り上げる過程において各国が注目したのは「読書国民」の構築であった[(11)]。読書は自国語解読能力を前提にしている以上，国家の理想を全国民に行き届かせねばならない国家の立場からして国民の文字解読能力の向上は，国家の緊急の課題でしかなかったはずである。近代初期，新聞，雑誌，書籍などの活字媒体の国民形成[(12)]への寄与はよく知られているとおりである。今日のグローバル社会は近代から脱近代の道へと移行している過程にある。しかし依然として地域共同体を構想するに当たっても近代の読書共同体に類似する「読者共同体[(13)]」の形成が必要であるといえよう。読者共同体の住人はアジア関連書籍を消費しながら相互協力の教養を積み重ねてゆく人々であるはずである。

第四に，芸術，デザインなどでのアジア的美を探索し，このことに対する理解を高めていかねばならない。最近，韓国ではある化粧品メーカーがアジアの美的体験と美認識に対して支援した研究結果が出始めた。その最初の研究成果が『水とアジアの美[(14)]』である。この本は，「水路に従って流れるアジアの美」，「流れる水，最高の自然美と芸術美を形成する」，「現代デザインに現れた東アジア的水の美学」，「水の表象：アジア映画のなかの水」，「水の神経症，破壊力，呪いはいかにして命の象徴になりえたか」，「スバク（Subak）と生態美：バリ島の農耕と水に関する事例報告」，「韓国における水文化と五感の美」などで構成されている。デザイン，映画などに水をマッチさせアジア的美を探るという構想力が興味深い。アジア各国の映画のなかでの水のメタファー，恐怖と生命としての水とアジアデザインに現れるアジア的水の美学などの探求を通じて究極的な「アジア的」美を探ろうとする道のりはアジア「隣人知」を構築する作業それ自体にもなるはずである。「美しい人」が次の主題であるというのであるが，「アジアの美しい人」がすでに気になるほどである。

第五に，アジア医学，すなわちアジアで伝統時代から蓄積されてきた薬草と養生および民間療法に対する相互理解を深めてゆくことである。本研究者が所属している大学が韓国国内で最高水準の韓国医学の教育機関としての名声を有している点を考慮してこの問題と関連した知の共有に大きな意味を与えたい。アジア伝統医学は，韓国では韓医学（韓国医学），中国では中医学（中国医学），日本では漢方医学あるいは皇漢医学，モンゴルでは蒙医学（蒙古医学），チベットでは藏医学，インドではアーユルヴェーダなどと呼ばれている。元来，これら各国の伝統医学での治療は，病邪を追い払い，かつ原因を取り除き，陰陽の均衡が崩れた病理現象を治すことによって関連した臓腑の生理機能を回復させ調和させることをその目的としている。したがって，アジア各国の伝統医学は相互補完的な要因が多いといえよう。絶え間ない相互接触を通じて「隣人知」としてのアジア医学の構築を図ってゆく必要があると考える。

第六に，増えつつあるアジア域内移住者の力動性に注目する必要がある。グローバル社会ではじつに多数の人々が国境を行き来している[15]。こうした現象はアジアにおいても例外なく大規模で行われている。とりわけ，注目されるのはアジア域内移住者の急増である。移住者たちは居住国家ではマイノリティ（minority）としての暮らしを余儀なくされている。移住者たちは居住国家の多数の住民（majority）から差別されながらも居住国家と母国との架け橋の役割，ハイブリッド（hybrid）文化の創出者としての役割などを遂行するようになる。ほとんどの移住者たちは居住国家での困難な生活に直面しているとはいえ，彼ら移住者が東アジアの連帯の接着剤としての機能を果たせる可能性に注目する瞬間，彼らに対する新しい接近と理解の道が開かれるであろう。移住者が媒介する「隣人知」もまたアジア共同体の形成の重要な基盤の1つになるであろう。したがって，居住国の住民と移住者とを共にホモエムパティクス（Homo empaticus：共感する人間）にさせる市民教育が必要であると考える[16]。

3 「隣人知」の拡張

構築しかつ共有していかねばならないアジア「隣人知」が上記した6つに限らないということは言うまでもあるまい。我々はこれからももっと多くのアジア「隣人知」関連主題について発掘し，議論し，また共有していくはずである。いかなる内容が，そしてどれほど多くの内容がアジア「隣人知」の新しい主題に含まれていくのであろうか。「隣人知」は決して巨大な談論ではなく，そうする必要もないだろう。多様な主題に亘って隣接する国やその国の住人に対する些細な理解を通じてアジア人としてのアイデンティティを共有してゆく過程はアジア共同体の形成において必要かつ不可欠な基盤であるといえよう。自ら隣り合っているアジア人に対してホモエムパティクスになるための絶え間ない努力のなかにアジア「隣人知」はさらに拡張できるであろう。アジア共同体はこうしたアジア「隣人知」の拡張によってはじめて現実のものになるであろう。

【注】

（1） このことと関連した代表的な論著として，Ezra F. Vogel, *The Four Little Dragons*, Harvard University Press, 1991 を参照。

（2） 金大中（김대중）他『アジア的価値（아시아적 가치）』伝統と現代（전통과 현대），1999 年。李桓（이환）『近代性，アジア的価値，世界化（근대성，아시아적 가치，세계화）』文学と知性社（문학과지성사），1999 年。Daniel Bell, *East Meets West: Human Rights and Democracy in East Asia*, Princeton University Press, 2000 など参照。

（3） 代表的な論著として，梅原猛『人類哲学序説』岩波書店，2013 年を参照。

（4） 武者小路公秀・浜邦彦・早尾貴紀編『ディアスポラと変容：アジア系・アフリカ系移住者と多文化共生の課題』国際書院，2008 年，61〜68 ページ。

（5） A. T. Mahan, *The Influence of Sea Power Upon History, 1660–1783*, Little, Brown and Co, 1890.

（6） H. J. Mackinder, *Our Own Islands: An Elementary Study in Geography*, G. Philips, 1907.

（7） N. J. Spykman, *America's Strategy in World Politics: The United States and the Balance of Power*, Harcourt, Brace and Company, 1942.

（8） 李永炯（이영형）『地政学（지정학）』エムエド（엠애드），2006 年。

（9） Karl Haushofer, *Das Japanische Reich in seiner geographischen Entwicklung*, L.W. Seidel & sohn, 1921.

（10） 権世恩（권세은）他『環東海関係網の力動性（환동해관계망의 역동성）』慶熙大学校出版文化院（경희대학교 출판문화원），2016 年。

（11） 永嶺重敏『〈読書国民〉の誕生：明治 30 年代の活字メディアと読書文化』日本エディタースクール出版部，2004 年。

（12） 宋錫源（송석원）「帝国日本の権力と新聞：1920 年代後半から 1935 年頃までを中心として（제국일본의 권력과 신문：1920 년대 후반부터 1935 년경까지를 중심으로）」高麗大学校グローバル日本研究院（고려대 글로벌일본연구원）『日本研究（일본연구）』第 16 集，2011 年，373〜394 ページ。

(13)　龍澤武「東アジアの読書共同体について（동아시아의 독서공동체에 대하여）」『東アジア出版人会議資料集（동아시아출판인회의 자료집）』2006年。

(14)　アジア美探検隊（아시아 미 탐험대）『水とアジアの美（물과 아시아 미）』ミニマム，2017年。

(15)　確かに，移住とそれによる多文化社会の登場は21世紀の新しいメガトレンドであるといえよう。メガトレンドについては，John Naisbitt, *Megatrends: The New Directions Transforming our Lives*, Warner Books, 1982参照。

(16)　金容贊（김용찬）「21世紀トレンドと多文化社会民主市民教育の方向と課題（21세기 트렌드와 다문화사회 민주시민교육의 방향과 과제）」『社会科教育研究（사회과교육연구）』23巻1号，2016年，10～11ページ。

【参考文献】

権世恩（권세은）他『環東海関係網の力動性（환동해관계망의 역동성）』慶熙大学校出版文化院（경희대학교 출판문화원），2016年。

金大中（김대중）他『アジア的価値（아시아적 가치）』伝統と現代（전통과 현대），1999年。

金容贊（김용찬）「21世紀トレンドと多文化社会民主市民教育の方向と課題（21세기 트렌드와 다문화사회 민주시민교육의 방향과 과제）」『社会科教育研究（사회과교육연구）』23巻1号，2016年。

宋錫源（송석원）「帝国日本の権力と新聞：1920年代後半から1935年頃までを中心として（제국일본의 권력과 신문 : 1920 넌대 후반부터 1935 년경까지를 중심으로）」高麗大学校グローバル日本研究院（고려대 글로벌일본연구원）『日本研究（일본연구）』第16集，2011年。

アジア美探検隊（아시아 미 탐험대）『水とアジアの美（물과 아시아 미）』ミニマム，2017年。

李永炯（이영형）『地政学（지정학）』エムエド（엠애드），2006年。

李桓（이환）『近代性，アジア的価値，世界化（근대성 , 아시아적 가치 , 세계화）』文学と知性社（문학과지성사），1999年。

梅原猛『人類哲学序説』岩波書店，2013年。

永嶺重敏『〈読書国民〉の誕生：明治30年代の活字メディアと読書文化』日本エディタースクール出版部，2004年。

武者小路公秀・浜邦彦・早尾貴紀編『ディアスポラと社会変容：アジア系・アフリカ系移住者と多文化共生の課題』国際書院，2008年，61～68ページ。

龍澤武「東アジアの読書共同体について（동아시아의 독서공동체에 대하여）」『東アジア出版人会議資料集（동아시아출판인회의 자료집）』2006年。

Bell, Daniel, *East Meets West: Human Rights and Democracy in East Asia*, Princeton University Press, 2000.

Haushofer, Karl, *Das Japanische Reich in seiner geographischen Entwicklung*, L.W. Seidel & sohn, 1921.

Mackinder, H. J. *Our Own Islands: An Elementary Study in Geography*, G. Philips, 1907.

Mahan, A. T. *The Influence of Sea Power Upon History, 1660–1783*, Little, Brown and Co, 1890.

Naisbitt, John, *Megatrends: The New Directions Transforming our Lives*, Warner Books, 1982.

Spykman, N. J. *America's Strategy in World Politics: The United States and the Balance of Power*, Harcourt, Brace and Company, 1942.

Vogel, Ezra F. *The Four Little Dragons*, Harvard University Press, 1991.

第 13 章

東アジアにおける調和的秩序形成の課題と可能性

金野純（学習院女子大学）

不安定な世界経済と荒々しいグローバリゼーションへ対応するなかで，世界ではさまざまなかたちのリージョナリズムが展開している。われわれが東アジアに地域的な共同性を構築しようとするとき，そこにはどのような課題が存在し，またどのような可能性が秘められているのだろうか(1)。

アジアは第二次世界大戦を終えてもなお，戦争や革命に伴う武力紛争，それにともなう大規模な環境破壊，疫病，飢餓の悲劇を経験してきた。そのようなアジア地域にとって，持続的で平和的な地域間協力システムの構築は重要な政治的課題としてありつづけた。

そもそもアジアは，近現代に発生した国家間紛争と最も関わりの深い地域であった（ブートゥール，キャレール　1980: 72）。さらに第二次世界大戦後の冷戦下も，直接的武力行使の暴力に晒されてきた地域でもある。一部の歴史家のなかには，冷戦時代を直接的武力行使の少ない平和の時代として捉える見方もあるが，それはヨーロッパ中心主義的な観点である。1950 年から 3 年余りにわたった朝鮮戦争では 300 万人を超える人びとが犠牲となり，戦乱で離散した家族は 1000 万人に及ぶといわれている（文京洙　2011: 76）。また，ベトナム戦争時期のインドシナには第二次世界大戦で全世界に落ちた爆弾総量の 3 倍以上の爆弾が投下されており（古田　1995: 152），20 世紀半ばを過ぎてもなおアジア地域の安定と平和は切実な現実的課題として存在した。

また第二次世界大戦後にアジアが経験した不幸は戦争だけではない。1997年のバーツ危機に端を発した金融危機は各国を襲い，インドネシアや韓国などの経済を直撃した。発展を謳歌していた90年代後半に突如発生した経済危機は東アジア各国の政治にも影響を及ぼし，タイやインドネシアでは政権交代が起こった。98年の韓国では経済成長率はマイナス5.8と大幅に下落し，1万ドルを超えていた1人当たりのGNPも6823ドルに落ち込み，失業率は6.8パーセントとなった。その結果，IMF（国際通貨基金）支配下で数々の厳しい政策実行を強いられる結果になった（文京洙　2011: 185–186）。

東アジアにおける共同性の構築を目指す流れは，このような歴史的道程を無視して論じることはできない。したがって，比較的暴力的紛争や恐慌の少ない—現代史的にみれば極めて例外的な時期にあたる—時点の東アジア国際情勢だけを念頭にその意義を近視眼的に議論することは妥当ではないだろうし，逆に秩序形成に関わるさまざまな課題を過小評価して，やみくもに共同体の必要性を唱えても空念仏に終わってしまうだろう。ここでは以下，従来の東アジア共同体論をめぐる議論を推進論と懐疑論の両面から大まかに論点を整理したうえで，東アジアにおける共同性の構築に対する筆者のスタンスと特徴を述べておきたい。

1　地域統合の主動因—経済・政治・安全

東アジア共同体が語られるようになった契機が，1990年代におけるアジア通貨危機後であったことからもわかるように，東アジアの地域統合構想の主たる推進力は経済的動因—特に自由経済圏の構築—にあった（進藤・平川　2006: 18–21）。東アジアの定義は多様だが，とりあえずASEAN，NIES，日中韓と設定した場合，域内貿易比率は2006年には54パーセントを占めるまでになっており，東方拡大前のEUには及ばないものの，北米自由貿易協定（NAFTA）

の46パーセントを超えている（遠藤　2015: 14)。

政治的動因として挙げられるのは，統合によって生み出される地域としての政治的影響力増大である。たとえばシンガポールが大国との二国間関係において発揮できる影響力は少なくとも，ASEANとしてみた場合，一定のイニシアティブを行使することは可能になる。こうした事例はEUにおいても同様である。たとえば「フィンランド一国でアメリカに貿易制限の脅しをかけてもアメ

表13-1　人口・政治・富・宗教（2012年）

国	国土（000㎢）	人口（100万）	GDP（US＄）	1人当たりGDP（US＄）	政府	主要な宗教
ミャンマー	678	55	83	1,323	移行期（名目上，文民の議会民主主義）	仏教
ブルネイ	6	0.409	21	49,536	立憲的サルタン国	イスラム
カンボジア	181	15	34	2,239	立憲君主制下の民主主義	仏教
中国	9,597	1,343	11,300	8,386	共産党	無神論（公式）・道教
香港	1	7	351	49,417	特別行政区	多数
インドネシア	1,905	249	1,125	4,666	民主主義	イスラム
日本	378	127	4,444	34,748	立憲君主制下の民主主義	神道・仏教
韓国	100	49	1,554	31,220	民主主義	キリスト教・仏教
北朝鮮	121	25	40	1,800	共産主義的個人独裁	抑圧対象
ラオス	237	7	17	2,768	共産党	仏教
マレーシア	330	29	464	16,240	立憲君主制下の疑似民主主義	イスラム
フィリピン	300	104	391	4,080	民主主義	キリスト教
シンガポール	0.697	5	315	59,710	疑似民主主義	仏教
台湾	36	23	876	37,715	民主主義	仏教・道教
タイ	513	67	602	9,398	立憲君主制下の民主主義	仏教
ベトナム	331	92	300	3,359	共産党	仏教
アメリカ	9,827	314	15,075	48,328	民主主義	キリスト教

（出所） Beeson (2014: 8).

リカにとって痛くも痒くもないが，加盟後の輸出入管理は関税同盟をつかさどるブリュッセルに主導権が移り，EU 市場全体を相手にしなければならないアメリカにとって重大な関心事とならざるをえない」ように，統合は地域の政治力を強化する（遠藤　2015: 12）。

安全もまた地域統合の大きな動因となりうる。これは単純に軍事的脅威への対応という意味だけではない。自然災害やそれに伴う二次災害，複合的な環境汚染の越境による広域的な健康被害など，グローバル化する安全問題のガバナンスにおいて，国境を越えた協働メカニズムの構築は欠かせない。しかもそれは単純に「安全」だけに限定したメカニズムでは不十分である。たとえば福島の原子力発電所で起きた事故が海産物の輸出入に影響を及ぼし，また対日世論が厳しくなれば外交上の関係にまで影響を及ぼすというような複雑な相互作用を考慮すれば単なる分野別の協働体制では足りず，最終的には地域の全体的な共同性を構築する必要が生じる。

2　懐疑論―異質性・国益・植民地経験

一方，東アジアの地域統合へ向けた動きに懐疑的な議論も存在する。もっとも一般的な論点の 1 つに東アジアの国々が持つそれぞれの異質性がある。表 13-1 は東アジア各国の基本データを列挙したものである。この表を見てもわかるように，これだけ異質な国々を 1 つの共同体としてまとめることのできる共通の価値をみつけることは難しい。たとえば民主や人権という概念 1 つをとっても，日本と中国とではスタンスが大きく異なっている。

国益重視の立場からみても共同体論は必ずしも歓迎すべきアイデアではない。たとえば共同体を共通市場として考えて自由なヒトやモノの往来を想定したとしても，「送り出す国はまだよい。受け入れる国は，さまざまなコストを負担する」という結果になる。そして，世界人口の半分近くを占める東アジアにおいて，そのコストは EU とは比べ物にならないほど高い（吉野　2006: 220）。特に現在機能している日米同盟を重視する立場からすれば，共同体のような新構想は日本の国益になるか否か，極めて不明瞭なヴィジョンである。

また過去の植民地経験—植民地にされた国／した国を含む—から派生する複雑な歴史的背景とそれに起因するナショナリズムも，東アジアの共同性を阻む障壁として指摘できよう。実際，近年の日中韓関係をみてもわかるように，相互のナショナリズムの衝突はやむどころかむしろ激しくなってきているのが現状である。さらに言えば，こうした歴史経験がゆえに，われわれは「過去半世紀の間，地域的な発想をもつこと自体を帝国主義的だと自己流に考えて，東アジアにわたる広域的な秩序をどう構想するかという議論をタブーとしてきた」（原　2002: 32）のである。

もちろん，「共同体」論者もこうした懐疑論は意識しており，アジア共通の価値やナショナリズムの抑制についても一定の見通しを提示している。たとえば，進藤榮一は価値やナショナリズムの問題に関連してつぎのように述べている。

> 二千年来の儒教文化に内在する価値こそが，『成長のアジア』をつくって，日本，韓国，台湾からシンガポール，マレーシア，タイに至る，都市型文化の根底を支えて文化の基底部を構成し，西欧文化との違いをつくり出している（進藤　2007: 239）。
>
> 通信運搬手段の発達が，単に域内貿易量ばかりでなく，企業の工場移転に見られる直接投資を急増させた。そのため経済的相互依存ばかりでなく，人々や地域相互間の社会文化的相互依存をも深化させ，戦争のコストの顕増とともに「世界戦争の時代」を終焉させた。昨今の日本や中国における韓流ブーム（コリアン・ウエーブ）や，韓国における華風ブーム（チャイナ・ウインド），東南アジアにおけるJ（ジェイ）ポップの流行や中国に見る“村上春樹現象”が，その深化を象徴する。日中関係や日韓関係の悪化にもかかわらず，関係悪化に内側から歯止めがかかり続ける構造変化である（進藤　2006: 7）。

このような価値としての儒教文化，ナショナリズムを抑制する文化交流の深化は，おそらく懐疑論者にとってみれば，儒教文化や近年のポップカルチャーの「過大評価」と映るだろう。たとえば歴史学者の古田博司はつぎのように指摘する。

しかしどう考えても，東アジアに属する中国はもとより，韓国，北朝鮮，日本も含めてみな自国中心主義である中華思想を持っており，それをプロトタイプとして各自のナショナリズムを形成している。したがって中華思想をはずさない限り，日本一国のナショナリズムを批判しても間尺に合わないのみならず，ナショナリズムの問題は決して解決し得ないのである（古田 2003: 267)。

ナショナリズムを悪というのであれば，その最も強烈な根源は東アジア自身の歴史的個性にあるのであり，地域統合を妨げているものの正体は即ち，己自らに内在しているのである。そして将来的には，この地域に自由貿易協定が締結され，緩やかな市場統合に進展することがあるかもしれない。それは，筆者にとっても夢であるが，夢見る床が中華思想のプロクルステスの寝台であってはならないだろう（古田　2003: 271)。

そもそも一言に儒教文化といっても，中国，韓国，日本におけるそれは歴史学的にみてかなり性質が異なっており，進藤が指摘するように（東アジア共通の）文化的基底を形成しうるものとして見なすことは難しい。国際政治学者のマーク・ビーソンは東アジア共同体が実現しそうにない理由として，(1) 推進者である日本自身が抱える重大な歴史問題，(2) 多様かつ国家の独立に敏感な地域にあって「大きな物語」*master narrative* を発展させることの困難性，(3) 大きなヴィジョン *grand vision* ではなく，実際的な必要性 *practical necessity* のなかで地域的連携を発展させてきたという背景を挙げているが（Beeson　2014:

215)，確かに東アジアにおいて地域を1つの共同体たらしめる大きな物語を紡ぎだすことは難しいのが現実である。それでは，現在東アジアに住むわれわれは，どのような視点から，これからの地域戦略を描いたら良いのだろうか。

3　共同性構築に関する視角

まず大きな問題となるのは「共同体」や「地域統合」といった概念の内容である。たとえば経済学的側面からみた「共同体」とは交通・情報インフラの整備に伴ってモノが自由に移動する共同市場へ発展する経済共同体であろう。また政治的にみれば軍事や安全保障も含む高次元の政治統合と各国の国家主権の低下がイメージされることが多いだろう。自衛権，関税自主権，通貨発行権のような国家主権の移譲も含む，こうした概念規定からみれば，上記のような懐疑論が生まれて広く共感を獲得することも確かに良く理解できる。しかし―特に「共同体」の創出については―実際には正確に概念を規定しないまま論争されることも多く，その場合，結局抽象的でかみ合わない議論に終始してしまう恐れがある。そこでここでは，まず基本的な概念を定義しておきたい。

まず地域主義 *regionalism* の概念についてみてみよう。1929年の世界恐慌後の経済ブロック形成や第二次世界大戦中の日本の大東亜共栄圏構想も地域主義の1つのヴァリエーションだが，現在議論されている地域主義は，かつての地域主義にみられた覇権的企図を含まないのがふつうである。ギャンブルとペインは，それを「規定された経済的・政治的方向に沿ってある特定の地域空間を再組織化することを企図した国家（もしくは国家群）主導のプロジェクト」としている（Gamble and Payne 1996: 2)。また国際関係論を専門とする大庭三枝は，ギャンブルらの定義に沿いながら地域主義を「ある地理的範囲に位置している複数の国家によって，その域内の平和や繁栄の実現をめざし，そのための政策協調や地域協力を進めることで，単なる国家集合以上のまとまりを現出させようとする志向性」と定義している（大庭　2014: 34)。ここでもこれらの定義を踏襲し，地域主義を，ある特定の地理的範囲で国家主体の協力関係を構築することによって個別国家群を超えたまとまりを生み出そうとする志向性として捉えることとしたい。

このような地域主義を背景にして，われわれは東アジアの地域化 *regionalization*，地域統合 *regional integration*，地域共同体 *regional community* について議論しているのだが，それらは概念的にどのように整理することができるのだろうか。地域統合に関する専門的研究では，統合と共同体をひと括りに論じる研究もあるが，一般的語感から言えば，統合と共同体は異なるニュアンスを含んでいるように感じられる。まず地域化について言えば，国家が主体となった一貫的計画によるものではなく，プライベート・セクター中心の交流によって地域がまとまっていく過程を指して使用されるのが一般的である（Beeson 2014: 5)。この点についてアンドリュー・ハレルは「地域化が意味するのは，域内での社会的統合の進展であり，しばしば政策的意図がなくとも進行する社会的，経済的相互作用の過程である」と述べる（フォーセット，ハレル 1999: 43)。それに対して地域統合とは—非国家アクターの相互交渉が中心となる地域化とは異なり—国家が主体となりながらある地理的範囲のなかで超国家的かつ公的な制度

図 13-1　共同性構築の概念

（出所）筆者作成。

的枠組みを構築する政治的過程として位置付けることができるだろう。

問題は地域統合と地域共同体の差異である。地域統合の専門的研究において一括りにされることもあるが，ここではカール・ドイッチュの安全保障共同体論を参照しつつ，統合と共同体を異なるステージとして位置付けておきたい。ドイッチュは地域の国家群が戦争可能性のない多元的安全共同体を形成する多くの条件のなかで，特に重要なものを（1）政策決定に関する主要な価値の共有，（2）（参加する政治単位または政府の）互いのニーズやメッセージに反応し，暴力に訴えることなくすばやく適切に行動する能力，（3）相互の行為の予測可能性を挙げている（Deutsch 1968: 66–67）。そして，ドイッチュが政治統合のために必要なものとして頻繁に強調したのが，相互の移動など社会的コミュニケーションを通して養われる「われわれ意識」*we-feeling*，すなわち共同体意識 *sense of community* の重要性であり，人びとの主観的要素である。

ここでは，ドイッチュの議論を踏まえつつ，共同体という概念を以下のように定義しておきたい。共同体とは，国家的領域を超えた公的な制度的枠組みに加え，地域内の社会的コミュニケーションの深化によって内部に「われわれ意識」が養われ，主要な政治的価値を共有した空間である。したがってここにおける地域化，地域統合，地域共同体の位置付けは図 13-1 のように示すことができる。このように各概念を明確に定義してみれば，東アジア共同体の創出において最大の問題は，「相互信頼を構築させうる歴史的蓄積が，はたして東アジア地域に存在しているのであろうか」（原　2002: 41）という原洋之介の問いに象徴されるような，相互の社会的コミュニケーション過程の不足と「われわれ意識」の欠如であろう。すでに表 13-1 でも示したようにアジアは多様であり，民主主義のような政治的価値 1 つを取っても共有されているとは言い難い状況である。

他方，近年の不安定な世界情勢化で新たな地域戦略の構想，多層的な地域協力のあり方を考える必要性はむしろ増大していることも確かである。先に挙げた懐疑論の多くは—意識的にせよ，無意識にせよ—日米同盟の永続性とアジアにおける日本経済の優位性を前提としている。確かにこの2点が確保されているのであれば，新たな地域構想は必要ないと言えるのかもしれないが，果たしてそれらは本当に盤石な基盤となりうるのだろうか。たとえば在日米軍の撤退や日本の核武装論を容認するような人物が共和党指名候補に確定するような事態を，想定していた研究者が何人いるだろうか。また近年の経済情勢をみてもわかるように，マクロな歴史過程において一国が経済的優位を継続して保持することは困難であり，われわれは時として思いもよらない「順位の変動」を目の当たりにすることになる。政策的な選択肢を確保するうえでも，日米同盟の枠組み以外の地域構想について考える価値は十分にあるだろう。またアジアの多様性を統合の障壁として挙げる論者は多いが，むしろ多様であるからこそ，相互の行為の予測可能性を高めるための制度化が必要とされるという考え方も成り立つ。

われわれが生活しているアジアには，すでに複数の地域制度が重層的に構築されている。一例を挙げれば，アジア太平洋地域にはAPEC，ASEAN地域フォーラム，東アジア地域にはASEAN+3や東アジアサミット，東南アジア地域にはASEAN，北東アジア地域には日中韓三国間協力のスキームが存在している（表13-2）。そういう意味で，われわれは共同体というよりは地域統合の途上に立っており，そのためここで言うところの「共同性の構築」とは地域統合から共同体に至る長期過程を視野に入れた広い概念である（図13－1）[2]。

ただし，それは東アジアが地域統合を経て**共同体に至るであろう**という予言的な前提に基づくものではない。われわれは時として，「地域統合＝善」であり「国家権力＝悪」であるという先入観を前提として地域統合を語るが[3]，人々の福祉の実現において国民国家が果たすべき役割はいまだ大きいという現実は直視すべきである。社会学者のアンソニー・ギデンズが指摘するように，今日の世界においてほとんどの先進工業国と途上国は福祉国家―政府が社会的不平等の縮小において特定の財やサーヴィスの提供や補助によって中心的な役割を果たす国家―であり（ギデンズ　2006: 412），国家という枠組みで人間の幸福を実

表 13-2　アジアにおける主要な地域制度

略称	正式名称（英語）	正式名称(日本語)	発足年月	地域主義／「地域」
ASEAN	Association of Southeast Asian Nations	東南アジア諸国連合	1967 年 8 月	東南アジア
APEC	Asia-Pacific Economic Cooperation	アジア太平洋経済協力	1989 年 11 月	アジア太平洋
ARF	ASEAN Regional Forum	ASEAN 地域フォーラム	1994 年 7 月	アジア太平洋
TPP	Trans-Pacific Strategic and Economic Partnership または Trans-Pacific Partnership	環太平洋パートナーシップ協定	2006 年 5 月発効 2016 年 2 月 12 カ国間で署名	アジア太平洋
ASEAN+3	ASEAN Plus Three	ASEAN+3	1997 年 12 月	東アジア
EAS	East Asia Summit	東アジアサミット	2005 年 12 月	拡大東アジア
RCEP	Regional Comrehensive Economic Partnership	地域包括的経済連携	2012 年 11 月交渉立ち上げ 2015 年 11 月共同声明文発出(交渉中)	拡大東アジア
日中韓	Trilateral Cooperation	日中韓三国間協力	1999 年 11 月	北東アジア

（出所）大庭（2014: 3）の表序－1を参照しつつ，2016 年 6 月までの状況を加筆して筆者作成。

現するためにできることは未だ数多く存在している。そういう意味において国民国家もまた未完のプロジェクトであるといえよう。

そのため重要なのは，特定の共同体構想を無条件の前提としたうえで，予言的にそこへの道のりを語るというような，「共同体論」ではない。むしろ現在の東アジア国際関係が体制的にも価値的にもきわめて多様な国民国家群によって構成されているにもかかわらず，われわれはその地域統合過程にあるという難しい現状を認識したうえで，個別事例的な実証研究をもとに共同性を構築していくための課題と可能性を探ることこそが最も重要となるだろう(4)。その際に重要となるのは日本に限定されない多国籍の研究者が参加した議論である。これまで日本で出版された東アジア共同体論に関する共同研究は日本人研究者（もしくは，日本在住の外国人研究者）だけによるものが多かった。しかし，そのテーマを考慮すれば，さまざまなバックグランドをもつ研究者らによる国際的共同研究が求められることは言うまでもないだろう。

筆者が所属する学習院女子大学では，以上のような問題意識を背景として，韓国や香港の研究者らとともに『講座　東アジア共同体論：調和的秩序形成の課題』（御茶の水書房，2016年）を出版した。以下，その内容について紹介しておきたい。

4　各章の内容

各部は東アジアにおける調和的秩序形成の課題として，大きくⅠ歴史，Ⅱ市民社会，Ⅲ環境という3つのパートから構成されている。まずⅠの歴史のパートは，朴尚洙（高麗大学），金野純（学習院女子大学），李培徳（香港大学）が各章を担当している。

第1章（「東アジア近現代史上のアジア認識の軌跡―『アジア主義』のトランスナショナル・ナショナリズム」）において，朴尚洙は東アジアが各国家の地政学的意図を超えて共同体を形成することの難しさを指摘し，東アジアの近現代史上にあらわれた「アジア主義」が結局民族の利害に埋没してしまう歴史の軌跡を追うことで，その難しさの史的要因を浮き彫りにしている。そこには超国家的な国家主義 *transnational nationalism* を特徴とする一種のアポリア *aporia* が存在しているのである。われわれは果たして「19世紀以降のアジア主義が陥ったアポリア」を克服することができるのだろうか。朴尚洙のこの問いかけは，東アジアの地域統合を構想するうえで避けては通れない課題であろう。

第2章（「戦時期東アジアと日本―研究成果の概観と課題」）では，現在も東アジアで続くいわゆる歴史認識問題を，当該時期を分析した先行研究のなかに体系的に位置付けて理解するための基本作業がおこなわれている。本章は，国境を境界とした「正戦論」的論法が，特定の国家や民族の立場に収まらない多様な声を政治的に圧殺してしまう可能性を指摘したうえで，戦争をめぐる考察において「戦争とはなにか」という普遍的な問いの重要性を指摘する。われわれは現代の戦争の公分母に暴力が存在し，20 世紀の暴力的技術の発展はどのような政治目標をしても「正義」化できないところに達しているという地平から，その戦争を照射しなければならない。すなわち，たとえ帝国日本の膨張が欧米からの侵略に対する備えだったとしても，植民地に何らかの「進歩」をもたらしたとしても，その分母に暴力があるという認識において，それらの「成果」は単純に日本の免罪符にはならないのである。

第 3 章（「移民・為替送金・投資—香港華商馬叙朝の商業ネットワーク（1910—1940 年代）」）において，李培徳は激動の 20 世紀前半における香港華商馬叙朝の商業ネットワークについて論じている。本章の内容は，どちらかといえば共通テーマから離れた個別論文の色彩が強いが，歴史論文として読み応えがあるだけでなく，20 世紀初期の激動の世界情勢において，馬叙朝のライフヒストリーを通してみた経済的ネットワークの変化は，東アジアの地域統合について考える際にも，歴史的な含意がある。馬叙朝が事業を急速に成長させた 20 世紀初期は，「まさに香港が次第にアジア・太平洋地区のヒト・モノ・カネ・情報の流通の重要拠点となっていく時期」であったが，1930 年代に勃発した日中戦争と朝鮮戦争は「アジア・太平洋地域のヒト・カネ・モノの自由な流通を再び阻害することとなり，これにより馬叙朝の事業は衰退期に差し掛かる」ことになるのである。現在，東アジアの地域的な統合や共同性の構築が，主に市場や通商政策の文脈において真っ先に論じられるのは，本章の歴史分析が示しているような，商業が本来持っている超域的性質によるものなのかもしれない。

Ⅱの市民社会のパートは，時安邦治（学習院女子大学），阿古智子（東京大学），皆川涼子（弁護士），羅京洙（学習院女子大学）が各章を担当している。

第 4 章（「成員資格・労働・消費—東アジア系外国人を通して見る現代日本のシティズンシップ」）において時安邦治は日本の外国人研修・技能実習制度のケーススタディを通して，現代日本の—日本人の，ではない—シティズンシップのあり方における問題点を浮かび上がらせている。本章において時安は，M・ウォルツァーの議論を援用しながら，ナショナルな次元でのみシティズンシップを論じるT・H・マーシャルのシティズンシップ論の限界を指摘する。さらに現在の消費社会における消費の権利とそれを保証するためのディーセントワーク *decent work* の必要性を浮き彫りにすることで，外国人へのシティズンシップの付与と消費の権利への配慮の必要性を主張している。われわれが東アジアで共同性を構築しようとする際，時安の指摘する「人びとが国籍による分断線を反省的に問題化していく思想的・学術的・政治的努力」は極めて重要な意味をもつだろう。

第5章（「中国と日本―国境を越えた公共圏の形成を展望する」）において，阿古智子は隣国・中国の非民主的な政治制度が抱えている問題として「公民社会」―公共の問題を議論する開放的な討論空間―の未発達を指摘する。さらに健全な公共圏の形成は中国だけの問題ではなく，日本やアメリカなどの民主主義国家においても存在することに注意を促しつつ，「実は日本も中国も，そして世界中の国々も『いかにして公共圏を発展させていくか』という共通の課題を抱えているのだ」と述べる（この点に関しては上記第4章の議論が参考になるだろう）。そのうえでケーススタディとして日本企業の中国での活動を検証し，党や政府組織との関係だけを重視するのではなく，NGOなど中国の市民社会の力を直視し，適切な関係を結んでいく必要性を主張する。われわれが中国と向き合うとき，その強権性がゆえに，どうしても政治権力とのコネクションをより重視してしまいがちであるが，急速に変化する中国の市民社会と向き合いながら「本来的な意味での民間交流を展開すること」こそが相互の発展に不可欠であるという阿古の議論は強い説得力を持っている。

第6章（「日本における多文化共生社会の実現と弁護士の役割」）では，日本において国籍や民族などの異なる人びとが共に対等な関係を築きながら生きていくことのできる社会を実現するために，弁護士が果たすことのできる役割について皆川涼子が実務家の視点から論じている。我々は，公害や薬害のような世間の耳目を集める問題に関わる弁護士の活動については比較的理解しているが，多文化共生という社会のあり方を実現するために弁護士が果たしている役割についてはほとんど無知といってよい。皆川は，こうした問題に関わる弁護士の活動について，弁護士法人東京パブリック法律事務所外国人・国際部門（FISS）の活動などを事例としながら具体的にその成果と課題について検討している。現在，日本においては，弁護士の活動を通じて外国にルーツをもつ人びとへの法的支援のすそ野は拡大している。しかし一方で，彼ら／彼女らの日本の制度・法への知識不足ゆえにそもそも問題を問題として捉えていない可能性が存在していること，司法支援だけでは解決できない問題に対応するための連携の構築，そして社会への情報発信といった諸課題もまた同時に存在しているのである。

第７章（「東アジア地域統合と『人の移動』」―現状と今後の可能性）において，羅京洙は，東アジア地域に内包されるナショナリズムとトランスナショナリズムの二律背反を超える新しいパラダイムを構築する時，「人の移動と越境という視点は，ナショナリズムとトランスナショナリズムという両論理をうまく代弁しつつも新たなパラダイムを提示することのできるキーワード」になると指摘し，東アジア地域統合の可能性について「人の移動と越境」という視点からアプローチしている。ともすればナショナリズムの衝突の側面だけがクローズアップされがちな日韓関係であるが，実際には人と文化の活発な交流によって関係性は深化していることが具体的データと共に提示されている。また羅自身が参加した大規模な国際共同調査の結果は興味深い。全体的にみると韓国・日本・中国の留学生は異国での留学生活を通して「アジア人」としてのアイデンティティが強化される傾向にある点が３国のアンケート調査結果に基づいて指摘されており，本章はⅠの歴史パートとは異なるアプローチから東アジア共同体の可能性が示されている。グローバリゼーションの影響で「国境の多孔化」現象は加速しており，普遍的な地域的アイデンティティを模索する流れは「逆らうことのできない趨勢」となっていることを羅は指摘している。

Ⅲの環境のパートは，荘林幹太郎（学習院女子大学），宋浣範（高麗大学）が各章を担当している。

第８章（「農業・環境問題からみる東アジア」）では，「農業」と「環境」というファクターから，東アジアにおける共同性構築の可能性が論じられている。欧州連合の政策過程や最近のTPPの交渉過程をみてもわかるように，何らかの地域統合を構想するうえで「農業をどうするのか」という問題は避けては通れない課題である。本章は，まず東アジア諸国の農業および農業と環境との関係性を包括的に比較検証することで日本・中国・韓国間における多様性と類似性が確認されている。そのうえで荘林は，EUの経験を参考にしつつ「共同あるいは協調の具体的な対象を，EU（あるいは他の先進諸国と同様の）型の農業環境政策の構築から進めるなら，共同の可能性が現実味をおびてくるのではないか」と指摘する。本章で指摘されるように，他のOECD諸国と比較して日中韓の農業環境政策は十分な成果を生み出していない。しかし逆にいえば，この分野の政策経験に大差がない状態だからこそ，３国が水平的な協力関係を構築できる可能性が包摂されていることを本章は示唆している。

第９章（「『東アジア安全共同体論』序説―戦争・災害・災難」）では，東日本大震災を契機として韓国の高麗大学で組織された研究チーム（「ポスト３・11と人間：災害（災難）・安全・東アジア」）の活動の紹介を通して，韓国の学術界―特に人文社会科学分野―が，震災後の日本社会へ向けてきた眼差しが浮き彫りにされている。国益を求める国民国家間の関係は基本的に自己中心的な側面を持つが，戦争や災害は当事国を超えた影響を広い域内に及ぼす以上，国家的エゴイズムの浸食を最小限に抑えながら共同関係を構築する可能性があると宋浣範は考えている。「福島で原発爆発事故が発生したとき，韓国政府は偏西風の風上なので韓国は安全であるとした。それならば，中国の山東半島に建設中の原発で事故が起きたらどうなるのか？　もしくは，韓国の東南部海岸に建設または建設予定の原発で事故が起きたら，その死の灰はどこに飛んでいくのか？」。本章では，このような視点から，東アジアにおける共同性構築の一歩として「東アジア安全共同体」を構想することの重要性が強調されている。

5　調和的秩序形成における課題と可能性

最後に，東アジアの調和的秩序形成に関して，こうした共同研究意を通して浮き彫りになった課題と可能性について簡潔にまとめておきたい。研究全体が提起した主要な論点を大まかに整理すれば，(1) ナショナリズム，(2) 社会的排除，(3) 共同体意識，(4) 価値の共有，(5) 政策協力，(6) 人間の安全保障の問題の６点を重要な論点として挙げることができる。

かつての大東亜共栄圏構想のように，日本が主体となって展開した超国家的な構想と理念が，結局ナショナルな利害関係のなかに埋没してしまったという歴史をわれわれは共有しているが，第１章が指摘するような「トランスナショナル・ナショナリズムの陥穽」は，今も存在している。この観点は，国際政治学の文脈でいえば，国際関係を力と国益に規定されたものとして捉えるハンス・モーゲンソーやＥ・Ｈ・カーらのリアリストと共通点があろう[5]。さらに社会学的観点からギデンズが指摘するように，急速なグローバル化に対応するなかで「人びとは，ローカルなアイデンティティを復活させることで，急激に変化する世界のなかで安心感を得ようとする」(ギデンズ　2006: 546) とすれば，そのローカルなアイデンティティの拠り所となるのも，また国民国家であろう。すなわち地域統合において，ナショナリズムは，国益の面からもアイデンティティの面からも，極めて複雑な問題系を構成しているのである。

ナショナリズムに加えて，国民国家内における社会的排除も克服すべき課題の１つである。排除の意味内容には，住居，教育，労働など社会生活のさまざまな場面における排除が含まれているが，第４章・第６章の論考は日本という国家内部における特定グループの排除の問題を具体的に明らかにしている。一方，第７章では，国境の多孔化―ドイッチュの表現でいえば社会的コミュニケーションの深化―によって，アジア人としてのアイデンティティ，共同体意識の萌芽が統計的に確認できることも指摘されており，第７章の視点からみれば，グローバル化に伴う人的交流の急速な拡大という刺激は，国家を超えたアイデンティティの形成を促している。すなわち，現在のわれわれは「国家内部における外国にルーツをもつ人びとの排除」（第４章・第６章）と「国家を超えたアイデンティティ形成」（第７章）という背反的事象が同時に存在する地平に立っている。この時代的特徴を認識したうえで，われわれは今後の地域戦略を考えなければならない。

また価値の共有も，東アジアの共同性構築において大きな課題となっている。先の共同体の定義で示したように，「われわれ意識」の共有は共同体形成の重要なファクターである。しかし，たとえば第５章が指摘するように，日本と中国のような国家同士が価値観を共有して相互の行為の予測可能性を高めるうえで，中国における「公民社会」の未発達は，大きな障壁となっている。中国国内の政治改革は中国政府の役割であり，日本として関与できることは少ない。すなわち日中関係に関しては，先の図 13-1 でいえばいまだ地域化の途上にあるのが現実であり，中国との交流では政治アクターだけではなく，中国の市民社会とも積極的に関係を結び，地域としてのまとまりを構築していく地道な作業が必要となるだろう。それは他の価値観を異にするアジア諸国についても同様である。その際に重要なのは，環境問題や災害対策のように，国境を越えた協力が比較的容易で，かつナショナリズムに絡みとられづらい分野における協力メカニズムの構築である。したがって，第８章・第９章で論じられているような，EU 型の農業環境政策の共有，そして人間の安全保障を脅かす広域的戦争や災害に対する安全共同体構想は，東アジアにおける調和的秩序形成を考えるうえで，重要な可能性を秘めた考察となっている。

ただし，国境を越えたこれらの協力関係を推し進めるためには，大前提として信頼関係を構築する必要がある。そのためには，ドイッチュが言うところの「われわれ意識」の創出，またはビーソンが言うところの「大きな物語」の共有が必要になるが，現在の東アジアの歴史認識問題は，われわれが一体感を感じるために必要な共通の価値や物語の構築を阻害している（第２章)。この問題を克服するためには，国家を境界とした「正戦論」的論理を越えて，現代の戦争―暴力の技術的発展―の本質に対する深い洞察と暴力に対する普遍的な反省が前提となる。その意味において，近年の歴史認識問題へ日本や他の国々がどのように対応するのかという問題は，今後，東アジアにおける地域統合の行方を占ううえで重要な試金石になるだろう。

【注】

（1） 本稿はワンアジア財団の支援を受け，筆者が編者となって出版した『講座東アジア共同体論：調和的秩序形成の課題』（御茶の水書房，2016年）の序論を元にまとめたものである。なお，ここでいう「共同性の構築」が指す具体的内容については，後述する。

（2） 大庭三枝は，ヨーロッパと異なり，アジアにおいては複数の地域制度が重層的に構築されているという点を考慮に入れる必要性を指摘している。「アジアにおいて特徴的なのは，地域ヴィジョンが定義され，再定義されながら，後から登場した地域ヴィジョンが前者に代わるというのでは必ずしもないことである。むしろ，すでに存在している地域ヴィジョンやそれに基づく『地域』が存続しつつ，さらに新たな『地域』が再定義され，積み重なるという状況が見られるのである」（大庭　2014: 52–53）。

（3） この点について遠藤（2015）は興味深い研究成果である。

（4） 東アジア共同体構想に基づく体系的な研究については，すでに執筆者の1りである羅京洙も参加した共同研究（編集代表・毛里和子）の成果（『東アジア共同体の構築1～4』）が世に出ておりそちらを参照していただきたい。

（5） モーゲンソーは「対外政策の目的は，国益によって定義されなければならないし，さらには，適当な力によって支えられなければならない」と述べる（モーゲンソー　2015: 343）。ただし，E・H・カーはより折衷的な国際政治観を提示している。「政治から自己主張を排除すること，そして道義だけを基礎にして政治体制をつくることは可能だと夢みるユートピアンは，愛他主義が幻想であり政治行動すべてが利己主義に基づいていると信ずるリアリストと全く同様，見当違いをしているのである。（中略）ただひたすら権力のみを追求する『政治的人間』は，ただひたすら利益のみを追求する『経済人』と同様，架空の神話でしかないのである。政治的行動は，道義と権力の整合の上に基礎づけられなければならない」（カー　2015: 196–197）。

【参考文献】

浦田秀次郎，深川由起子編（2007）『東アジア共同体の構築2　経済共同体への展望』，岩波書店。

遠藤乾（2015）『統合の終焉―EU の実像と論理』，岩波書店。
大庭三枝（2014）『重層的地域としてのアジア―対立と共存の構図』，有斐閣。
カー，E・H（2015）『危機の 20 年―理想と現実』，岩波文庫。
ギデンズ，アンソニー（2006）『社会学　第 4 版』，松尾精文ほか訳，而立書房。
進藤榮一，平川均（2006）『東アジア共同体を設計する』，日本経済評論社。
西川潤，平野健一郎編（2007）『東アジア共同体の構築 3　国際移動と社会変容』，岩波書店。
原洋之介（2002）『新東亜論』，NTT 出版。
平川均，石川幸一，小原篤次，小林尚朗編著（2007）『東アジアのグローバル化と地域統合―新・東アジア経済論Ⅲ』，ミネルヴァ書房。
ブートゥール，ガストン，キャレール，ルネ（1980）『戦争の社会学―戦争と革命の 2 世紀（1740～1974）』，高柳先男訳，中央大学出版部。
フォーセット，L，ハレル，A（1999）『地域主義と国際秩序』，菅英輝，栗栖薫子監訳，九州大学出版会。
古田博司（2005）『東アジア・イデオロギーを超えて』，新書館。
古田元夫（1995）『ベトナムの世界史―中華世界から東南アジア世界へ』，東京大学出版会。
文京洙（2011）『韓国現代史』，岩波新書。
毛里和子，森川裕二編（2006）『東アジア共同体の構築 4　図説ネットワーク解析』，岩波書店。
モーゲンソー（2015）『国際政治―権力と平和』下，原彬久監訳，岩波文庫。
山本武彦，天児慧編（2007）『東アジア共同体の構築 1　新たな地域形成』，岩波書店。
吉野文雄（2006）『東アジア共同体は本当に必要なのか』，北星堂。
Beeson, Mark（2014）*Regionalism & Globalization in East Asia: Politics, Security and Economic Development*, Second Edition, New York: Palgrave Macmillan.
Deutsch, Karl W.（1968）*Political Community and the North American Area: International Organization in the Light of Historical Experience*, Princeton, New Jersey: Princeton University Press.
Gamble, Andrew and Payne, Anthony（ed.）（1996）*Regionalism & World Order*, London: Macmillan Press.

第14章

平和なアジア社会のための世界市民教育，多文化教育，および公民教育の強化

ダシム・ブディマンシャー（インドネシア教育大学社会科教育学科）

1　イントロダクション

今日，グローバル化と現代化は我々の日常生活に大きな影響を与えるものとなってきている。そのような中で教育分野においてはどのような教育方法が世界市民（グローバル・シチズン）を育成するのに最適なのかが最大の課題となってきている（デイビスとパイク，2008)。一国家の公民であること以外に，積極的に世界市民になっていくことが現在は重要である（イブラヒム，2005)。英国 OXFAM のカリキュラムに基づくと，世界市民とは，1）世界について広い知識を持ち，世界市民としての自覚を持つ，2）様々な違いを認識し，受け入れる，3）どのように世界が経済的，政治的，社会的，文化的，技術的，および環境的に働くかを認識している，4）社会の不平等に反対し，より平等で持続的な社会を建設していく意思を持つ，5）ローカルおよびグローバルに社会に貢献し協力をする意思を持つ，ということである。

グローバル化は国家および個人のすべての分野において競争を推し進めるものである。その一方で，グローバル化は，経済，政治，および社会文化において様々な伝統，信仰，および公民概念や民族主義の脅威となることもありうる。そのため，教員養成機関は次世代を担う青少年教育のために重要な役割をもつ

（アンダーソン，2006）。それぞれの国家の公民は世界市民として積極的に活動し，協力していかなければならないからである。

2012年9月に発行された世界市民教育（GCE）は2014〜17年のユネスコ教育分野におけるプログラムとなった。ユネスコにとって「世界市民教育」とは青少年を人権尊重，社会正義，多様性，男女平等，持続的な環境，そして責任を自覚するという価値観と知識を通じて育成することである（バルタ，2014）。GCEは平和的な未来のために青少年教育を通じた権利と義務の実施，そして競争性を高めるために貢献してきた。多文化主義の概念はその中でもグローバル化と現代化の挑戦に応えるために最も重要なものである。文化，文化の多様性，民族，そして信仰の自由が重要であることを，認識しなければならないのである。それによってそれぞれの人間が，社会，そして環境に対して平等に接することが最大の目的である（リアードン，1988）。そうすれば将来には憎悪が人間を動かすことはなくなる（ブランソン，1998）。公民教育の目的とは地方，国家そして世界において積極的な社会，責任感が強い公民を育むことである。

グローバル社会において世界市民教育（GCE），多文化教育（ME），および公民教育（CE）はもっとも重要なものである。ASEAN統合によって，東南アジアの国家，その中でもASEAN教員養成機関は世界市民教育のための様々なカリキュラムやプログラム，環境を整えなければならない。今回の研究はGCE，ME，そしてCEにおいてASEAN教員養成機関が行うことができるプログラム，カリキュラム，方向性を決める際に参考になるものである。

この研究の目的はASEAN教員養成機関のプログラム，カリキュラム，および教育環境をどのようにして大学・高等教育レベルで実施させるかを描くことである。インドネシア教育大学（UPI）の研究チームはこれらの問題において，大学の政策，カリキュラム，プログラム，および教育環境がGCE，ME，そしてCEにおいてどのような役割を果たすかを研究し，提案する。

2　概要

カリキュラム内のGCE，ME，そしてCEはこれまで将来，教員になる大学生の価値観や態度に効果的な役割を果たしてきた。これらの成果は学校における教員の職業意識を高めることでも重要である。教員を育成することは国の人材を育成することでもある。

ポッター（2002）とオスラー＆スターキー（2006）によると，公民教育は，それぞれの国家が民主的で責任感が強い人材を育成することに注力していているから存在する。インドネシアでは1960年代から公民教育において様々な劇的な変化が見られた。それらはもちろん教育指導要領の変更に基づくものである。一方で，オーストラリアでは公民教育は学校内のカリキュラムにおいて一番重要なものとされてきた。その理由は，公民教育が青少年の引きこもりや政治的無関心といった社会病理に対して効果的だからである。

ローカル社会において，シガウケ（2013）が述べたように良い公民教育は社会や環境問題を解決することができるといった概念もある。ローカル社会の他にも，2001年9月の世界貿易センターテロ事件，2010年1月のハイチ大地震，2011年3月の東日本大震災など様々な世界の出来事を理解し，自身が出来る小さなことを考え，実践することができるようになるということも公民教育において重要である。シガウケはその研究の中でどのようにして公民教育とその概念が社会科科目の中に取り入れられているのかをオーストラリアのある大学で調べた。

一般的に，教員養成プログラムやシラバスなど教育に関する文書によってスコット（2000）によると，政府は世論を動かすことができる。社会は実際にはイデオロギー的に動かされているということもありうる。しかし，それらは様々な表現を通じて行われ，実際の目的はあまり表に現れないものである（スコット，2000）。それによって，教育に関する文書についての質問などがあれば，基盤となるイデオロギーや学生，教員，社会に対するの政策について再考する必要がでてくる。

必ずしも教育に関する政策が大学，学校レベルでその理念に基づき正しく実施されるとは限らない（シガウケ，2013)。そういった観点はこの研究においてどのように公民教育が大学レベルにおいて社会科科目の一部として取り入れられているかを知る際に重要である。また，誰がそれらを発展させていくのか，そしてどのように教育機関がそれらのプログラムを管理していくかも知る必要がある。そういった教育アイデアの状況においてシガウケ（2013）は学生が積極的に責任をもって活動し，抑圧や暴力といった状況を知ることも大切と強調した。それに基づいてグランディ&ハットン（1995）が行った研究では教員教育においてのイデオロギー的な理想がそれまでの国の状態を変えることにおいて一番重要なものであると示した。グランディ&ハットン（1995）はオーストラリアにおけるスタディの中で教員教育において２つのイデオロギー的な理想があることを示した。それらは社会と社会変革である。

他の研究の中でトーマス（2009）によると教育により社会的な変革を，対話的，批評的に取り入れ，知識，学習，そして学生と教員のコラボレーションによって日常的な問題を解決し，シチュエーションに合った活動をできるようにすることが重要である。これらはコンネル（1993）が提示した「カリキュラムにおける社会正義」すなわち社会的に不利益を得た人々のために作られたカリキュラムと似ている点がある。これらは社会正義という方向へのアプローチの１つであり，学生と教員が協力し社会の問題を解決するという目的をもつ。その一方で，批評的教育とは知識を学生に植え付けるだけではなく（ヒンチー，2009)，学生が平等で公正な社会を作るために必要な教育である。平等で公正な社会とは，民族間差別の解消，文化・性別の平等，老少相互協力であり，それは教育政策の中によって学生と教員が最大限はたさなければならない，役割である。

それらは民主的な教員が，社会変革というアプローチを使って批評的知識や平等について学生に教えることで実施される。その教育方法は学生中心アプローチで，学生の参加意思や問題解決を最大の目的とする。それらの教育方法による学習は，社会変革という基盤の上で，学生達が日常生活の中で見つけられる様々な問題を民主的な課題として探求し解決するために話し合うという形で行われる（シガウケ，2013）。批評的教育方法を用いる教員が，独裁的でも一方的でも，また受動的でもなく，学生が民主的なプログレスで自身の意見を自由に発言できるようにさせることがケンミスによる「社会批評学校」である（シガウケ，2013）。次に，学校は社会の中でも学習する共同体と位置付けられ，協力的活動，交渉，そして自己を内省するところと評価される（ケンミス，1983）。

3　研究方法

インドネシア教育大学はアセアン教員教育ネットワーク（ASTEN）の一員でありこの研究の中心を担っている。回答者はインドネシアで最も古く最大の教育大学であるUPIの関係者である。評価はUPIの政策，カリキュラムプログラム，学部発展活動，そしてGCE，ME，CEに基づく学習環境の整理に対して行われる。研究目的のためのASTEN質問書はUPIの政策，カリキュラムプログラム，学部発展活動，そして学習環境の整理についての情報を得るために使用される。この質問書はUPI内でのディスカッションや，諮問（インタビュー）を通じて使用される。

4　結果および解析

インドネシア教育大学内で行われているGCE，ME，そしてCEはグローバル社会で活躍できる教員を養成するためにある。実際に実施された活動としては学生をオーストラリアやタイで教育実習させるといった現場教育分野がある。ここで注意することはすべてのGCE，ME，CEが必ずしも1つの科目に統合されているわけではないことである。しかし，すべてのGCE，ME，CEに関する活動が大学生活の中に取り入られている。それにより，GCE，ME，そしてCEの１科目化にも注意が払わなければならない。

理想的なGCE，ME，そしてCEが１つの正式科目に統合されたとき，価値観教育における重要な要素が失われるかもしれない。なぜならそれらの目的は実際の生活における価値観よりもアカデミックな要素が多くなるからである。しかしUPIはそれらを教育システムと文化の中に調和的に取り入れ，教育過程の中に生活における価値観を植え付けなければならない。UPIで教育を受けた将来教員になる学生はナショナルおよびグローバルな視野を持たなければならない。

教育的視野から見ればGCE，ME，およびCEを学習させる重要な手法やテクニックは，オリエンテーション，学生の特徴，学習目的，そして必要とされる学習施設，教員の能力，実際の経験，将来の職業のオリエンテーション，政府の政策，科学技術の世界でのトレンド，そして地域の変化に基づいて作らなければならない。UPI内でのGCE，ME，CEの実施はすべての科目において実施されなければならず，一般的教育の中でもシステム的に包括されなければならないものである。

様々な学習教材や手法がGCE，ME，CEを教育するにあたって使用されてきた。それらは政府からの支援や大学内で自発的に開発されたものである。それらの学習手法とは，教科書，モジュール，ウェブ，ビデオ，録音物，教材，図書館，共同体・社会（ローカル・地域・グローバル）といったものである。

教材のための準備は政府からの支援などによって行われており，GCEやCEを普及し，説明するために必要な財政を補うものでもある。しかし，それらの支援はGCEとCEのために行われてきたものであり，MEには支援は行われなかった。これまでUPIは国内および国外の教育機関や大学と協力しできた。世界中のあらゆる大学と協定をも結んでいるのでである。協定や協力内容は学術関係，事務関係，学習方法，研究，出版，そして学習環境についてである。すべての協力がまだ十分に行われているわけではないが，将来には持続可能な協力になるようUPIは全力で努力をしている。

教材の質を確保するためには，専門の委員会を作らなければならない。しかし，これまで一度もそういった専門の委員会が作られることはなかった。その代わりとして，専門チームが教材の質を高めるための助言などをしてきた。

教材の中で宗教軋轢を生む項目は見られなかった。インドネシアではすべての人がそれぞれの信仰に合った宗教や宗教活動を行えるからである。日常生活の中でもそれぞれの人がパンチャシラの寛容性を実践すべきであろう。信仰は個人の自由に任されるべきものである。注意しなければならない点は，すべての教材が多様性や性的平等に必ずしも応えるものではないことである。基本的にはすべての教材は学生の性別に関わることなく作成されている。すべての教材は教育方針や理想に合わせて，調整されなければならない。

先住民の教育的需要を満たすために，UPIはバンテン州の中バドゥイ族，ジャンビ州のアナック・ダラム族，東ジャワ州のテンゲル族の学生を将来一般社会で生活できるように受け入れてきた。それらの学生に対する特別な待遇はないが，学生は自発的に他の一般の学生と普通に交わり生活している。

ディスカッションの結果および諮問の結果に基づくと，GCE，ME，そしてCEは公民として自力するために効果的な役割を果たしてきた。

GCE，ME，およびCEの学生に対する影響は次のような説明ができる。公民としての責任感は一般的な教育科目を通じて育むことができる。その他，公民としての知識やスキルなどは授業の中や様々な活動から得ることができる。これらによって学生だけではなく教員の公民としての責任感を高めることも実際にできた。

その他にも公民としての愛国主義は同じ手法で育むことができた。これらは公民としての責任感と同じく愛国主義をも学生のみならず教員の中に養われていき，大学生活において様々な分野や活動で発揮されてきた。

これらは環境保全の分野でも効果的な影響を与えた。これらの問題は基礎的社会知識，基礎道徳，そして基礎知識や様々な活動，一般的な科目を通じて育まれてきた。すべての公民としての責任感や信頼，そして能力は愛国主義や責任感向上のためだけではなく将来公共に奉仕するために育まれてきた。これらは実際に大学生活において教員や学生が共に協力し合い，責任を持ち，環境を守るということによって実践されてきた。

UPI 内での学生活動はクラブ活動，学部学生会，学生防御能力プログラムなどを通じて行われてきた。すべての活動は GCE において国際的な学生活動と繋がりを持つために行われているものである。すべての活動における公民とし

表 14-1　GCE，ME，CE プログラムの学生の公民的気風の養成における効果

番	公民的気風	教育的事項
1.	公民としての責任感	一般的な科目： ・パンチャシラ及び公民教育 ・宗教教育 ・国語（インドネシア語） ・学生活動 ・その他の活動参加
2.	公民に関する知識， 公民の特色やスキル	・学習活動 ・自由活動 ・プロジェクト ・公民的活動（青年活動，音楽，体育，芸術，競争等）
3.	公民の愛国主義	・学習活動 ・自由活動 ・プロジェクト ・公民的活動（青年活動，音楽，体育，芸術，競争等）
4.	環境	一般的な科目： ・社会文化教育 ・基礎知識 ・基礎道徳 ・学生活動 ・その他の活動参加

（出所）スリヤディ，ブディマンシャー，ウィナタプトラ（2017）。

ての特徴はGCE，ME，そしてCEからの影響がみられる。

GCE，ME，CEを教育するに当たってたくさんの問題が浮かんできている。それらは学習内容，学習活動，そして学生の参加についてのものである。これらを解決するにあたって様々な学習経験や計画方法が民主的な公民としてのアイデアに基づいて作られてきた。内容的にはカリキュラムと一致しないものはなく，現代の実情や社会的問題に基づくものでありオープン・エジュケエーショナル・リソース（OER）内で用意されているものである。そこで一番問題になるのがどのような学習方法を作り学生の参加意思を高めるかである。

その他にもGCEとMCEに関する政策や視点を通じてUPI内でそれらを発展させることが重要である。CEを発展させる際，GCEとMEを共に発展させ，情報や社会問題に関する事柄を内容に取り入れなければならないということである。

公民教育についての研究は学術的に発展させられなければならない。それらはGCE，ME，そしてCEを効果的に活用できるように組み立てていかなければならない。そうすることによって学生や教員がより活用できるようになる。その次に，革新的な手法がGCE，ME，CEを普及させるにあたって重要なものとなる。そのことによって学習者がより能力的に向上し，良質で賢い公民のモデルとなることができる。その他にもGCE，ME，CEを普及させるための研修会や説明会なども教員にとって必要なものであり，それぞれの教員がそれらを発展できるようにしなければならない。

GCE，ME，CEを普及させるにあたって様々な革新的なアイデアが必要である。例えば人権の月，女性の月，ラマダン，クリスマス等のテーマごとに分けたプログラムがある。その他にもインドネシアで行われるほぼすべての行事はほぼすべての人間の活動に関連するものであり，社会文化学習において最良の参考となる。ASEAN2015のビジョンにおいてもGCE，ME，CEは強調されている。その目的達成のためには，各界からの協力や協調が必要である。つまり，CGE，ME，CE関連プログラムを実施するにあたっては様々な支援が必要である。それらは東南アジアの国々の間の友好や親善を深めることもできる。それによって，教員教育プログラムは東南アジアアイデンティティーを強化させるために最も戦略的に用いることができる。

多文化能力はインドネシアの国家教育システムの中に取り入れられ，CGE，ME，CE などはインドネシアにおける教育の概念となる見込みがある。そのため，CGE，ME，CE を発展強化させることは最も重要なことである。注意すべき点は，女性権利問題，LGBT 問題，先住民権利問題などは既に教育機関において討論されている。その中でも LGBT 問題は最も重要な問題となり，宗教的，思想的，政治的な問題ともなってきている。その他の 2 つの問題は法によって保障されている。

GCE，ME，CE は教育機関のプログラムであり必要な施設などは既に保証されており，宗教施設もこれらに含まれている。しかし，授乳室，リサイクル施設，LGBT のためのトイレ，女性のための援助デスクは未だに用意されていない。

生理的には男女の役割は若干違うものである。それにともなう必要は大学が差別的な要素を排除して満たさなければいけない。社会が望む家族内での男女の扱いは大学生活においても参考とならなければならない。

大学内の宗教施設はそれぞれの宗教の信者数に基づいて建てられていることも注意すべき点である。ムスリムには大学は宗教教育センターを含めたモスクを建てているが，その他少数の宗教信者のためには未だに完全な施設が用意できていない。しかし，イスラーム以外の宗教信者の宗教活動のために個室などを提供したりして，すべての宗教信者の権利を満たしているのが事実である。法的に見ればいかなる宗教も差別的な扱いを受けるべきでないからである。

すべての活動は GCE，ME，CE を強化するために準備されてきた。将来の教員とは国家の公民になるだけではなくグローバルな視野を持ち，平和な社会を構想する学生を育むことができる教員になるということである。アジアでは GCE，ME，CE をプロモートすることによってより平和な社会を創造するこ

表 14-2　平和なアジアの為のインドネシア教育大学における
GCE，ME，CE カリキュラムの戦略的要素

イデオロギー要素	概念	主要課題	教育内容
1. 民族主義	1. 正義	1. 経済	1. 宗教教育
2. グローバル主義	2. 平等	2. 政治	2. パンチャシラ及び公民教育
3. 国際主義	3. 多様性	3. 文化	3. 国語（インドネシア語）
4. トランスナショナリズム	4. アイデンティティーと所有	4. 道徳	4. 英語
5. コスモポリタン主義	5. 持続可能な発展	5. 環境	5. 社会文化教育
6. ポスト植民地主義		6. 信仰と宗教	6. 芸術
7. 固有性		7. 民族と人種	7. 保健体育
		8. 性別	8. 奉仕学習
		9. 移動	9. ソーシャルメディア
		10. 社会層	10. 外部学習
			11. クラブ活動

（出所） デイビス（2018），スリヤディ，ブディマンシャー，ウィナタプトラ（2017）。

とができる。

教員教育カリキュラムは平和的なアジア社会を作るために，イデオロギー的な要素も含めて構想されたものであり，教育的な問題なども一貫して含まれている（デイビス，2018）。デイビスによると，インドネシア教育大学は ASTEN の一員として教員教育カリキュラムを次のように設定している。

5　結語

世界市民教育（GCE），多文化教育（ME），公民教育（CE）は様々な方法によって異なるオリエンテーションのために組み立てられてきた。それらは理想，教育プログラムとプログレス，思考能力，教育政策，問題，気質の変化，理想的な公民のための発展段階，プログラム，そして過程からなる。GCE，ME，CE は一般的な科目を通じて，そして，外部やクラブ活動を通じて取り入れられてきた。UPI での GCE，ME，CE の活動は将来教員になる学生のために実

施されており，グローバルな視野を持つ人材を育成する目的を持ち，人類と世界平和のために貢献できる人間を育成するという大きな課題を持つ。

【参考文献】

A. Osler & H. Starkey, Education for democratic citizenship: a review of research, policy and practice 1995–2005 1. *Research papers in education*, 21 (4), 433–466, 2006.

A. Suryadi, D. Budimansyah & U.S. Winataputra, Pedagogical Profile Of Global Citizenship Education, Multicultural Education, And Civic Education In Indonesia University of Edcation, *UPI-Asten Policy Research*, 2017.

A.T. Sigauke, Citizenship Education in the Social Science Subjects: An Analysis of the Teacher Education Curriculum for secondary schools. *Australian Journal of Teacher Education*, 38 (11), 2013.

B. Anderson, *Imagined communities: Reflections on the origin and spread of nationalism*. Verso Books, 2006.

B.A. Reardon, *Comprehensive peace education: Educating for global responsibility*. Teachers College Press, 1234 Amsterdam Avenue, New York, NY 10027, 1998.

D. Scott, *Reading Educational Research and Policy*. London, Routledge Falmer, 2000.

H. Hinchey, *Becoming a Critical Educator: Defining a Classroom Identity, Designing a Critical Pedagogy*. New York, Peter Lang Publications Inc, 2004.

I. Davies et.al. (eds), *The Palgrave Handbook of Global Citizenship and Education*, https://doi.org/10.1057/978--137-55733-5_2.

I. Shor, Liberation education: An interview with Ira Shor. *Language Arts*, 67(4), 342–352, 1990.

J. Baltà, Evaluation of Enesco's standard-setting work of the culture sector. In *Part IV-2005. Convention on the Protection and Promotion of the Diversity of Cultural Expressions. París, Francia: Organización de las Naciones Unidas para la Educación, la Ciencia y la Cultura*, 2014.

J. Potter, *Active Citizenship in Schools: A Good-Practice Guide to Developing a Whole-School Policy*. London: Kogan Page, 2002.

L. Davies & G. Pike, Global citizenship education. *Handbook of practice and research in study abroad: Higher education and the quest for global citizenship*, 61–78, 2008.

M.S. Branson, The role of civic education: A forthcoming Education Policy Task *Force position paper from the Communitarian Network*. Center for Civic Education, 1998.

P.D. Thomas, Revisiting Pedagogy of the Oppressed: Paulo Freire and Contemporary African Studies. *Review of African Political Economy* 36:120, 253–269, 2009.

R.W. Connell, *Schools and Social Justice*. Leichardt: Pluto Press Australia, 1993.

S. Grundy & E. Hatton, *Teacher Educators Ideological Discourses. Journal of Education for Teaching International Research Pedagogy*, 21 (1), 7–24, 1995.

S. Kemmis, P. Cole & D. Suggett, *Orientation to Curriculum and Transition: Towards the Socially-Critical School*. Clifton Hill, Victoria Institute of Secondary Education (VISE), 1983.

T. Ibrahim, Global citizenship education: Mainstreaming the curriculum?. *Cambridge Journal of Education*, 35 (2), 177–194, 2005.

翻訳　ムハンマド・ムフティ・ラカディア・スマルヤディ

第５部

アジア共同体への視点３
文化，芸術，メディア

第 15 章

アジア飲食文化の独自性と共通性

関剣平（浙江農林大学）

1　飲食から文化を見る

マリノフスキーは「どんな文化理論も人間の生物学的欲求から始まらねばならない」と主張する。こうした欲求は，精神的，経済的，社会的欲求といったさらなる「至上命令的欲求」と組み合わさって，文化の科学的論理の枠組みを提供した。第一の「基本的欲求」は新陳代謝で，どの社会においても，生きていくために必要な食物が供給されるしくみがなければならないし，消化過程が起こるための余地がなければならない。また，消化の最終産物を衛生的に処理するしくみもなければならない。これらの必要性はそれぞれの社会の制度的しくみによって満たされる(1)。本論はアジア各地域における飲食文化の独自性と共通性を概観する試みである。

2　飲食文化の基盤

1　自然環境——気候と生業

北アジアのシベリアは冷帯や寒帯に属し，ロシア東部のほとんどが，シベリアに含まれている。

東アジアと東南アジアでは，アジア特有の季節風（モンスーン）の影響を受ける。このモンスーンにより，夏には海からの湿った風がくるので，東部と南部で降水量が多い。東南アジアでは，一年中雨が多い。

東アジアや東南アジアは，稲作を中心とした農業が盛んである。東南アジアでは，米を年に２回つくる二期作も多い。世界の米の大部分はアジアで生産されている。生産量では中国が１位だが，輸出量ではタイが１位で，２位はベトナムである。

中国は農業大国である。農業は，華南や華中では，雨が多いため，稲作が多い。二期作も行われる。華北では，雨が少ないため，小麦・大豆などの畑作が多い。西部は，乾燥しており，あまり農業にはむかず，遊牧などの牧畜である。中国は，小麦の生産量が世界１位である。２位はインド，３位はアメリカである。中国北部やインド内陸部などの乾燥地帯の農業では，小麦など乾燥に強い作物の畑作が盛んである。

東南アジアの農業では，植民地の時代に，天然ゴムやコーヒーなどの大農園が開かれた地域も多い。マレーシアではアブラヤシ（油やし）が，さかんに栽培されている。油やしから取れるパーム油は洗剤，石鹸，食用油，マーガリンなどの原料である。フィリピンでは，バナナが主要産業。インドネシアは焼き畑による農業である。タイやベトナムは，米の輸出国である。タイは米の輸出量が世界１位。ベトナムは世界２位である。タイやインドネシアなど海沿いの国は，えびを日本向けに養殖し輸出している産地でもある。

南アジアは，熱帯である。南アジアの東部の地域は湿潤な気候であり，降水量が多い。バングラデシュとインド東部のガンジス川流域では豊富な水を利用して，稲の栽培がされている。西部の農業では，小麦が乾燥に強いので，小麦の生産がパキスタンやインド西部のインダス川流域のパンジャブ地方などで盛んに行われている。

インド北東部のアッサム地方が，世界的にも紅茶の産地である。インドの周辺国のスリランカも，紅茶の産地として有名である。

西アジアは降水量が少なく，農業をする場合は，小麦が乾燥に強いので，小麦を栽培し，あるいは，ナツメヤシも乾燥に強いので，ナツメヤシを栽培する。

2 文化環境——宗教と歴史

世界で信者数の多い宗教であるキリスト教，イスラム教，ヒンドゥー教，仏教は，すべてアジアを起源としている。このほかにも，西アジアのユダヤ教，南アジアのシク教，東アジアの道教，神道など，さまざまな宗教が存在している。

現代においては，イスラム教は起源である西アジアのほとんどの地域に広まっているほか，中央アジアもほぼイスラム教圏となっている。このほかにも，南アジアのパキスタンやバングラデシュ，モルディブ，東南アジアのインドネシアやマレーシア，ブルネイなどはイスラム教徒が大部分を占める国家である。また，中国北西もイスラム教徒が多数派である。

キリスト教は起源である西アジア地域ではわずかな信徒が存在しているにすぎず，アジアではキリスト教徒が多数派を占めている国家はフィリピンのみである。ただし，北アジアはキリスト教徒であるロシア人が東進し入植した関係で，ロシア正教会の信徒が多数を占める。

ヒンドゥー教徒が多数派を占める国家はインドとネパールのみであり，信者が多数派を占める地域もこれにスリランカの北部（タミル人居住地域）を加えるのみであるが，インドの人口の大多数はヒンドゥー教徒であり，信徒数はほぼインド一国のみで世界中の仏教徒よりも多い。

仏教は発祥地のインドではすたれ，わずかにブータンで多数派を占めるのみであるが，仏教は東方に伝播したため，東南アジアや東アジアに大きな教圏を持つようになった。ただし東アジアと東南アジアの仏教の宗派は違い，東南アジアのミャンマーやタイ，カンボジア，ラオス，スリランカ南部（シンハラ人地域）においては上座部仏教が信仰されている。これに対し，東アジアやベトナムにおいては大乗仏教が信仰されている。

ただし，東アジアの大乗仏教は唯一の信仰というわけではなく，中国では道教，日本では神道が大きな勢力を持っており，事実上これら宗教との混在地域となっている。また，儒教という言い方もあるが，それは宗教であるかどうか別として，東アジアに対する基本的な価値観を作り上げ，仏教以上に強い影響を与えている。

3　アジア飲食文化の独自性

自然環境に応じて異なる物産があり，その物産で人々は生業を形成している。各民族は異なる環境の中で食生活を営む。以下の素材などから各地域・各民族の飲食文化の独自性はより明確である。

1　穀類

西アジアから東アジアまでの乾燥地域では，主に小麦を栽培する。それ以外には，アワ・キビ・オオムギ・ソバ・ヒエ・インドビエ・ライシャン・コドミレット・モロコシ・シコクビエ・シロザなどの雑穀がある。

西アジアから東アジアまでの湿潤地域では，主に稲を栽培する。東南アジアの半島の中心部は，モチゴメなどのモチ性の穀物がある。稲を栽培する地域の山間部では，ハトムギが栽培されている。

2　根栽作物

東南アジアを中心に東アジアの南部と南アジアの北東ではタロイモ・山芋・パンノキ・サゴヤシ・サトウキビなど根栽作物が栽培されている。

3　食用豆

東アジアにはササゲ属のアズキ・ツルアズキ，ダイズ，東南アジアにはハッショウマメ，ナタマメ，フサマメ，ネジレフサマメ，ジリン，シカクマメ，南アジアにはササゲ属のリョクトウ・ケツルアズキ・タケアズキ・モスビーンがある。

インドは多種のマメを受け入れ，消費地として有名である。フサマメやジリンなど木性のマメを生食することは東南アジアの特徴である。

4　野菜

東アジア原産のネギ，ニラ，レンコン，オオグロクワイ，マコモ，ミツバ，ミョウガ，ウド，タラノキ，セリ，2次的栽培のカブ，アブラナ類，キュウリ，トウガン，ニガウリ，ナス，ダイコン，ホウレンソウ，コボウ，タカナ，シュンギクがある。

東南アジアには原産のトウガン，ニガウリ，トカドヘチマ，ヒュカンクン，セリ，パラミツパンノキ，グネツムバナナ（花），タロイモ（茎）がある。インドネシア（パプアニューギニア）には原産トゥルブ，ピトピト，ヤシの新芽，シダの新芽，2次的栽培のハイビカ，グネツムがある。

南アジアにはキュウリ，ナス，ヘビウリ，ヘチマ，ニンジン，2次的栽培のタカナがある。

中央アジアにはタマネギ，ニンニク，ハツカダイコン，ダイコン，カブ，カラシナ，タチレタス，チコリ，ホウレンソウ，二次的栽培のニンジン，モロヘイヤがある。

5　油

東アジアは豚脂，ゴマを使用する。

東南アジアはココヤシ，パンダナスを油に加工する。

南アジアはギー，カラシナ，インド・バターノキ，マフア・バター，コカム・バターノキがある。

中央アジア，西アジアではバター，獣脂を使用する。

6　果実

東アジアには，果物はモモ，カキ，アンズ，温州ミカン，日本スモモ，サンザシ，ユスラウメ，ナツメ，ウメ，キウイ，中国ナシ，日本ナシなどがあり，ナッツはクリ，ハシバミがある。

東南アジア，南アジア北西の一部には，果物はマンゴ，ドリアン，マンゴスチン，ランプータン，シャンプー，ランサ，ゴレンシ，パラミツ，バナナ，カンキツ類，サラック，レイシ，リュウガン，ケガキがある。

中央アジア，西アジアには，果物はリンゴ，ザクロ，西洋ナシ，イチジク，サクランボ，ナツメヤシ，スモモ，シナノガキ，ブドウ，ナッツではピスタチオ，ペルシャグルミ，アーモンド，ヨーロッパグリがある。

7　家畜

東アジアにはブタ，ウシ，ウマ，ヒツジ，ヤギ，ラクダ，ヤクがいる。

東南アジアにはブタ，スイギュウがいる。

南アジアにはスイギュウ，ウシ，ヒツジ，ヤギがいる。

中央アジアにはラクダ，ウシ，ヒツジ，ヤギがいる。

西アジアにはラクダ，ヒツジ，ヤギがいる。

8　調味・香辛料

東アジアには豆醤，東南アジアには魚醤，ココヤシ，南アジアにはマサーラ，西アジアはタービルがある。

9　酒

東アジアには麹酒，口噛み酒，漿果・樹皮・樹液の酒，稲芽酒，東南アジアには麹酒，南アジアには雑穀のビール，マフア酒，中央アジアは馬乳酒，西アジアは雑穀のビール，オオムギ・コムギの穀芽酒（ビール），ブドウ酒がある。(2)

各民族はそれぞれの素材を使って，異なる文化（宗教）に従い食生活を営む。

主食の調理法から見ると，東アジアの南部は飯，北部はマントウ，ウドン，東北部は飯，団子，西部はおねりになる。東南アジアは基本的に飯であるが，半島の中心部はおこわである。南アジアの東部は飯，西部は平焼き，北西はチャパティである。西アジアの大陸（イランを除く）はナンで，中央アジアの南部もナンである。

食事作法について，中国文化圏は箸，匙を使い，その以外の地域は手食である。中国文化圏には中国，日本，朝鮮半島以外にベトナムも入っている。さらに一言付け加えると，箸，匙を使用するといっても，中国は箸と匙の両方を日常的に使うが，日本は主に箸を使い，匙は韓国で一番よく使われている。それにあわせて，日本は必ず茶碗や汁碗を手で持って食べたり飲んだりする。逆に韓国は手でお碗を持つのが禁止されている。中国には厳密な規定がなく，その場に応じて作法が変わる。影響を与える要素は料理の形態，箸と匙の個人的な優先順位，食卓と椅子の高さなどさまざまである。

飲食文化の中，宗教と密接に関連するのはタブーである。仏教は動物，ヒンドゥー教はウシ，ブタなど，イスラム教はブタ，アルコールなど，キリスト教は金曜日の肉食，ユダヤ教は草食で，割れたひづめと反芻する動物以外のものなどが禁止されている。

以上の論述でアジアにおける飲食文化の多様性が十分反映されたと思う。アジア飲食文化の多様性は，アジア各地域・各民族の飲食文化の独自性を保障し，歴史上の文化に左右され，その独自性をさらに強調され，異なる民族を区別する基準にもなる。『三国志・魏志・倭人伝』には，3 世紀の日本人は「手食す」と記されている。中国人は，箸を使用して食事をするのが文明人のマナーであり，手づかみで食べるのは野蛮人であるという観念をもっていた。日本人はその観念を受け入れ，8 世紀後半になって，ようやく文明化した食事をするようになったのである。これは観念の影響で食文化が共通性を持つようになる例であるが，結局東アジアに留まり，もっと広い地域の人々は今でも手食である。

人間は本性をもって進化したので，飲食文化はその本性が人間の生活する環境と相互作用して生み出されたものであり，大きな多様性を示す。アジア飲食文化の共通性を見抜くことはなかなか難しい。

4　アジア飲食文化の共通性

しかし，人間の心は，人間本性の最も際立った，そして最も重要な特徴の1つであり，人間のどの集団でも基本的に同じである。アジアにおける飲食文化の共通性がないわけがない。ドナルド・E・ブラウンは普遍特性の伝播論的説明を紹介するとき，飲食を例にした。

火の使用と調理は普遍的で，どちらも起源がきわめて古く，有用性もきわめて高い。人類が火を起こすようになるのは，4万年から10万年ほど前のことだが，火の使用の形跡なら，150万年前まで逆のぼれる(3)。民俗誌の報告では，火のおこし方を知らない民族がごくわずかながらあったとされているが，火を用いない民族はなかった。火は，温度調節，照明，動物を近づけないこと，消毒，そして道具の成形に使われる。

中でも，調理は火の最も重要な利用法である。食物の味をよくするだけでなく，嚙みやすく，消化しやすい，食物の中の雑菌を殺し，食物を保存しやすくする。調理は，人間が食べられるものの範囲を格段に広げた。調理の証拠は古く，世界各地に見つかる。火の使用と調理が，すべての人間社会に広がった（あるいは人類―ホモ・サピエンス―の移動に伴って彼らの住む地域へと広がった）のは，恐らく，その起源が非常に古く，また，極めて有用だったからだと考えられる。言い換えると，火と調理の普遍性の説明は，少なくとも部分的には，発明（あるいは発見）と伝播の問題であり，発明と伝播は，最も典型的な文化的プロセスである。

人間にとって火のもつ魅力は，文化以外の要因を反映しているのかもしれない。しかし，火の使用や調理を本能のようなものとして考えるべき理由はどこにもない。どちらも，人間以外の動物では直接対応するものがない。これらの特性が特定の年齢でそれぞれの人間に自然に発現するという証拠もないし，教わらなくてもそれらができると考える理由もない。以上のことなどから考えて，火の使用と調理は，典型的な文化だと言える[(4)]。

しかし，火での調理が有用であり，その有用性こそが火と調理がすべての民族にとって文化的なものとして広く連綿と使われ続けるための理由を与えるという主張は，人間という生物のもつ身体的特質にもとづいている。火と調理は上述以外の利用法もあるが，上にあげたものはみな，人間の生理に関係している。すなわち，体温維持の必要性，他の動物に襲われる危険性，消化器系の性質，微生物との相互作用の性質などである。こうした火の使用のすべてが「自明」なわけではないこと，そして調理についても自明ではないことにも，留意する必要がある。おそらく，人類の遠い祖先が食物を調理することで得ていた利点がどういうものであったかを，われわれは，この問題に非常に詳しい者ですら，また十分には理解していないのかもしれない（この問題に関して言うなら，人類は，火で調理したものにどのように生理的に—歯並びや消化酵素などの点で—適応してきたのかも，よくわかっていない[(5)]）。

いったいアジア飲食文化の共通性はどこにあるか。

各民族が，異なる自然環境・文化環境の中でそれなりの生活を営むという原則はアジア飲食文化の共通性であろう。

一見皆異なる食生活をしているが，生命の維持，家族・仲間関係の確認，ルール意識の養成などの基本的な価値観は実に同じである。1970年代，石毛直道先生が「文化としての食」を研究するとき，人類の食行動の文化的基盤を表現するために，「人間は料理をする動物である」と「人間は共食をする動物である」を主張した。

初期人類の献立にあった食物のなかで直火にかざすだけの簡単な加熱法で，味やテクスチャーの劇的な変化を体験できるもの，それは肉である。

筆者は焼き肉が人類最古の火を利用した料理ではないかと想像する。直立二足歩行をすることによって，本格的な狩人となった人類が，獲物を焼いて食べるようになって，本格的な「料理をする動物」になったのである。「共食をする動物」である人間の食事は，原則として，1人で食べるものではない。旅先の食事や，単身赴任者の食事のように，1人で食事をしなくてはならない場合もある。しかし，どの社会でも，正常な食事は共食するものとされている。個人単位に炊事をし，1人だけで食べる事が通常とされる社会はない。そして，もっとも日常的な共食集団は家族である。(6)

このような共通的な価値観は文化の理解に基礎を提供した。

食文化の価値の多様性も言われているが，それは各民族・各地域の文化は人間の価値に対しての表現法の違いだけである。

人間の食という行為は，根本のところで，神様と結びつく「神人共食」である。キリスト教には聖餐式とよばれる重要な儀礼がある。聖餐は日々行われるミサの中でもっとも重要な部分であり，聖体すなわちパンを葡萄酒とともに拝領することである。一二使徒との最後の晩餐に，イエスはパンを割いて皆に与え，葡萄酒も皆に分け与えた。そのことを記念しておこなわれるのが聖体拝領である。

現在，日本の建仁寺・建長寺・円覚寺・東福寺などの禅院で開山忌などに行われている四頭茶礼も「神人共食」である。「円覚寺開山忌　斎座『四ツ頭』の行事」によると，

◎方丈中央に開山仏光国師の画像を掲げ，霊膳をお供えして，この場に開山様が居られるが如く厳粛に会食する行事を「四ツ頭」と云い，かつてこの行事を一見された考古学者，三上次男博士は「宋代の古式礼法が化石の如く残っていると思う」と言われたように，中国より来朝した開山以来数百年，年々の開山忌に行われてきた古式の食事作法であり，客は真威儀に袈裟を着け，坐禅の姿で式中すべて無言，所定の合図により所作する。

◎四ツ頭とは，開山様の両脇・入口の両脇の「4人の頭」を中心に儀式を執り行う故に，そう呼ばれる。

◎先ず2人の座奉行（ざぶぎょう）が室中，中央前に進み，入り口に向かい，大衆和尚を呼び出す。これに応じて大衆和尚が入場して，各自の座牌の前に立つ。次いで『東班』都寺・維那『西班』首座・蔵主の両班の和尚が入り，上方（じょうほう）和尚である管長猊下が入場する。続いて侍真（じしん）が入る。侍真とは，開山真前侍者の意味で，この斎座の主人役を勤める。

◎侍真が中央前にて大きく一礼する。これを大問訊（だいもんじん）と云う。大衆和尚はこれに併せて問訊の礼をする。次に侍真は，焼香・揖礼（ゆうれい）する。これは開山様に対して「これより斎座を頂戴いたします」と云う挨拶であり，大衆和尚はこれに併せ一礼し，着座して坐禅を組む。最後に，侍衣・侍香の2侍者が入り，上方和尚の前にて立礼して，各位の席に着座する。

◎4人の給仕「供給」により配膳をする。4人の頭には直行，他は廻行して，食膳を置く際には，胡跪（こき）と云う片膝立の姿勢にて給仕する。配膳が終わると，座奉行は食膳の点検をし，几帳［小屏風衝立］を持ち退場する。

◎次に侍真は，左に進み出て大問訊する。これは「召し上がれ」の合図。大衆和尚は，これを見て生飯（さば）と云う餓鬼に施す飯を数粒取り分けた後，食事を始める。

◎供給は4人の頭に二ノ膳［温汁］を給仕し，大衆和尚には銀提（ぎんてい）を持って汁を注ぐ。

◎食事後の茶菓の座は食事の次第とはほぼ同様。茶菓は4人の頭には別々に給仕し，大衆和尚には茶は円盆，菓子は角盆にて給仕し，浄瓶（じんびん）にて湯を注ぎ，立礼にて茶をたてる。(7)

基本的な価値観が同じといっても，異なる文化はその価値の組み立てと重点を置くところ（割合）が違う。仏教の場合は，殺生戒があるため，肉食禁忌である。しかし，東南アジアの上座部仏教において，出家者は在家者の布施でのみ生かされる。そして，正午以後は食事をしない。出家者への布施が肉でもかまわないが，「三種の浄肉」すなわち自分のために動物を殺めるところを見てない肉，そうした説明を聞いてない肉，そのような疑いのない肉に限られる。大乗仏教はすべての肉を禁止されるが，中国と日本はまた異なる。中国の場合は，今日まで僧侶のみは完全な精進料理にしなければならない。日本の場合は，中国から大乗仏教を受け入れ，全民に肉食禁忌を要求した。中世には，道元と親鸞は肉食禁忌について異なる主張をした。道元は仏法を修行する視点から動物を排除した精進料理を強調した。これに対して，親鸞は社会現実を見つめて，殺生や肉食をしても信心すれば仏が救ってくれると主張した。この２つのやり方は今の日本仏教界に引き続いている。

その異同はまず自然環境に対応する合理性から出る。各民族・各地域の文化は，相互促進の関係もあるし，競争・衝突の関係もある。この上にできた文化は変化して行くが，皆同じになる事がない。それに対して多元的な理解が必要である。

飲食文化について，見えないところ（脳の思考，心の情緒，体の機能）には共通性・普遍特性が潜んでいるのに対して，見えるところ（その共通的な論理を実現する技術，心の情緒を表す行動，最後にできた物質的なもの）は独自性が強いのである。それはアジアだけではなく，世界の飲食文化にも通じる。ポストモダン人類学の文化相対主義は異文化の特殊性に関心が高いが，人間の共通性は相互理解の基礎であり，共通性に対する研究も大事である。

5　ワンアジアに関わるすべての人への協力依頼

「家でのおもてなし」をテーマに家庭で客をもてなす風景（招待するあるいは招待される場合どちらでも可）を写真で記録し，ご送付いただきたい。

1　客人（人数）

2　主人

3　何のためのもてなし（誕生日など）

4　調理する人

5　素材の調達

6　各料理の調理過程

7　なぜこれらの料理を選んだか

8　飲料とそれを選んだ理由

9　食器とその選び方

10　席の順位

11　食のマナー

12　食事の過程

13　食べ物と飲み物との組み合わせ

14　その他

【注】

（1） Malinowski Branislaw, *A Scientific Theory of Culture and Other Essays*. New York: Oxford University Press, 1960.（『文化の科学的理論』姫岡勤・上子武次訳，岩波書店，1958 年）。

（2） 資料は『人類の食文化』（『講座 食の文化』第 1 巻，農山漁村文化協会，1998 年）による。

（3） Clark J. Desmond, The Origins of Fire: A Basic Human Invention. Lecture Delivered at the Institute of Human Origins, Berkeley, 1986.

（4） Blum Harold F., On the Origin and Evolution of Human Culture. *American Scientist*, 51: 32–47, 1963, p. 45.

（5） ドナルド・E・ブラウン『ヒューマン・ユニヴァーサルズ：文化相対主義から普遍性への認識へ』鈴木光太郎訳，新曜社，2002 年，167～168 ページ。

（6） 石毛直道『食卓文明論』中央公論新社，2005 年，30，32 ページ。

（7） 中村修也「四頭茶礼にみる飲茶の意義」関剣平主編『禅茶：清規と茶礼』人民出版社，2014 年，14 ページ。

第16章

ワンアジアコミュニティを形成する
—アジアの価値と研究環境の育成—

エコ・ハディ・スジオノ（マカッサル国立大学物理学科，同大学ワンアジア講義委員会管理者）
ヘルミー・プラティウィ（同委員会），ヤッセル・A・ジャワッド（同委員会）

1　はじめに

アジア諸国は，異なる文化，民族，宗教，言語を持つ人で構成される。しかし，アジア諸国の一部の国は，同じ祖先に由来するため，文化や言語がほぼ同じである。アジア諸国の多様性は，経済，技術，教育等，多くの点で利点と見なすことができる。さらに，アジア諸国は，現在の世界人口の60%を占める巨大な人口を有し，世界の土地面積の30%を占める。そのような巨大な人口と土地は，製品の潜在的な市場と見ることができるが，貧困や公害のような深刻な問題を引き起こす可能性もある(1)。アジア諸国がこれらの可能性から恩恵を受けるためには，地域社会として集い，相互に協力し合う必要がある。経済，技術，教育といった重要な柱を支えるために，アジア諸国の間で共同体を形成することが急務となっている。また，アジア諸国は西側諸国に後れをとっているわけではない。日本，中国，韓国，インドネシア等のアジアの国は，2016年に国内総生産（GDP）のトップ20位のリストに入っている(2)。

インドネシアは，天然資源と人材の分野で巨大な可能性を秘めた群島国である。インドネシアには，巨大で多様な天然資源を持つ1万7000以上の島がある。さらに，人材管理能力が十分にあり，様々な分野で進歩を遂げれば，2億5000万人以上の人材が資産となる。また，インドネシアには様々な文化的で，高尚な価値観があり，非常に多様である。これらは，アジアが持つ貴重な価値の一部である。これらのことについての研究への関心を高めるべく，マカッサル州立大学物理学科のアジア共同体講義がこの研究を推進した。インドネシアの現在の研究環境はまだ十分ではない。それゆえ，国家的成功のベンチマークである革新的な製品がまだまだ少ないのである。講義では，学生の研究関心を引き出すとともに，インドネシア社会の福祉を向上させ，先進的なアジア人との連携を図ることができるような革新的な製品を生み出すことを目指している。

アジア諸国が地域社会として協力できる可能性のある分野は農業，製造，教育等数多くある。したがって，アジア共同体を形成するというアイデアの確立のために，さまざまな問題についてよく考え，提案をしていくことが必要と思われる。アジア共同体を形成するという考えに基づく働きは，あらゆる専門家がいる大学だからこそ始めることができる。学生としてまだ勉強しているうちにも，卒業した後でも，そのアイデアは周囲に広めることができる。2016年にアジア共同体におけるアジアの価値・文化・科学技術（Asian Value, Culture and Science Technology in the Asian Community）をテーマにしたマカッサル大学（UNM）の講義は行われた。

2 UNMでの講義シリーズの準備

この講義シリーズは，キャンパス全体でコミュニケーションができるように企画された。2年生には，国内外で著名な教員，学者，科学者の主要メンバーと交流する機会を与えられ，すべての学生，教員，卒業生が招待された。この講義シリーズは，日本のワンアジア財団が資金を提供した第4年目であり，One Asia Lecture Series UNMと名づけられた。

アジア共同体講義では，各分野の専門家である講師による文化，アジアの価値観，移民，言語，教育等，様々なテーマで一連の講義が行われた。そこではアジア諸国の多様性の問題と利点の探求があり，講義を受けたこれらの学生がアジア共同体確立の考えを理解し，彼ら自身の考えを引き出すことがねらいだった。UNMは教師訓練の核となる大学である。これらの直接研修を通して，UNMの学生が将来，中・高校生にアジア共同体形成について情報を伝えることが望まれる。

このイベントの準備は，数学と自然科学の教員，学部長を会議に招待し，情報を伝えるとともに，アジア共同体講義シリーズの実施方法についていくつかのアイデアを得ることから始まった。この講義は3年後には，物理学科の常設コースになった。検討の結果，この講義は常設コースとして実施され，2つの履修単位として第5学期の物理学学習プログラムのカリキュラムに統合されることになった。講義シリーズの管理を手助けするために，同窓生の3人のボランティアが募集された。そのボランティアには，招待状の作成，講義のための機器の準備，イベント中の講師へのサービス等，多くの仕事が任された。イベント情報を広く普及させるために，学生がこのイベントに関する詳細情報を得るのを助けるウェブサイト（http://oneasia.unm.ac.id）も立ち上げられた(3)。同時に，大学の公式ウェブサイトにも記事が掲載された。FacebookやInstagram等のソーシャルメディアでも掲載された。合計で200人の学生がUNMの常設アジア共同体講義シリーズの参加者となった。このイベントを宣伝するため，地元新聞のジャーナリストが記者会見に招待された。

全部で12の講義イベントに11人の講師が出席した。講義は2016年9月から2017年2月まで毎月行われた。物理学科，数学科，自然科学系の第5学期の全学生が第3回講義シリーズには招待された。講義には約100人の学生が参加した。常設講義に関する情報は，参加者にはFacebookや電子メールを使って継続的に通知された。講演は常設講義への参加者にのみ行った。彼らは非常に興味をもって講義に参加した。そして講師に多くの質問をした。その質問のすべてに答える時間がなかったほどである。講義の方法はとてもインタラクティブであり，コミュニケーションは一方通行ではなかった。知識の源泉が専門家から伝えられる，また学生の方からも手応えがあった。彼らはトピックを与えられて，深い議論に巻き込まれた。専門家は，学生である間に経験を共有することで，どのように研究に没頭してしまうのかを知らされた。この講義の方法はとても楽しく，学生のためにとても良かった。それは，彼らがこの講義シリーズについての証言を投稿することに参加したことによって証明される。

本論文の目的は，UNM でのアジア共同体講義の成果を発表することである。このコースでは，アジア諸国の価値観，文化，言葉を探り，学生に理解する視点を与えた。アジア諸国の価値観，文化，言語は，科学技術の向上と習得の基盤として利用することができる。我々が知っているように，インドネシアはアジアの先進国と比較して科学技術が不足している。このコースを経て，学生はアジア諸国で学ぶために自ら探求する動機を強める。学生は，社会，文化，政治，経済など様々な視点からアジアの価値観を理解し，特にアジアにおける科学の発展の詳細を知り，アジア諸国の発展が研究を通してどのように経済をリードしているかを理解する。インドネシアが研究を改善し，研究の主導権をとる上での欠けている点とその機会を得ることについて議論した。

最後の講義は，ディアンニ・リスダ氏によって行われ，常設講座のすべての学生が参加した。その講義はインドネシア語で行われ，日本語に翻訳された。学生からは多くの質問があった。しかし，時間が短すぎ，そのいくつかに答えることしかできなかった。この講義は，数学と自然科学の学部長によって閉じられた。

講師の資料は収集され，学習管理システム（LMS）http://lms.unm.ac.id(4) を通じてアクセスすることができる。委員会は常設の参加者に講義シリーズに関するアンケートへの回答を依頼した。学生は講義シリーズに積極的なフィードバックをし，アジア共同体形成の考えを得ることができたということがわかった。

ワンアジア財団に提出するカリキュラムについての申請書で，常にふれている8つの達成ポイントがある。

(1) 学生は，社会，文化，政治，経済等の様々な視点からアジアの価値観を理解する。その講義では，アジア共同体の形成と，アジア共同体の発展に関わるインドネシアの役割についての課題にどのように直面するかについて議論する。

(2) 学生は，アジア共同体における地域の異文化について理解する。このコースでは，アジア地域における言語および非言語によるコミュニケーションの側面を探究する。異文化コミュニケーションの理解は，アジア諸国での旅行や勉強の際により良い経験を得るために使用される可能性がある。

写真 16−1　Yoji SATO 氏による講演
(OAL 2014/2015)

写真 16−2　E. H. Sujiono 氏による講演
(OAL 2016/2017)

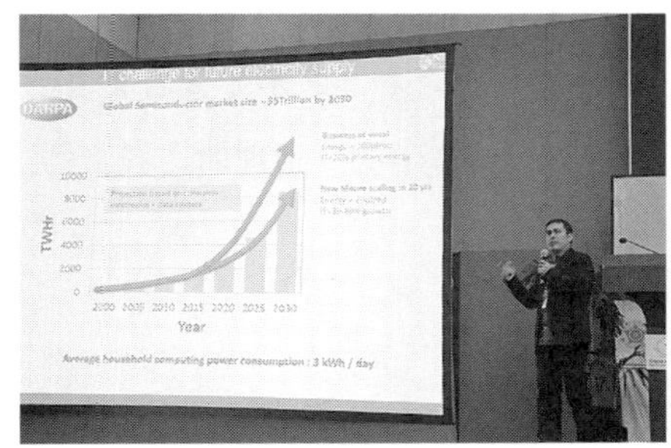

写真 16−3　Ariando 氏− NUS による講演
(OAL 2017/2018)

写真 16−4　Risa Suryana 氏−UNS による講演
(OAL 2017/2018)

(3) 学生は語学教育の重要性を理解する。異なる国を理解するためには，言語の力を向上させる必要がある。アジア諸国は，かなり異なる多くの言語で構成される。学生はより良い未来を得るために，努力すべきである。

(4) 学生は，特にアジア諸国で，学生の移動を容易にする言語の役割を理解する。学生は自分の個人的な質を高めるために自分自身を開発しなければならない。言語はそのための1つの方法である。

(5) 学生は，アジア諸国の学生がどのように移動するのかを理解する。学生の移動性を高める方法も探る。奨学金，インターンシップ，学生交流，青少年キャンプ等の方法についても議論する。アジア諸国における教育制度の特徴についても述べる。

(6) 学生は，特にインドネシアで，アジアにおける科学の発展がどのように進んでいるかについての詳細を理解する。この講義では，科学の可能性を最大限に引き出すことで，将来，国のために利益を得，アジアの国々を結束させるということに焦点を当てる。

(7) 学生は，先進国が研究を通じてどのように経済をリードしているかを理解する。研究がどのようにして国の経済成長の要因の1つになるのか明らかにする。インドネシアの場合，インドネシアが自ら研究を改善し，研究をリードする上での欠点と，その機会を得るために何が大切なのか議論する。

(8) 学生は，ICTの様々なツールについて理解しており，資料類，図書館，およびソフトウェア等の様々なリソースを共有することができる。この講義では，ICTの発展を促進するための人口統計学的，地理的，経済的，および社会的な潜在性の欠点と利点を探究する。

3 アジアの価値と研究環境の成長

インドネシアは人口の多い国の1つである。人的資源としてのこの人口は，経済成長に有利である。このリソースは何年もの間，様々な理由で十分に調査されていない。このコースの目的は，アジア諸国の価値観，文化，言語を探究し，学生に理解を深める視点を与える。また，アジア諸国の価値観，文化，言葉は，科学技術の向上と習得の基盤として利用することができる。我々が知っているように，インドネシアはまだアジアの先進国と比較して科学技術に遅れている。このコースを終了した後には，アジア諸国で学ぶために自己探求する意欲が高まっていることが望まれる。

インドネシアは，インドネシアの島々に多くの文化や言語が広がっている国である。異なる文化や言語は，インドネシアの人々の間のセパレータにはならず，むしろインドネシアの人々の間で兄弟愛の関係を深くする。研究を通して科学を発展させることにより，これらの価値を若い世代に引き継ぎ，他のアジア人からの科学技術分野の追い上げに対して用いる必要がある。

若い世代は依然として不安定で負の影響を受けやすい世代であるため，これらの貴重な価値を維持する必要がある。これらの価値観を維持し続ける国家の後継者として，これらの貴重な価値を維持するには，親や教育機関の役割が非常に重要と思われる。教育機関は，ただ勉強する場所であるだけでなく，国家の性格を反映した道徳的・倫理的価値を植えつける場所でもある。これらの価値観は我々に人格主義的で無私であることを教えてくれた。インドネシアの特徴であるもう１つの価値は，審議と相互協力である。それは，すべての当事者が納得するまで，議論を重ねることにより，重要な意思決定をすることである。「gotong-royong」は，作業が迅速かつ良い状態で完了できるための相互協力である。相互協力では，インドネシアにとって困難な諸問題を解決するために使用できる共通の価値がたくさんある。これらの価値は現在，若い世代によって忘れられ始めている。そのため，さまざまなビジネスが必要である。相互の尊重を深め，お互いに助け合うことが必要である。さらに，国家として統一と団結を維持する態度も必要である。この努力は，若い世代の価値の発達が理論レベルのみでなく，日常生活においても実現されていなければならないことを意味する。それは文字教育を進めることによって行うことができる。若い世代の教育が良ければ，インドネシアは偉大な尊厳ある国家になるであろう。

若い世代のための人格の養成は，科学を発展させる上で非常に重要である。インドネシアは多くの部族，人種，宗教で構成されているため，文化的価値観や国家の性格について共通の見解が必要である。地元の文化に基づいた特色ある教育を導入することで，同国の後継者となる若い世代がインドネシア国家の繁栄を実現することを期待したい。物理学科で行われているアジア共同体講義では，様々な関係者や機関と協力して知識を開発する能力を発達させるために，地域文化の貴重な価値を高め，人格教育の理解を深めることができる。このコースは，インドネシアの様々な大学の数名の専門家による物理分野における科学の発展を提供し，現在の物理学の発展についての幅広い洞察を提供する。同時に，これらの専門家は，学生が知識を育成するよう励まし，動機づけるために，みずからの経験を通して，現在ある貴重な価値を理解させる。

インドネシア政府が宣言した長期的な経済発展を支え，これを加速させる支援の１つが堅実な研究基盤である。これによって，熟練労働者の雇用，革新力，強力な投資環境を促進することができる。インドネシアの大学が直面している障害の１つはまだ研究よりも教育活動に高い優先順位があることである。これでは，大学と公共および産業部門とのつながりは弱くなる。この問題は，研究支援のための大学の官僚機構の欠如と関連する。さらに，インドネシアには，科学技術の発展のための資金調達スキームがない。インドネシア政府は国内総生産（GDP）の0.8％のみを研究活動に配分している。これらの問題は，インドネシアの人的資源の研究能力の弱さにつながる。インドネシアでの研究を妨げる主な要因の１つは，研究を支援する良い資金計画がないことである。インドネシアでは研究者が質の高い研究成果を上げることよりも，研究結果を報告することが求められており，インドネシアの研究者の生産性を低下させている。その上，さほど必要でない管理上の負担が研究に上乗せされる。その結果，質の高い研究を生み出す研究者の集中力は，管理上の要件に振り分けられる。研究資金の改善，資金へのアクセスや研究報告の簡素化などの手立てが必要である。(Brodjonegoro と Greene，2012 年)

インドネシア政府は，州立大学運営援助（BOPTN）と非課税歳入（PNBP）から 17 億ドルを拠出しようとしている。この基金は，国際的な出版物の発行や特許を増加させるための科学技術に関する革新的な研究の育成に注がれた。その結果，Scopus で索引付けされた国際出版物の数は，8 月の 9501 件から 2017 年 10 月の 1 万 2098 件に大幅に増加した。また，オープンアクセスジャーナル（Directory of Open Access Journal: DOAJ）の索引に登録されているジャーナルは，76 から 931 と大幅に増加した。(kemristekdikti，2017 年)

インドネシア政府は，経済を改善する研究を前進させるための戦略を変えなければならない。この増加は，最終的に人々の生活を変えることができる。このような変化には，信頼性の高い研究者を育成するために，教育機関がより多くの研究と既存装置のアップグレードを奨励することによって，業界を含む様々な関係者が関与しなければならない。また，多くの大学における研究環境の悪化が主な障害となるほか，英語による研究成果の執筆能力の欠如が大きな障害となる。さらに，より質の高い研究を生み出すための相互協力には，制度間の協力と産業を改善し強化することが必要である。現在，中小規模の大学や産業界間の協力はまだほとんどできていない。これはまた，一般的にインドネシアの既存産業が輸入産業であるためでもある。海外機関との協力の強化は，量と資金の両面で改善する必要がある。

この研究が最終的にもたらしたことの 1 つは，その研究成果を公に知らせるために，科学雑誌に掲載する必要性の確認である。これは，同じ分野の他の専門家による審査プロセスに合格するかどうかで，適切かつ正確に研究が行われたかどうかを判断する手段としての機能も果たしている。国際雑誌の科学刊行物は，科学への貢献の指標も示している。この貢献度指数は，研究者数や使用された資金の数からはわからない。インドネシアの研究者が直面している重大な障害は，科学論文を書くのに十分な理解と経験がないことである。その結果が，評判のよい国際雑誌に掲載されたインドネシアの研究者によって作成された科学論文の数である。研究者が優れた科学論文を作成できる国では，その論文数がより広範なコミュニティで使用できる革新的な製品を生み出すベンチマークとなる。

また，研究技術省と高等教育省には，大学内のより多くの学内ジャーナルを作成するように大学に促すことが望まれる。このジャーナルは，大学内の講師が作成した研究論文を掲載するだけでなく，全国的なジャーナルに掲載できるよう論文のレベルを高めなければならない。そして，評判の良い国際誌に掲載できるまで，より高いレベルに進まなければならない。こういう段階を踏んで，インドネシアの研究者からの科学論文という研究成果を受け入れていくのである。研究成果を評判の良い国際雑誌に掲載する必要がある研究者は，徐々に能力を向上させることができる。講師の能力向上のための指導は，教員が作成した研究成果を学内ジャーナルに掲載しないようにすることである。

注目すべきもう 1 つの問題は，インドネシアの大学の講師による研究グループの研究管理がないことである。多くの場合，講師は独自で研究を行い，効率の低い研究結果しか得られない。研究管理の問題は，行政スタッフ，研究スタッフ，財務マネージャーなどからなる研究マネージャーの存在である。質の高い研究を行うためには，研究を専門的に管理する必要がある。研究成果の主なベンチマークとして，国内外の学術雑誌の論文，学会論文，研究報告書などの研究成果を使用するべきである。しかし，現時点では研究する時間が非常に短いため，研究成果を主要ベンチマークとして作成していない研究者は，まだまだ多数存在している。

政府は研究成果を向上させるために様々な方法を試みている。法律第 12/2012 号高等教育の第 89 条では，BOPTN の約 30％が研究資金として使用できるとあるが，これでは大学における既存研究の結果を改善することはできない。また，インドネシアの研究の質に大きな影響は与えていない高等教育の tri dharma の実施に集中するよう，講師にインセンティブを与える認定制度もある。また，大学での標準的なキャリアとして，教授，研究，献身という3法をベースとする講演者の評価システムは，質の高い研究を生み出すために強い刺激を与えるようなものではない。これは，研究のために与えられた資金の額が少ないことから，研究に努力する価値がないのである。

研究成果の向上に伴う障壁は，学生を含むいくつかのグループで衰退したアジアの価値を高めれば克服することができる。インドネシアの研究者の数が少ないのは，研究者の給与や研究のための投資が低く，高品質な製品を生産できる研究者の資金が不足しているためである。研究成果を大学や関係省の著名な国際雑誌に掲載した研究者には，インセンティブ基準の欠如が生じる。一般的に，大学は評判の良い国際雑誌に成果を上げた講師に資金を配分しないからである。既存の研究資金は政府からのものであり，民間からの研究資金はほとんどない。

インドネシアの研究者を刺激するためにインドネシア政府によって行われたもう1つの努力は，外国の大学や海外の大学と協力することである。Kemristekdiktiは，コンソーシアムグラントスキームを通じて海外の大学との協力を開始するために，大学の研究グループに資金援助を提供した。このコンソーシアムグラントスキームにより，インドネシアの大学の既存の研究グループが海外のいくつかの研究グループとの研究協力を行っている。海外での経験が豊富な研究者と協力して，研究成果の出版や研究能力の向上を目指す。さらに，コンソーシアムには，イノベーションセンター（Center of Innovation, CoI）を設立することが期待されている。CoIでは，製品の技術革新のために業界の潜在力を動員することとした。これは，国内外のパートナーとの協力関係を構築することで実現できる。組織間の協調と相乗効果は，革新的な製品を提供することに寄与するであろう。そのためには市場の要求とのマッピングが必要である。このマッピングは，政府が実施する国家開発計画に含まれるテーマと戦略的課題によって作成される。政府はまた，インドネシアの科学基金（DIPI）というインドネシアにおける研究資金を管理する機関を設立した。この機関は，ニュートンファンドなどの既存の研究機関と協力して，インドネシアの既存の研究者に研究資金を提供する独立した機関である。

一方，「アジア・バリュー」は，UNM がアジア共同体講義シリーズの主催者として授業で指導するテーマである。この用語は，学生の日常生活において議論され実行されることが急務であると考えられている。マレーシアの首相であるマハティール・モハマド氏とシンガポールの首相であるリー・クワンユー氏は，アジア的価値の著名な提唱者だった。アジアの価値観の主要な主張は，アジアの一連の価値観が，東アジアに住む多くの異なる国籍や民族の人々によって共有されていること，通常東・東南アジアにのみ関連していること，これらの価値には，個人よりもむしろコミュニティへのストレスが含まれていること，個人の自由に対し秩序と調和が優先することを表しているとする。アジアの価値観についていくつかの視点がある。それは①宗教を他の分野から切り離すことの拒否，②政府と企業が必然的に自然敵である必要はないという考え，③貯蓄と倹約に特に重点を置くこと，④勤勉に対する主張，⑤政治的リーダーシップに対する敬意，⑥家族の忠誠心に重点を置くことである。

アジアの価値の深い定義を見出すために，アジアの価値と，アジアの経済や政治との比較が行われた。アジアの価値観とアジア経済の観点から，特定のアジア社会の経済的成功を理解するためには，これらの「アジアの価値」の役割を評価しなければならず，文化を無視して経済的な面でアジア経済の成功を分析することは適切ではない。西洋の価値観の具体的採用の結果として，アジア経済の成功を特徴付けることは適切ではない。政治的な側面からは，アジアの価値観は次のように見える。アジア社会における現代の政治制度は，アジアの特定の文化に根ざしていなければならず，西側諸国で開発された自由民主主義の形態のみに基づいてアジア社会を改革したり批判したりすることは許されない。

4　結論

この講義シリーズは成功裏に実施され，すべての受講生が，UNM の物理学科の第 5 学期に登録された。この講義のテーマは，アジア共同体におけるアジアの価値・文化・科学技術に基づいており，これは各講師の分野に応じて様々な観点から議論されてきた。参加者は，大学の研究環境をいかに成長させ，価値観，文化，科学技術の観点からでアジア共同体の設立という考え方に関する多くの情報を得た。

本論分は，2017 年 8 月 4 日・5 日に名古屋市で開催されたワンアジアコンベンションで発表したものである。

【謝辞】

UNM インドネシアのアジア講義委員会は，資金援助をしてくださったワンアジア財団に感謝致します。特にワンアジア財団理事長の佐藤洋治氏の講演と協力に感謝申し上げたい。

【参考文献】

（1） Asian Development Bank（ADB，アジア開発銀行），アジア太平洋の主要指標 2014 年のハイライト，2014 年。
http://www.adb.org/sites/default/files/publication/43030/ki2014-highlights_1.pdf
（2） World Bank Open Data（世界銀行公開データ），2016 年。
https://datacatalog.worldbank.org/dataset/gdp-ranking
（3） One Asia UNM 委員会，One Asia 講義シリーズ UNM 2014 年，2015 年，2016 年。
http://oneasia.unm.ac.id
（4） ICT センターUNM，学習管理システム UNM，2016 年。
http://lms.unm.ac.id
（5） *Hibah Kompetensi*，研究助成報告書，研究および地域社会サービス局，インドネシア共和国研究高等教育省研究開発総局 2015 年および 2016 年。
（6） 開発チーム，UNM の 50 年間の歴史，2012 年，Badan Penerbit UNM.

（7） インドネシアの国際出版，Nasir はそれを真実に保つよう訴える。
https://ristekdikti.go.id/publikasi-ilmiah-internasional-indonesia-terus-melesat-nasir-himbau-untuk-jaga-momentum/

（8） Brodjonegoro, Satryo Soemantri, と Greene, Michael P., 2012, インドネシア科学基金の創設，インドネシア科学アカデミー，World Bank と AusAID, Jakarta.

第 17 章

単一アジア内部の文化変容

ボー・バン・セン（ベトナム国家大学ホーチミン校教授）
チャン・カオ・ボイ・ゴック（ベトナム国家大学ホーチミン校）

1　新世界秩序

過去数世紀，世界の主要な勢力が世界を支配したが，それは冷戦の終結以来，新世界秩序が世界の趨勢を決してきたことからも理解できる。

ゆえに，冷戦後の世界で急速かつ大規模に生じた変化を，すべての地域すべての国において重要課題とし，政治的に新たな段階に進めることが可能だろう。その場合，ただ1つの力が未来を操るのだろうか。あるいは，2つだろうか。冷戦後に世界の多極化が急速に進み，少なくともアメリカ，EU，中国，日本，ロシアの5極が現れたが，このどれもが経済力を背景として登場した。これらの国は，政治的，経済的，あるいはその二重の同盟を形成するだろうし，他の国は別の成長極の構築を目指すだろう。その政治的経済的インパクトは何か。それがどんな力であっても，今日の発展において，新世界秩序の貿易と投資市場を変える力として作用する。さらに，工業化が未完成の経済は，グローバル化によって工業化された世界市場の恩恵を受ける。事実，新秩序は強制的でかつ互恵的であることを，その性格としている。

2012年，オバマ大統領は，アジア太平洋政策を重点的に実行すると宣言した。周知の「アジア・リバランス」である。この政策は，アメリカの利権と資源を求める視線が再びアジア太平洋地域に向かい，その手段として，投資を通じて新たな可能性を現実化し，同盟関係を強化し，その中で重要なパートナーに投資することを狙っている[(1)]。

アジアの経済は，戦後成立した世界の自由貿易体制を基礎として，巨大な利益を得ている。アジアの再成長は，アジアが経済と貿易の最終的な勝者になった時に実現するだろう。「ボイス・オブ・アジア[(2)]」によれば，主要経済指標において今も成長が顕著である。

アメリカ，EU，日本のG3は，経済の現状維持，さらには再生を図っている。インドはグローバル経済の波に乗り，年率7%の経済成長を遂げ，中国は政府が積極的に関与する政策により安定成長を実現している。新興国の中で規模の大きいインドネシアに若干の減速が見られるが，マレーシアは競争力のある通貨を持ち，アセアン域内への工業製品の輸出で優位に立つ。マレーシアは，経済の中で貿易が占める割合が特に高く，これは世界的にも希なほどである。タイもまたベトナム同様に優勢であり，フィリピン，インドネシアが域内の工業品市場でやや競争力を欠く。

2　文化交流と変容

アンガー・フォッグは，その著書『文化選択』（1999年[(3)]）の中で，次のように語っている。

文化継承はいくつかの類型がある。それは，親から子へ垂直継承，直接関連のない者の間で起こる水平継承，子または新加入者が集団内で社会化される継承，1人の教師や指導者が集団に影響を及ぼす継承である。

文化交流は人間関係の発展を促し，人の理解の及ぶ範囲を広げ，そしてグローバル化した多文化社会の一員となる知識と術の習得に役立つ。文化が交わることに加え，文化の融合が歴史を形成する。その名称が示唆するように，またその言葉から明解であるように，変容は次のように解される。

> ある社会に異文化が大規模に入り込んだ場合，文化変容が必ず発生する。受け入れ側の文化は重大な変化をするが，その変容は必ずしも変容前の文化をそっくり消滅させるわけではない。新旧の融合または一体化が起こることが常である。つまり，新しい変容文化は混合体であるか，あるいはより受容が起きやすいタイプになることもある。(Dennis O'Neil 1997–2006)

3　1つのアジア

現在，東西対立が終結し多極化した世界において，経済学者は先進工業国からアジアにパワーの中心が移りつつあると理解している。そして，アジアが資本の蓄積と新たなビジネスにより，世界経済が大きく成長するための主導的役割を担うことを期待している。アンドレ・ギュンダー・フランクは，『リオリエント』の中で次のように述べた。

> 1800年以前の世界経済において，明らかに他を凌駕する地域があったなら，ヘゲモニーよりさらに強力な世界システムの支配者が現れ，一時的に単一または複数のセクターがその地域に集中し，それがまた別の単一または複数のどこかに移行していただろう。これは19世紀に実際に起こり，世界経済の中心がアジアに回帰する形で21世紀初頭に再びその兆候を見せている。

文化変容は，多文化社会形成に至る主たる要因である。多文化社会化の成功は，その社会の包容力による。すべての国民が文化伝統を守りながら多様な性格を有する社会に等しく参加し，そこで活動する権利を持つ。それは，変容する多文化社会のよさを最大化すること，および平和で豊かな共同体を築き上げるために労を惜しまない意思を共有することで得られるのである。

アジアの歴史は，古くから知られている複数の世界的な文明が集まって形成された歴史と見ることができ，同時に各地に古くからある固有の文明が発展し，現在に至ったことが見て取れる。アジアの文明は，様々な面で文化的宗教的類似性を多く有している。

中国とインドの成長が，特に経済，文化，技術面でのグローバルな成功によることは疑いないが，それとともに，他の国も独自の文化的アイデンティティによって注目を集めた。例えば，韓国，日本，ベトナムが，世界経済，文化，政治の発展において，アジアの重要性と存在感を世界に示す大きな役割を果たしたことである。文化交流と文化変容は，一般に人類史に不可欠の要素であると確信できるし，アジアの発展では特にそうである。文化交流の主要な出来事を記述すれば，アジアの形成は色彩豊かな分厚い歴史の本になる。その出来事とは，中国化と脱中国化，ヒンドゥー化と脱ヒンドゥー化，西洋化と脱西洋化などである。文化交流が，古代のアジア，中世のアジア，仏教，イスラム教，ヒンドゥー教等が深く浸透した近代および現代のアジアを形成したのである。

これらの出来事の意義は，文化交流による以下の3つの現象から明確にできる。(4)

第一に，中国化と脱中国化である。ベトナムは中国王朝の侵入とその封建的支配を受け，それが10世紀（紀元前111年から938年まで）にも及んだ。この時期，中国化が強制されたが，現象面では文化融合とふつうの文化交流が並行して起こっていた。ベトナムは文化融合に抵抗すると，同時に中国文化の先進的な要素を学び，そうすることで後に脱中国化を達成した。ベトナムの文化史は，中国化と脱中国化の2つの流れに分類できるのである。ベトナム，朝鮮，日本の古代中世の文化と文明は，基本的に中国文化との交流および文化変容の過程で形成され発展してきたと言える。さらに，殊に中部と南部ベトナムにおいて，文化交流の過程でインド文化の強い影響もあった。

第二に，ヒンドゥー化と脱ヒンドゥー化現象である。インドは，紀元前2世紀に中国と交易を始め，それ以来東南アジアに対する関心を強くした。マラッカ海峡の通行は，アジアの二大文明間の航路として確実で，要する日数も短かった。このようにして，東南アジアにおけるヒンドゥーの広がりが起こり，1世紀頃からインドはこの地域一帯に強い影響を持ち始める。数千年もの間，インドのヒンドゥーと仏教の影響は，この地域各国の文化単位に一定程度の強度をもって及んだ。5世紀から13世紀，東南アジアに強力なインド系植民者の支配する帝国があり，仏教建築と仏教美術が盛んになった。

東南アジアの歴史を通じて，古くにあったインド系の王国，つまり扶南，チャンパ，クメール，シュリーヴィジャヤは，1世紀から13世紀に至る時代，東南アジアのほぼすべてを支配していた。それらがヒンドゥーであることは，数多くの絵画から判明している。(5)

インド化の事実は，扶南王国に見ることができる。扶南は，メコンデルタ一帯に興った王国で，石版に残る古代の記録により存在が知られている。サンスクリット語の仏教記述，3世紀前半頃の南インドの記録にもその記述が見られる。さらに，ヒンドゥーのシヴァ神信仰と仏教の共存は，おそらく5世紀までに成立している。インド化の事実は，ベトナムのクワン・ナムとフー・イエンのサンスクリット語の石碑にも見られ，またシヴァ・バドレシャヴァラ廟に祀られた神で，チャンパの首都と考えられるチャー・キュウに建立された3つの石碑にも見られる。(Coedes, 1966, pp.64) カンボジアでは，クメール王朝の時代，シヴァ神，ヴィシュヌ，仏陀信仰が広く存在していた。大乗仏教が成立する一方で，シヴァ神信仰とブラフマン寺院は，マライ・アーキペラゴに建立されたサンスクリット語の石碑に記録されている。(Harrison, 1967, pp.25)

第 2 に，言語と文字の影響を概観すると，東南アジアで建立された古い石碑のほぼすべてがサンスクリット語の記述であることが明らかになっている。地域に分化したものも地域の言語に取り入れられたものもあるが，現在のブルネイ，タイ，ラオス，カンボジアで今日使用されている文字は，インドにその原型がある。（Majumdar, 1963, pp. 18, 28）東南アジア各地で見つかっている石碑の多くは，サンスクリット語と 14〜15 世紀のインド文字によって記述されている。

東南アジアの芸術と建築も，インドの影響を受けている。カンボジアの寺院は，インドの強い影響が見られる最たる例である。アンコール以前の時代，インド化された文化が直接持ち込まれ，アンコール時代の後は，それに修正を加えながら独自の様式を確立した。東南アジアの本土と半島，主としてタイ，ジャワ島中部，マレー半島，ビルマのパガンの寺院の建築に，インド化された様式を見ることができる。ジャワ島のボロブドゥール，ムンドットの観世音菩薩，ララ・ロンゴランド，マレー半島のプラタート，チャンパのポロメ，ポクロン・ゴライ，ビルマのアナダなどがその例であるが，これらは汎インド現象と見ることができる。（Majumdar,1963）13 世紀以降は独自様式が多く見られるが，インドにその起源があることは疑いようのない事実である。

さらに，王制，法体系と行政組織にも，インド化が見られる。カースト制を基盤とするインドの社会構造の影が，東南アジア諸国の法制度と行政にも窺えるのである。

ヒンドゥー化が政治的軍事的な拡張を伴わなかったため，脱ヒンドゥー化は商業と宗教面において平和裏に進行した。それゆえ，アジアにおける脱ヒンドゥー化は，一般的な文化交流とローカル化のプロセスであった。インドは同化に対する抵抗を受けないではなかったが，特段の衝突を経ずにヒンドゥー化を進めたのであった。歴史上，文明を繁栄させてきたヒンドゥー化と脱ヒンドゥー化は，南アジア，殊に東南アジアの国の文化を多彩なものにした。

第三として，アジア史の中の西洋化と脱西洋化を考えたい。15 世紀と 17 世紀は，東南アジアの精神構造に西洋の強い影響があり，強い衝撃を与えたとされる。しかし，反植民地運動，経済システム，ナショナリズム，儀礼，アイデンティティ等の研究によれば，西洋由来のものと東南アジア固有のもの双方の文化形成に果たした役割の比重を考慮するなら，西洋化はそれほどのものではない。西洋の強力な影響下にあるとされるものも，アジアの強いアイデンティティにより，むしろアジア的な意識が色濃く反映されている場合もある。今認識の変化が起こり，東洋と西洋は対等な力をもって相互に作用し合ったので，「東洋の風が西洋の風を吹き飛ばす」あるいは「西洋の風が東洋の風を吹き飛ばす」といった概念は時代遅れのものになった。研究者も，互いから学ぶ，相互理解，東西地域間の架け橋として，文化交流と変容を理解している。西洋の影響と見做せるもの，あるいはそう見做せないものは何かということの再定義をするなら，日本の近代化と産業化，インドの技術革新，アジアの四龍は，相互の活動から学び得た貴重な経験と考えられるだろう[6]。

西洋化によって，伝統的な東洋の固有文化の一定数は西洋のそれに取って代わられたが，西洋化とそれに続く脱西洋化で，東洋は農耕社会から近代の科学技術，先進的な教育制度，工業，国防など人類の進歩の産物と言えるものを活かす社会に変貌を遂げたのである。

歴史は，文化交流がアジアの大きな発展の転機を用意し，それが継続したことを証明する。多くの国がアジアの発展の重要性を認識しているが，それは経済の急成長と西洋の影響下で起きている文化の深部に及ぶ変容の場として，アジアを理解しているからである[7]。

4　ベトナムにおける中国化と脱中国化

古代，ベトナムの領土は，中国広西省から北部ベトナム，チャンパ，扶南の

3国であった。

紀元前111年から938年まで，北部ベトナムは中国の支配下にあり，中国は官僚を送り込み，中華風の社会，文化，宗教をベトナムに持ち込んだ。その長期支配の結果，強制的な同化と通常の交流の双方が起こった。

仏教は，海路でインドから，陸路で中国からベトナムに伝播した。ベトナムの著名な学者チャン・バン・ジャップは，1932年のエコール・ド・フランスの会報32号に掲載された論文「安南における仏教　世紀末の起源」の205ページで，「仏教は既に2世紀頃のトンキン（北部ベトナム）で見られ，中国名モウ・ポ（ベトナム語でマウ・バック）が，仏教のベトナム伝道者と伝えられる。」と記している。トンキンが中国インド航路の直線上にあることから，仏教の布教と仏教経典翻訳の中心地だったのである。

今日，仏教はベトナムの人びとの生活にとけ込み，それは四諦，五蘊，十二支縁起，ベトナム仏教の5色の旗が仏教徒の5つの徳を意味することなどに表れている。さらに，中国の信仰も，北部ベトナム人の日々の生活に深く刻み込まれている。最も顕著なのが儒教である。中国の哲学者孔子（紀元前551～478年）の教えを基にした儒教は，中国統治時代の初期に伝えられ，天命，皇帝，偉人の事績，古式儀礼，年長者への敬意を基礎としている。女性に対して特徴的規範があり，三綱，すなわち結婚するまでは父親，結婚後は夫，夫の死後は長男に従うことが求められ，四徳，すなわち婦人らしい心得，礼儀，言動，行動が要求される。他に，重視されるべき3つの社会規範（三綱）として，主従，父子，夫婦関係があり，仁，義，礼，智，信の5つの徳（五常）を生活の規範としている。

儒教の他にも中国文化の影響はある。道教は生活の法と言われ，人は自らの幸福のため，自然と慣れ親しんで暮らすべきとする。道教の祖である老子は，紀元前600年頃の人で，人は自然の中にあって自然と調和する時にのみ得られる自然な生活をするべしと説いた。道教の概念は，非西洋医学，占星術による婚姻，春と秋，農地の耕作，種蒔きなどに関連する儀式等に見られる。

同化が進む間も，ベトナムの人びとは，非常に柔軟かつ巧みに自らの文化と生活に中華風の要素を融合させていた。後の脱中国化の過程で，ベトナムによく馴染んだ価値と財を自身で選び取ったので，創造的でダイナミックなものになったが，同時にそれは郷土愛的な精神と保守的な意識を伴うものでもあった。農業生産の改良もこの頃に起こったが，この当時ベトナム人が学んだ中国の先進技術は，鉄と青銅の精錬法，エナメルで表面加工されたセラミック，焼き畑の代わりとして牛や水牛が鉄製の農耕具を引く耕作，ハーブや薬草による漢方医学などが，その例である。機織り，かご製作，ガラス製法などの工芸技術の発展も見られた。一方，「交流」という言葉が示唆しているように，中国もサトウキビの栽培，二毛作等をベトナムから導入した。

ベトナムの封建社会の基本構造は，中国統治時代に形成された。外国の侵入者に対し固有のアイデンティティを守る闘いが，ベトナムの歴史で繰り返されていた。とりわけ中国の同化政策に対しては柔軟な対応をし，そのため中国は強固な抵抗に直面し，ベトナムの人民は容易に他の文化に染まらないことを思い知ったのである。ベトナム文学は，古典中国語で書かれた文学を伝えながらも，活き活きとした独自の内容に発展させていったことがその例である。他に，儒教の教えと儀礼を併存させてベトナムの伝統である祖先崇拝を守ったこと，青銅のドラムを作製し使用したこと，ドン・ソン芸術に明らかに固有の装飾が見られること，ベトナム語は全般に中国語に由来するのであるが語彙数を増やすためにベトナム化された語彙が多いことなども，その例に数えられる。事実，中国語の表意文字は，学校で習い，2000 年にも亘り文学，芸術で使われてきた。その間，ベトナムの知識人は，ベトナム語の声調を含む発音を記述するため，中国由来のチェノム文字を考案した。一般の人びとは，これを会話のための発音はない，読み書きだけの語として学習していた。

ベトナムの知識人は，中国語に「漢越語」と言われるベトナム語の音を当てた語を作り出した。「使用」は中国語で shǐyòng と発音するが，ベトナム語では sử dụng となり，「大学」dàxué は đại học となる。他の脱中国化の例は，女性を蔑視した価値観に抵抗したことにも見ることができる。中国漢字の古語の多くは，悪い意味がある場合，その語に「女」を含んでいることが多く，貪婪，嫉妬，嫌，妄，妖，奴など，この例は非常に多い。

これら古い偏見に抵抗したのが，ベトナム文化の表現である「妻が第一，天国が第二」などの問答である。これは，中国とベトナムの相違がわかる文化対話の典型例である。

ベトナムの人びとの多くは，道教，儒教，仏教のよき習合（三教同源）を創り出している。これは，世界の宗教の中でもたいへん興味深い現象である。道教は自然に適合，儒教は社会に適応，仏教は宇宙の一部として調和し未来への準備を，それぞれ説いた。李陳朝時代，この3教の習合に大きな進展があった。1169年，李英宗（1138～1175）は，この3教を学ぶ学校を設立し，公式に仏教に理解を示し，かつ特権まで与えている。10世紀末になると，仏教は外来宗教であるかという議論が消滅するほどベトナムの文化に深く根付いていた。仏教は統治者の宗教として伝えられ利用されていたが，その後変容の過程を経てふつうの村落集落レベルにまで到達し，ベトナムの人びとに広く信仰されるものになったのである。

このような訳で，ベトナムに定着した儒教が中国古来のものと明確に異なることは疑いようのない事実であるが，ベトナムの人びとと文化に少なからず影響があることも否定できない事実である。

5　ヒンドゥー化と脱ヒンドゥー化

中国化と脱中国化，西洋化と脱西洋化に加え，ヒンドゥー化と脱ヒンドゥー化もアジアの歴史に多大な影響を残している。東南アジアのヒンドゥー化と脱ヒンドゥー化現象は，紀元前1世紀[(8)]，平和裏に文化交流が進んだことに始まる。そのもとを辿れば，中国とインドが紀元前2世紀頃に交易を始め，その中継地点の東南アジアにインド人が関心を持ったことに行き着く。インド商人は，既に拓かれていた主要3交易路の他に早くかつ安全な海洋航路を探っていて，東南アジアの海，つまりマレー半島とスマトラ島に跨るマラッカ海峡を発見したのであった。

この海路は，東南アジアに「ヒンドゥー」を持ち込むのにもまた好都合であった。インドは1世紀頃から東南アジア諸国の文化に強い影響を与えたが，記録によれば，かの壮大なガンジス文明の文化と知識の伝播は，インドの僧侶と商人によるものだったらしい。伝播したものは，文字，舞踊，英雄伝，ヒンドゥーの神を崇拝する儀式，仏教などであった。それらは，今日のベトナム中部南部に栄えたチャンパおよびチェンラ王国にもたらされ，ヒンドゥー教と仏教は東南アジアの古代国家の国家宗教となり，経済基盤を得て，文化的にも社会的にも安定したものとなった。この2大宗教の伝来以来，唯一絶対神の崇拝は，伝統的な女神信仰と水田の神の信仰と習合したものに変化していった。ヒンドゥー化と脱ヒンドゥー化は，東南アジアの古代封建社会において，経済，文学，芸術，宗教などの様々な分野で具現化し，特に宗教において後々に及ぶ強い痕跡を残したのであった。

マラッカ海峡の通行によって，インドの宗教は，扶南，チャンパ，チェンラ，シュリーヴィジャヤ(9)などの古代王国に布教する条件を得た。インド・ガンジス文明の2大宗教の1つ仏教は，東南アジアにインド人僧を伴って伝えられ，その記録は扶南王国の古代オク・エウ文化の記述にまで遡ることができる。中国の歴史書によれば，扶南は3世紀から6世紀にかけてベトナムの南部メコンデルタ一帯を支配した王国で，王は強力な権力を有していた。扶南王国の存在および1世紀頃の初期の仏教伝播の形跡は，ベトナムの国宝でありかつ東南アジア最古の石碑と言われるボーカン（Vo Canh）碑両面の碑文に見ることができる。これは，現在ベトナム歴史博物館で展示されている。この碑文の文体は，南インドのアマラバティの石碑に酷似しているという研究もある。

同時期，中部ベトナムの海岸部に強力な王国が興っていた。チャンパである。5世紀まで辿ると，インド文化の強い影響は，チャム王の信仰としてシヴァ神と仏陀（大乗教）が併存していたことからも理解できる。18～19 世紀，フランスの考古学者が，チャンパ王国のヒンドゥー化に関連があると見られる多くの彫刻を発掘した。チャム語とサンスクリット語の石碑，クワン・ナム省とフー・イエン省の石窟の文字，あるいはチャー・キュウ省の 3 つの石碑等である。ここはチャンパ王国の中心と考えられていて，シヴァ・バドレシャヴァラ廟も建立されている。（Coedes, George 1966）

6　ベトナムにおけるチャムの芸術，建築，彫刻

4 世紀末，ヒンドゥーはチャム族の文化，宗教，芸術に非常に強く影響した。

インド由来の宗教は古代チャンパの社会と文化を形成したと言えるが，その後に変遷があり，固有文化に吸収されることとなった。脱ヒンドゥー化である。チャムは王政期にあったが，家族の中の女性の役割が大きいなど，ヒンドゥー化以前からあった伝統も受け継がれていた。ヒンドゥーの到来した後，持ち込まれたヒンドゥーの女神は，土地の人びとが信仰する女神に作り変えられた。その女神は，インド起源の名前であるが，チャム信仰を思わせる女神であった。

ヒンドゥー化と脱ヒンドゥー化現象の例は，ベトナムでいくつもの時代を経て現在にも残っている。それは，仏陀，シヴァ，ヴィシュヌや東南アジアの土着の神に似せた像，祭壇の天空の神，高原の神などに見られる。女神の中に融合している仏教的要素は数多くあり，マン・ヌン女仏，観世音婆仏などがその例である。また，人びとを救済する女性として菩薩の輪廻転生も説かれている。

7　西洋化と脱西洋化

中国の南でインドの東に位置するアジア大陸の東南の半島をインドシナと呼び，現在のベトナム，ラオス，カンボジアがそれであるが，その中のコーチシナ（現在のメコンデルタ一帯）と呼ばれていたベトナム南部は，フランス植民

地時代，1864 年までカンボジアの緩衝地帯とされていた。1884 年から 85 年の清仏戦争に続き，フランスは安南（現在の北部ベトナム）を得た。ヨーロッパが介入してきた後，ベトナムはトンキン，安南，コーチシナに分割された。19 世紀半ばに東南アジア諸国の構成が定まって以降，フランスは植民地の生産力を上げるための新しい基盤の確立を急いだ。中国文化圏にあるベトナムは，何世紀もの間中国由来の文字を使用していたが，アレキダンダー・ロードスによって考案されたアルファベット表記の表音文字（国語）に置き換えられた。1917 年からしばらくの後，ベトナムの知識人層と支配層は，「国語」が民衆教育に効率のよい手段であることを理解した。1853 年から 1954 年までフランスの植民地であったが，植民地支配の過去は言語にも抜き難い跡を残したのである。結果として，多くのフランス語がベトナムの日常生活に入り込んだ。ベトナム語のチーズ（phó-mát）はフランス語の fromage に由来し，ケーキ（ga-tô）は gateau に，バター（bơ）は buerre に由来する。

ベトナムが経験した 3 つの変容，中国化と脱中国化，ヒンドゥー化と脱ヒンドゥー化，西洋化と脱西洋化から，ベトナム・エリートの形成を理解できる。例えば，チャンパ王国があったベトナム中部は，アジアの文化と宗教が交錯する地帯である。中国，インド，東南アジアの海上から生じた経済成長により，文化交流も盛んになった。掘り起こされた歴史は，チャンパ文化固有のものと外来のものからなる混成物が，ユニークな精神活動の産物に結実した。それは，ベトナムの文化と宗教の核心部分を変化させることになった。

ベトナムの人びとの積極性，柔軟さ，賢さ，創造性は，固有の文化アイデンティティを受け継ぎつつ，新しいベトナムを形成した。世界の人口が相当に増加しているのは明らかで，2030 年までに 80 億人に達すると予想されているが，この状況にあって陥るであろう貧困と孤立を回避するため，アジア諸国は相互関係の必要性を理解し，潜在力と可能性の最大限の発揮が共にできるよう多角的な交流をさらに進めることが求められる。それは，多様でありながらも一体性のある多文化アジアを作り上げることである。アジアの持つ多様さによって，各国は不可欠の経済的および文化的利益と，グローバル社会のより深い理解を得るだろう。事実，国が活性化し創造的になることと並行し，様々な文化の形が国々を豊かにするのである。

結論として，アジアには，多文化，多言語，多数のエスニック，多宗教からなる複合社会があり，それゆえの多様性がある。地域化とグローバル化といった新世界秩序は，高等教育を含むすべての面で21世紀の多種多様な変化を作り出している。高等教育機関は，地域レベル，国レベル，世界レベルの研究と技術革新の核を成し，自然の脅威もいかなる衝突もない世界の平和に寄与している。高等教育の国際的な連携と研究機関の発展のために，政府はアジアの研究機関の連携支援制度を後押しし，妥当な政策を打ち出すべきだろう。これにより，教育の質，国際的連携，社会的な責任を確保した世界水準の大学の確立が可能となるのである。

「多極化」あるいは「超大国プラス多極」の新秩序が摩擦や衝突の原因となり，新たな同盟の形成に向かったわけであるが，これは，特に東南アジアで人びとに新たな挑戦の機会を提供した。高等教育機関の持つ重要な機能は，平和な世界の持続的な発展の可能性を探り，それに挑んでいくことである。今の新秩序にあって東南アジアの歴史の発展は，特にベトナムの場合，中国化と脱中国化，ヒンドゥー化と脱ヒンドゥー化，西洋化と脱西洋化が早くから起こり，その影響を深く刻み込んでいる。

変化の中に建設的な統合を実現するという目的から考えるに，我々はアジアの統合を目指し，その意義を解する集団間の社会的な包摂とその質の向上を得ることによって，すべての市民が多文化社会に等しく参加する権利を持ちながらも，自らの文化伝統を維持し，変化しつつも統合された多文化社会の利を最大化し，平和で繁栄した統合アジアの実現に向けた歩みを進めたい。

【注】

（1） 2018年，大西洋会議資料。
http://www.atlanticcouncil.org/elections?view=article&id=23353:india-and-

the-emerging-world-order

（2） ボイス・オブ・アジア，2017 年，アジアについて知るべき 4 つのこと。https://www2.deloitte.com/insights/us/en/economy/voice-of-asia/january-2017/insights.html#endnote-sup-1

（3） Agner Fog, *Cultural Selection*, 1999, Kluwer Academic Publishers より刊行。
http://www.springer.com/gp/book/9780792355793 and
https://link.springer.com/content/pdf/bfm%3A978-94-015-9251-2%2F1.pdf

（4） 中国文明圏の日本，朝鮮，ベトナムへの広がり
http://wps.ablongman.com/long_stearns_wc_4/0,8725,1125407-,00.html

（5）「東南アジア史におけるインド化」。
http://www.ukessays.com/essays/history/indianization-in-southeast-asia-history-essay.php

（6） この新しいアジアのアイデンティティは，社会，文化，経済，政治に及ぶ。数十年の国際社会の変化の後，日本は国連安全保障理事会の常任理事国を目指し，外交上の地位の向上を図っている。インドネシアのスハルトによる冷戦後の時代の新しい非同盟運動は，地域的な信頼醸成と自立を説いたが，それが今年ウィーンで開かれた国連人権会議で，アジアと西洋の間に生じた対立となったのである。シンガポール外務大臣のウォン・カン・センほか参加者の中に，初めてアジアの拡大傾向を理解した者がいた。日本，韓国ほかアジアのいくつかの国が，アメリカとヨーロッパが提唱する普遍の権利を支持したが，インドとフィリピンのアジアの民主主義 2 カ国は，人権は経済社会の発展に資するものとして議論するべきとする立場を取った。これは，他国から人権侵害として批判があったが，国内の諸問題の解決を優先する議論であった。多くのアジアの政治指導者は，まず経済成長があり，次に中産階級の政治的覚醒が牽引する形で必然的に生じる民主化を，最も望ましい民主化としている。(船橋洋一「アジアのアジア化」http://www.foreignaffairs.com)

（7） Coedes, George,「韓国の波」が「アジアの波」の基礎となっている。*The Making of Southeast Asia*. Routledge & Kegan Paul Publishers より刊行，64 ページ，1996 年。

（8）「東南アジアにおけるインド化の歴史」から引用
http://www.ukessays.com/essays/history/indianization-in-southeast-asia-history-essay.php

（9） シュリーヴィジャヤ王国は，インドネシアのスマトラ島に栄え，現在のパレンバン市の西に王国の当時を伝える遺跡と文化遺産があり，パレンバンがその中心であったことが窺える。シュリーヴィジャヤは海洋王国として知ら

れ，500 年頃から 1300 年代の終わり頃まで栄えたが，その起源はおそらく 200 年頃まで遡ることができる。http://www.ancientworlds.net/aw/Article/543335

【参考文献】

ベトナム語文献

（1） Arlo Griffiths, Amandine Lepoutre, William A.Southworth and Thanh Phan (compiling), The Inscriptions of Campa at the museum of Cham Sculpture in Da Nang. HCMC Vietnam National University Publisher, 2012

（2） Barry Eichengreen, Charles Wyplosz, and Yung Chul Park (edited), *China, Asia, and the New World Economy*, Oxford University Express, 2008

（3） Bui Thanh Thuy, "Preservation, Development cultural Values in the Context of Globalization". Culture and Arts Magazine (No.351, September 2013). Ministry of Culture, Sports and Tourism.

（4） Dinh Ba Hoa, *Champa Ancient Pottery, Binh Dinh*, Khoa hoc Xa hoi Publisher, 2008

（5） Ngo Van Doanh, *My Son Sanstuary*, Tre Publisher, p.83, 2003

（6） Nguyen Duy Ty and Le Minh Phong, "Archaeological Examination on Cham Culture in Ninh Thuan in 1993", New archaeological discoveries in 1993, pp. 284–285, 1993

（7） Nguyen Tien Luc, *Japan and Vietnam. Civilizationalization Movement at the end of 19th Century and at the beginning of the 20th Century.* Vietnam Education Publisher, 2012

（8） Phan Huy Le (chief compiler), *History of Vietnam* (volume 1), Vietnam Education Publisher, 2012

（9） Tran Ky Phuong, Nguyen Van Phuc, "New Cham Remains discovered in Chiem Son Tay Valley (Quang Nam – Da Nang)", 1991

（10） Tran Ngoc Them, *Searching back to Vietnam Cultural Identities*. HCMC Tong Hop Publisher, 2006

（11） Tran Thi Thuy Phuong, Pham Huu Cong, *365 steps around the Museum of Vietnamese History in HCMC*. Department of Culture, Sports and Tourism, 2008

（12） Truong Quoc Binh, "Preservation and Development of Cham Cultural Heritage in Vietnam – the Bridge for Vietnam-India Diplomatic Relationships". Proceedings of the international conference *Indian Imprints in the Process of Cultural Acculturation in Vietnam and Southeast Asia*. HCMC Viet-

nam National University Publisher, 2013
(13) Xuan Diem Le and Vu Kim Loc, *Artefacts of Champa*, HCMC National Culture Publishing House, 1996

英語文献

(1) Andrew Hardy, Mauro Cucarzi and Patrizia Zolese, *Champa and the Archaeology of Mỹ Sơn (Vietnam)*, Singapore: NUS press, 2009
(2) Anne-Valérie Schweyer, *Ancient Vietnam – History and Archaeology*. River Books Guides, Bangkok, 2011
(3) Anne-Valérie Schweyer, "The Birth of Champa", 13th International Conference of the European Association of Southeast Asian Archaeologists, vol. 2 : Connecting Empires and States, Berlin, pp. 102–117, 2012
(4) Avind Kumar Singh, "Cham Culture of Vietnam: Tracing the Indian Roots" . Proceedings of the international conference *Indian Imprints in the Process of Cultural Acculturation in Vietnam and Southeast Asia*. HCMC Vietnam National University Publisher, 2013
(5) Bruce M.Lockhart, "Colonial and post-colonial constructions of "Champa", in The Cham of Vietnam – History, Society and Art, ed.Tran Ky Phuong and Bruce M.Lockhart. Singapore: NUS Press, pp. 1–53, 2011
(6) Burling, Robbins, *Hill Farms and Padi Fields: Life in Mainland Southeast Asia*, Prentice Hall, Englewood Cliffs, N.J., 1965
(7) Coedes, George, *The "Korean Wave" only laid the foundation for the "Asian Wave"*, The Making of Southeast Asia. Publishers: Routledge & Kegan Paul, p.64, 1996
(8) Coedes, George, *The Indianized States of Southeast Asia*. East-West Centre Press, 1968
(9) Danny Wong Tze Ken, *Vietnam-Champa Relations and the Malay-Islam Regional Network in the 17–19 Centuries*. Department of History, University of Malaya. This project was funded by a SEASREP-Toyota Foundation Regional Collaboration Grant, 2007
(10) Ellen L. Frost, *Asia's New Regionalism*, Lynne Rienner Publishers, 2008
(11) Emmanuel Guillon, *Hindu-Buddhist Art of Vietnam: Treasures from Champa*, Weatherhill Publisher, 2001
(12) Emmanuel Guillon, *Cham Art, Treasures from the Da Nang Museum, Vietnam*, Thames & Hudson Publishers, 2004
(13) Geetesh Sharma, India-Vietnam Relations – First to Twenty first Century.

Publishers: Dialogue Society, 2004
(14) Geetesh Sharma, *Traces of Indian Culture in Vietnam*, Publishers: Banyan Tree Books Pvt.Ltd., 2009
(15) Graham Allison, Robert D. Blackwill, Ali Wyne, Henry A. Kissinger, *"Lee Kuan Yew: The Grand Master's Insights on China, the United States, and the World"*. MIT Press, pp. 2–3, 2013.
(16) Harrison, Brian (third edition), *South-East Asia: a Short History*, London: Macmillan and Co Ltd., 1966
(17) Zbigniew Brzezinski, "*The Grand Chessboard: American Primacy and Its Geostrategic Imperatives*". Basic Books Publisher, pp. 151–193, 1997
(18) Majumdar R.C., *Ancient Indian Colonization in South-East Asia*, Baroda: B. J. Sandesara, 1963
(19) Majumdar R.C., *Hindu Colonies in the Far East*, Baroda, : B. J. Sandesara, 1963
(20) Majumdar R.C., Champā: *History & Culture of an Indian Colonial Kingdom in the Far East*, 2nd-16th century A.D. Delhi: Gian Pub. House, 1985
(21) Michael Schuman, *The Miracle – Châu Á thần kỳ. Thiên sử thi về hành trình tìm kiếm sự thịnh vượng của Châu Á* (translated from *The Miracle: the Epic story of Asia's Quest for Wealth*, 2009), Thoi Dai Publisher, 2010
(22) Neelima Dahiya, "Dynamics of Culture Interaction between India and Champa during 2nd Century CE to 15th Centure CE: Some Reflections". Proceedings of the international conference *Indian Imprints in the Process of Cultural Acculturation in Vietnam and Southeast Asia*. HCMC Vietnam National University Publisher, 2013
(23) Ooi Keat Gin (editor), *A historical Encyclopedia*, from Angkor Wat to East Timor, 2004
(24) Po Dharma, *The History of Champa* (paper)
(25) Proceedings of the seminar on Champa, ed. P.B.Lafont. University of Copenhagen on May 23, 1987; Southworth, William. *The origins of Campa in Central Vietnam: A preliminary review*, PhD.diss, SOAS, 2001; The Cham of Vietnam – History, Society and Art, ed.Tran Ky Phuong and Bruce M.Lockhart. Singapore: NUS Press, 2011.
(26) R.C. Majumdar, "The Vo-Canh inscription" in Studies in Asian history and culture, presented to Dr. B. R. Chatterji on his eightieth birthday by Prakash Buddha (ed.), pp. 152–157, 1970
(27) R.C. Majumdar, Champā, *History and Culture of an Indian Colonial King-*

dom in the Far East, 2nd-16th Century A.D.. Book III. Delhi: Gyan Publishing House, 1927, reprint: 1985

(28) Richard Münch and Neil J. Smelser (editor). *Theory of Culture*. University of California Press, Berkeley · Los Angeles · Oxford, © 1993 The Regents of the University of California, 1993

(29) Samuel P.Huntington, *The Clash of Civilizations and the Remaking of World Order*. Simon & Schuster, 2007

(30) The National Intelligence Council, *Global Trends 2025: A Transformed World*. US Government Printing Office, 2008

(31) Tran Ky Phuong and Bruce M. Lockhart, *The Cham of Vietnam*. History, Society and Art. Singapore: NUS press, 2011

(32) Tran Ky Phuong, "The wedding of Sītā: a Theme from the Rāmāyaṇa represented on the Tra Kieu pedestal" in Narrative Sculpture and Literary Traditions in South and Southeast Asia by Marijke J. Klokke (ed.), pp. 51–58, 2000

(33) Tran Ky Phuong, *Vestiges of Champa Civilization*. Ha Noi: The Gioi Publishers, 2004

(34) Tran Ky Phuong, *Cultural Resource and Heritage Issues of Historic Champa States in Vietnam: Champa Origins, Reconfirmed Nomenclatures, and Preservation of Sites*. Working Paper Series No. 75, Asia Research Institute, National University of Singapore, Singapore, 2006

(35) Ummu Salma Bava, *New Powers for Global Change? India's Role in the Emerging World Order*. Friedrich-Ebert-Stiftung, 2007

フランス語文献

(1) Abel Bergaigne, "L'ancien royaume de Campā, dans l'Indo-Chine d'après les inscriptions," Journal Asiatique, series 8, 11 (1888), 5–105, 1888.

(2) Anne-Valérie Schweyer, "La royauté au Campā d' après les inscriptions" in Les apparences du Monde : Royautés hindoues et bouddhiques de l'Asie du Sud et du Sud-Est by B. Brac de la Perriere and M.-L. Reiniche (eds.), pp. 119–183.

(3) Anne-Valérie Schweyer, "Po Nagar de Nha Trang," Aséanie 14, 109–140, 2004

(4) Arlo Griffiths, Amandine Lepoutre, William A. Southworth and Thành Phần, "Épigraphie du Campā 2009-2010: prospection sur le terrain, production d'estampages, supplément à l'inventaire," BEFEO, 95–96, 435–

497, 2008-2009, published 2012
(5) Coedes, George, *Inventaire des inscriptions du Champa et du Cambodge.* Publisher: Impr.d'Extrême-Orient, 1908
(6) Coedes, George, *Histoire ancienne des États Hindouisés d' Extrême-Orient.* Hawaii: East-West Center Press, 1944
(7) Coedes, George, *Les peuples de la péninsule indochinoise: histoire, civilisations.* Dunod editions, 1962
(8) Georges Maspéro, 1928, *Le Royaume de Champa*, rev.ed. Paris and Brussels: Van Oest, 1928. English version: The Champa kingdom – The history of an extinct Vietnamese culture, translated by Walter E.J. Tips. Bangkok: White Lotus Press, 2002.
(9) Philippe Stern, *L'art du Champa (ancien Annam) et son évolution.* Toulouse and Paris: Les Frères Douladoure and Adrien-Maisonneuve, 1942
(10) Pierre Baptiste and Thierry Zéphir (eds.), *Trésors d'art du Vietnam. La sculpture du Champa Ve-XVe siècles. Paris: Réunion des musées nationaux and Musée des arts asiatiques Guimet*, 2005
(11) Plubplung Kongehana, Chainarong Sripong, *L'état des connaissances des Etudes Cham en Thaïlande*, pour la 6ème Conférence Annuelle du monde Musulman (Les 22 et 23 mai de 2013).
(12) Po Dharma, *Le Pāṇḍuraṅga (Campā) 1802–1835: Ses rapports avec le Vietnam.* Pulications de l' Ecole française d' Extrême-Orient (EFEO), 1987
(13) Po, Dharma, "Survol de l'histoire du Campa," Le Musee de Sculpture Cam de Da Nang. Paris: Association Française des Amis de l'Orient (AFAO), Ecole Française d'Extreme–Orient (EFEO). Editions de l'AFAO. pp. 39–55, 1997

インターネット文献

(1) A Glorious Hindu Legacy: Indic influence in Southeast Asia," retrieved from the World Wide Web http://www.hinduwisdom.info/Glimpses_XIV.htm
(2) Agner Fog, Cultural Selection, 1999, published at Kluwer Academic Publishers, retrieved from the World Wide Webs
http://www.springer.com/gp/book/9780792355793 and
https://link.springer.com/content/pdf/bfm%3A978-94-015-9251-2%2F1.pdf
(3) Atlantic Council, 2018, India and the Emerging World Order, retrieved

from the World Wide Web
http://www.atlanticcouncil.org/elections?view=article&id=23353:india-and-the-emerging-world-order

（4） Dennis O'Neil, Acculturation, retrieved from the World Wide Web http://anthro.palomar.edu/change/change_3.htm , Copyright © 1997–2006

（5） East Asia and the Pacific in the 21st Century: Geopolitical and Economic Dimensions, retrieved from the World Wide Web
http://interactioncouncil.org/node/69

（6） Evan A. Feigenbaum, 2015, The U.S. must adapt to Asia's new order, retrieved from the World Wide Web
http://www.eastasiaforum.org/2015/03/22/the-us-must-adapt-to-asias-new-order/

（7） http://anthro.palomar.edu/change/change_3.htm

（8） http://whc.unesco.org/en/list/949

（9） http://www.ancientworlds.net/aw/Article/543335

（10） http://www.archives.gov.vn

（11） http://www.mongabay.com/history/south_korea/south_korea-daoism_and_buddhism.html

（12） http://www.sacha-champa.org

（13） http://www.ukessays.com/essays/history/indianization-in-southeast-asia-history-essay.php

（14） Indianization in Southeast Asia History Essay, retrieved from the World Wide Web
http://www.ukessays.com/essays/history/indianization-in-southeast-asia-history-essay.php

（15） James Blake Wiener, 2013, Deciphering Ancient Cham Art, retrieved from the World Wide Web http://www.ancient.eu.com/news/3128/

（16） Jashaklikei, "Mối quan hệ Đại Việt - Champa trước thế kỷ XI (Dai Viet – Champa Relationship before the 11th Century)", Quan hệ bang giao Đại Việt – Champa: một cách tiếp cận mới (Dai Viet - Champa Diplomatic Relations: a new way of approach), Posted March 24, 2014 onto the World Wide Web
http://jashaklikei.wordpress.com/2014/03/24/quan-he-bang-giao-dai-viet-champa-mot-cach-tiep-can-moi-2/

（17） Muthiah Alagappa, 2010, Regionalism in the 21st Century Asia, retrieved from the World Wide Web http://www.eai.or.kr/type/panelView.asp?bytag=p&code=eng_report&idx=9502&page=75

(18) Peter Drysdale, 2012, Asia's economic and political interdependence, East Asia Forum, retrieved from the World Wide Web
http://www.eastasiaforum.org/2012/05/28/asias-economic-and-political-interdependence/

(19) South Korea – Daoism and Buddhism, retrieved from the World Wide Web
http://www.country-data.com/cgi-bin/query/r-12289.html

(20) The Asianization of Asia, by Yoichi Funabashi, retrieved from the World Wide Web
http://www.foreignaffairs.com

(21) The Spread of Chinese Civilization: Japan, Korea, Vietnam, retrieved from the World Wide Web
http://wps.ablongman.com/long_stearns_wc_4/0,8725,1125407-,00.html

(22) Voice of Asia, Four things you need to know about Asia in 2017, retrieved from the World Wide Web
https://www2.deloitte.com/insights/us/en/economy/voice-of-asia/january-2017/insights.html#endnote-sup-1

(23) Yoichi Funabashi, Japan and the New World Order, retrieved from the World Wide Web
https://www.foreignaffairs.com/articles/asia/1991-12-01/japan-and-new-world-order

(24) Yoichi Funabashi,The Asianization of Asia, retrieved from the World Wide Web
http://www.foreignaffairs.com

(25) Zbigniew Brzezinski, 2011, As China rises, A new U.S. Strategy, the January/February issue of Foreign Affairs, retrieved from the World Wide Web
http://www.wsj.com/articles/SB10001424052970203413304577088881349304486

翻訳　越充則（ベトナム国家大学ホーチミン市社会人文科学大学）

第18章

近代上海の都市文化に見る東西の交流
―文化的共同体に関する考察―

榎本泰子（中央大学文学部教授）

1　はじめに

21世紀の中国経済を牽引する上海は，かつて100年にわたり欧米の租界として発展した歴史を持っている。中国の地にありながら中国政府の統治を受けず，外国籍の大商人らが主導する自治が行われていたことが，他の都市とは異なる上海の特徴である。また，特定の国家に帰属しない特殊な環境のもと，現地の文化と外来の文化が混じり合い，のちに「上海モダン」と呼ばれる独特の近代文化が生まれた。筆者は文化史研究や比較文化の観点から，世界史における上海の位置を検証することに関心を持っている。このような検証作業は，国籍や民族を異にする人々の共生というテーマにつながっており，「アジア共同体」の理念にも通じると考えられる。

本稿では筆者の既発表論考などを踏まえつつ，上海における民族の垣根を超えた文化的事象を紹介し，多様な民族による文化的共同体とはどのようなものかについて考察してみたい。

2　上海租界の成立と近代文化の形成

本章は主に拙著『上海　多国籍都市の百年』（中央公論新社，2009年）での論述に基づき，上海租界の成り立ちや特徴，中国文化史における意義などについてまとめる。

上海は中国沿岸の中ほど，長江が海に注ぐところに位置し，海運と水運の要として貿易に有利な条件を備えていた。アヘン戦争で清朝に勝利したイギリスは，南京条約を結んで1843年に上海を開港させ，1845年には自国民の居住地域として租界を設置した。アメリカ，フランスも続いて租界を設置し，貿易商人らを中心に急速に都市建設が進められた。1863年に英米両租界は合併して共同租界となるが，そこに本国政府の直接の干渉はなく，住民代表として選ばれた大商人らが内閣に当たる組織（参事会）を作って行政を担当した。フランス租界は一国が管理する専管租界として，本国政府から派遣された官僚が行政を司った。

租界は当初外国人専用の居留地であったが，清朝末期の戦乱の影響で中国人避難民が流入し，実質的に国籍を問わず誰でも住むことができるようになった。日本人も，九州からの移民を中心に，19世紀末から共同租界の一角に集中して住むようになった。また，1917年のロシア革命以後は，社会主義政権を嫌ういわゆる白系の人々がハルビン等を経由して上海に流れ着き，フランス租界の住民となった。ロシアの上流階級は教養としてフランス語を話すことができたため，パリに向かうのでなければ上海を目指したのである。さらに1930年代後半には，ナチスドイツの迫害を逃れたユダヤ人が海路で大量に押し寄せ，共同租界のはずれにユダヤ人街を形成した。このように，上海租界は中国の地にありながら中国の主権が及ばず，とりわけ共同租界はいずれの国家にも帰属しない自由都市の性格を持っていた。

上海の人口は1930年代には300万を超え，ロンドン，ニューヨーク，東京，ベルリン，パリについで世界第6位の大都会になっていた。外国人の数は最も多い時で15万人，国籍は58に及び，「東洋のパリ」とも呼ばれるほど国際性豊かな街であった。黄浦江沿岸に今も残る西洋建築群や，街のそこかしこに見られる瀟洒な洋館，プラタナスの並木道などはいずれもその時代の名残である。

欧米列強にとって上海は大陸進出の足がかりであり，当初の主要な目的は貿易による経済的利益だった。共同租界の大商人らは，上海の開発をビジネス環境の整備と等しくとらえていたため，港湾設備や街のインフラなどは欧州本国のそれを再現すべく建設に励んだ。衣食住や娯楽活動なども，現地に同化するのではなく，欧州のスタイルをそのまま維持しようとした。すでに述べたように，租界成立初期には，中国人は難民として租界に流れ込むか，あるいは外国人の元で働く労働力として存在していたに過ぎなかった。租界当局が中国人に対して文化的な統制を加えることはなく，言語・宗教・教育などを強制することもなかった。

しかし商工業の発展とともに，人口の9割以上を占める中国人が社会生活の維持に必要な労働力であることは無視できない事実となり，加えて経済力を高めた中国人が消費者としても存在感を増してきた。外国人の下で働いてきた中国人の中には，実力と経験を積んでビジネスに乗り出す者も現れ，民族資本家として中国の政界にも影響力を振るうようになる。中華民国の成立（1912年），そして蔣介石による南京国民政府の樹立（1927年）を背景にナショナリズムが高揚し，中国人こそ上海の本来の住民であるとの意識が広まった。その結果，1920年代末からは中国人の代表が租界行政に参加するようになった。

上海はその独特な環境や優れた生活条件によって中国全土の人々を引きつけるようになる。欧米や日本に留学した経験のある中国人にとって，西洋さながらのライフスタイルが繰り広げられている上海は，広い中国の中で最も先進的な場所と認識されていた。上下水道や冷暖房が完備されたアパートなどは，租界に住む者だけが享受することができた。そして西洋の風俗・娯楽は，租界に居住する外国人がまず実践し，いくらかの時間をかけて中国人の間に定着していった。演劇，ブラスバンドやオーケストラ，社交ダンス，テニスや乗馬，映画などはいずれも1930年代までに中国人上流層には馴染み深いものとなっており，特にダンスホールと映画館は中間層・労働者層にも開かれた娯楽として上海の風俗を特徴づけるものとなった。

1930年代は，上海の近代文化の最盛期と言われる。港街上海の人々は，その歴史を通じて，新しいものを柔軟に受け入れ，自らのスタイルにアレンジする能力に長けていた。西洋文化を融合しながら形成された独特の文化はのちに「上海モダン」と名付けられ，他の都市とは区別された。例えば，本来満洲族の伝統衣装であり清朝以来女性が着用していた旗袍（チーパオ）を，西洋のドレスにならってボディラインに密着したものに変え，スリットを深くしてセクシーさを強調したことは，「上海モダン」の典型である。流行の旗袍に身を包み健康的な肉体を誇示した女性の姿は，『良友画報』などのグラビア雑誌で繰り返し取り上げられた。その結果，纏足に象徴される不健康な女性像を一変させ，女性自身の意識をも変えて，就業や社会参加を促す働きをした。

この時代の上海が映画産業の中心地であったことも特筆すべきである。すでに19世紀末より，欧州から伝来した映画フィルムが上映され，20世紀初めには欧米人が経営する映画館が存在していたが，1920年代から中国人による映画制作が盛んになった。ハリウッド映画の影響を受けつつも，地元の事件に取材したストーリーや，標準語（上海語，広東語などの方言とは異なる共通語）を話す若手俳優らの起用で，映画はあらゆる階層の中国人に歓迎される。銀幕は新しいメディアとして，万人が知る「明星（スター）」を作りだし，誰もが口ずさむことのできる流行歌を生み出した。例えば現在の中華人民共和国国歌「義勇軍行進曲」は，当時ヒットした映画『風雲児女』の主題歌である。

このように，衣食住や，映画・流行歌などの大衆文化は，欧米文化をよく知る先覚者たちによってその「中国化」が計られ，一般市民に受け入れやすい形になっていったことが注目される。上海は西洋文化の展示場であると同時に，中国人による選別や土着化が試みられる場であり，選別・土着化のプロセスを経てから中国全土へ普及したと言うことができる。

3　異なる文化の共存―ライシャム・シアターを例として

従来中国側の研究では，上海租界は欧米の「半植民地」と見なされ，特に左翼史観のもとでは帝国主義による抑圧と搾取の象徴とされてきた。政治・経済の仕組みとして，そのような側面があったことは否めず，欧米人が社会の上層に君臨する中で，中国人労働者層・貧困層が過酷な生活を強いられていたことも事実である。しかし文化的に見れば，上海租界は中国人に対してさまざまな可能性を開いていたと言える。中国人の富裕層や知識層にとって，租界は各国の文化・芸術に直接触れ，世界の文化の趨勢を知ることのできる稀有な空間だった。欧米の複数の言語による新聞，ラジオ放送なども貴重な情報源であったし，異なる国家・民族の人々がそれぞれ故郷の音楽や舞踊などを演じてみせる場（劇場，クラブ，趣味のサークルなど）が数多く存在していた。

筆者は近年，上海で150年以上の歴史を誇るライシャム・シアター（Lyceum Theatre，蘭心大戯院）の実態について，異なる分野の専門家からなる共同研究を進めてきた。租界草創期にイギリス人によって設立されたこの劇場は，2代目，3代目と建て替えられ，現在も現役の劇場として使用されている。個別の劇場に特化した研究は，中国および世界の上海地域研究の中でもおそらく初めてで，筆者らが編者となって刊行した『上海租界与蘭心大戯院―東西芸術融合交滙的芸術空間』（上海人民出版社，2015年）は中国の学術界で少なからぬ反響を得た。さらに，同じ研究グループを基盤として，日本でも『上海租界の劇場文化―混淆・雑居する多言語空間』（大橋毅彦ほか編，勉誠出版，2015年）を刊行した。そこに寄せられた各分野の研究者の論考は，上海で上演された演劇・舞踊・音楽・映画などが同時代の中国各地のほか，日本やアジアの諸都市，そして欧州やアメリカとも密接にリンクしていたことを明確に示している。本章ではこれらの研究に基づき，異なる民族による異なる文化が共存していた空間として，ライシャム・シアターを位置づけてみたい。

ライシャム・シアターは1866年にイギリス人のアマチュア劇団（Amateur

Dramatic Club）の専用劇場として建設された。1845年のイギリス租界設置以来，居留民自身による演劇や音楽の発表会は，コミュニティの娯楽活動であると同時に，祖国から遠く離れた地にあって，自らのアイデンティティを確認する意味合いがあった。1つの劇場の建設は，恒常的な活動を担保する「場」の構築であり，建築物そのものが居留民の精神的なよりどころになり得る。ライシャム・シアターは名実ともに上海における「西洋芸術の殿堂」であった。

ライシャム・シアターは火災による焼失を経て，1874年に場所を変えて2代目が建設され，1931年にはさらに場所を移して3代目が落成し，現在に至っている（上海中心部の茂名南路に現存）。3代目の収容人数は約700名と中型で，基本的には演劇用の劇場であるが，欧州から訪れた歌劇団や芸術家の公演会場としても用いられた。19世紀末以来，アジア各地の外国人居留地を巡る公演ツアーが盛んに行われていたが，上海のライシャム・シアターは，シンガポールのタウン・ホール，香港のシティ・ホール，横浜のパブリック・ホール（山手ゲーテ座）などと並び，興行の重要な拠点であった。

ライシャム・シアターはその成り立ちから言って欧米人のための娯楽・社交の場であり，夜間に正装した男女が集まる特別な雰囲気を持っていたこともあって，中国人にとっては敷居が高かった。しかし1920年代末から中国人の社会的地位が向上したことを反映し，1930年代に入ると留学帰りの知識人や上流階級が少しずつ足を踏み入れるようになる。1934年以降，ライシャム・シアターは共同租界の市営オーケストラである工部局交響楽団の定期演奏会の会場となった。切符を買える者なら誰でも，この極東一と称された楽団の演奏に接することができるようになり，西洋音楽を学ぶ中国人学生や一般市民の姿も徐々に増えていく。この時期に至ってライシャム・シアターは，欧米人居留民の郷愁を慰める場所であるだけでなく，西洋芸術がいかなるものであるかを中国人に伝える啓蒙的な役割を担ったのである。

さらに1940年代，太平洋戦争開戦によって日本軍が進駐し，租界から英米人が追放されると，ライシャム・シアターは中国人市民に対してより広く開かれるようになった。そこには劇場の経営を引き継いだ日本側の思惑，つまり戦時中であっても国際都市上海の文化生活が維持されていることを演出したいという意図が隠されていた。しかし別の角度から見れば，英米人がいなくなったことで従来の文化的ヒエラルキーが崩壊し，西洋芸術が中国人市民にとって近い存在になったと言うことができる。日本側は「上海音楽協会」という団体を設立してオーケストラ（工部局交響楽団から「上海交響楽団」に改称）の運営にあたり，中国人聴衆を意識して親しみやすい曲目を選び，公演パンフレットも中国語で印刷するなどの工夫を行った。(1)

従来の左翼史観によれば，太平洋戦争期の上海は日本軍によって自由を奪われた暗黒期であり，文化的に不毛な時代とされてきた。しかし日本軍による支配と租界の実質的な維持は，上海を戦火から守る働きがあり，結果として中国の他の都市では不可能な芸術活動が続けられたのである。その担い手となったのは租界に残留した白系ロシア人やユダヤ人であり，内地の統制を逃れて来た日本人や，他に行き場を失った中国人もこれに加わった。

ライシャム・シアターは日本軍によって接収され，上海音楽協会に関わる民間人が管理運営したが，主な公演は白系ロシア人奏者を中心とした上海交響楽団の演奏会と，上海バレエ・リュス（ロシア・バレエ団）の公演だった。上海バレエ・リュスは，欧州で一世を風靡したディアギレフのバレエ・リュスの流れを汲み，1934 年に上海で結成された。『白鳥の湖』などの古典作品のほか，『火の鳥』などの近代作品も次々に上演し，オペラやオペレッタと並んで上海のロシア文化を代表していた。こうした文化・芸術の存在によって，上海は欧州まで行かずとも西洋文化を体験できる場所として，日本人芸術家をも引き付けたのである。

ライシャム・シアターの管理運営を引き継いだことで，戦時中であるにもかかわらず，日本人がロシア人と共同でオーケストラやバレエの舞台を制作するという稀な機会が生まれた。のちに世界的指揮者となる朝比奈隆が，上海交響楽団を振って「世界デビュー」したことはよく知られているし，舞踊家の小牧正英はハルビンの舞踊学校を出た後，上海バレエ・リュスのロシア人に混じって研鑽を積んだ。彼らは戦後の日本でめざましい活躍をするが，それが上海での経験を糧にしたものであることは，筆者がすでに別稿で指摘したとおりである。(2)

非西洋人たる日本人の活躍は，中国人芸術家にとっても大きな刺激となったと考えられる。1940 年代以降，オーケストラと共演する中国人ピアニストや声楽家が少しずつ現れた。これは 1920 年代以来，欧米や日本に範を取って進められてきた音楽専門教育の成果でもあった。またライシャム・シアターでは，空いている昼間の時間帯に中国人の話劇公演が行われるようになり，演劇人や一般市民の来場が格段に増えた。「話劇」は，歌を中心とする中国の伝統劇（京劇や昆劇など）とは異なり，セリフを重んじる近代劇のことである。20 世紀初頭，日本留学を通じて西洋近代劇を学んだ中国人が上海で上演活動を始めた。草創期の演劇人にとって，演劇専門のライシャム・シアター（当時は 2 代目）はあこがれの場所だったが，賃貸料が高いことなどから長期間の公演は不可能だった。時代が下り，1940 年代になって初めて，ライシャム・シアターは中国人の手に届くものになったのである。

こうしてライシャム・シアターは，異なる民族の人々による多様な演目が存在する一方で，異なる民族どうしが互いの文化領域に出入りする特殊な空間となった。例えば 1 つのバレエ公演において，日本人が企画し，ロシア人が演じ，中国人が観る，ということもあった。戦争末期には観客の 9 割以上が中国人だったといい，ロシア文化の華であるバレエも，同胞のみならず中国人市民を意識したものに変化していたのである。つまりライシャム・シアターの公演実態からは，上海租界の文化状況がきわめて多層化しており，民族や国境を超えた文化的コラボレーションが実現していたことがわかる。

当初日本側には，中国人市民の目を戦争の現実から逸らせ，文化イベントによって平和な日常を演出したいという思惑が存在していた。しかし公演に関わった芸術家一人ひとりにとっては，戦争や革命に翻弄される祖国では不可能な舞台を，全力を尽くして作り上げることこそが目標であった。ライシャム・シアターは，世界の文化の潮流を取り入れながら芸術家としての自己を磨く場であり，同じ舞台に立つ者の間で民族や国籍は関係がなかったのである。

4　文化的共同体としての上海租界

歴史の一時期に東アジアに存在した上海租界は，文化的側面から見れば，国籍や民族の異なる人々からなる共同体と言うことができる。特定の国家に帰属せず，統一的な文化政策というべきものも存在しない中で，民間が主体となり，ビジネスや生活上の合理性・利便性・快適性などを基準として，互いの文化を吸収し融合していった。

その様相は，例えば明治維新以後の日本で「文明開化」「脱亜入欧」を国家的スローガンとし，上からの近代化＝西洋化を推し進めたのとは全く異なっている。劇場１つとっても，明治日本の場合は政府や財界の代表が欧米視察を通じて歌劇場という「入れ物」に着目し，中身の充実はさておいたまま，西洋式劇場の建設を次々に進めたという実態がある。日本にも横浜ゲーテ座のように，居留地の欧米人が自ら建設した劇場も存在したが，そこで行われた演劇や音楽の公演は一部の日本人の注目を集めたとはいえ，一般市民に対する影響はほとんどなかった。横浜と東京には地理的な距離がある上，帝国劇場の開場（1911年）などによって，興行の中心は横浜から東京に移っていった。その結果，日本の近代文化の成熟期に横浜ゲーテ座が場を提供することはなかったのである。(3)

上海は欧州・アジア・アメリカを結ぶ航路において重要な位置を占め，中国大陸への入り口という役割もあってアジア有数の大都市に発展した。さまざまな民族・国籍の人々が往来し，ビザなしで上陸できる上海租界は，革命と戦乱が相次いだ20世紀前半の世界において，きわめて稀な自由都市であったと言える。中国人は当初，労働力として欧米人に支配される側であったが，特定の言語や宗教を強制されることはなかった。そのような条件のもとで，中国人は間近に見る欧米の近代文化を主体的に選択することができたのである。

上海のケースを通じて，文化的共同体が形成される条件を考えてみた時，多様な民族による多様な言語・生活習慣が許容されなければならないことが第一である。上海は国際性豊かな都市であったとは言え，人々の生活エリアは国籍によって大まかに分かれ，地域ごとに特色を持って互いに侵すことはなかった。19 世紀後半の時点で欧米人の側に人種差別の意識があり，現地の中国人との交流を避ける傾向があったことは否めない。しかし 20 世紀に入り，中国人が労働力あるいは消費の主体として存在感を増していくにつれ，観念的な差別は欧米人にとって利益をもたらさないことが明白になった。1920 年代～30 年代の繁栄期に至って，人種よりも経済的・文化的な同質性の方が大きな意味を持つようになり，ビジネスにさとい欧米人ほど，中国人の資本家や欧米留学経験者などと対等に付き合うようになった。

共同体においては共通の価値観を持っていることが最も重要であり，経済的利益，民主主義，学問・芸術の尊重など，同じ目標や理想のもとで手を携えることが可能になる。異なる文化や生活習慣を持った者どうしであっても，生活上または仕事上の必要があれば，共通のルールや行動様式を育んでいくことができるのである。上海においては，学者，芸術家，ジャーナリストなどの間で，民族や国籍を超えた協力や信頼関係の例が多く見られ，それは当時戦火を交えていた中国人と日本人の間にも存在していた(4)。自らの出身や出自をめぐる意識よりも，共同体のメンバーとしての意識が勝るようになった時，彼ら・彼女らの属する共同体は真に機能していると言ってよいだろう。

5　おわりに

第二次世界大戦終結後，租界がなくなった上海は中国の一都市となり，1949 年の中華人民共和国建国後は，国家の厳重な管理下に置かれた。租界時代を通じて蓄積された文化・芸術は「ブルジョア個人主義」の残滓として一掃され，外国の言語や文化に通じた人々は「スパイ」の疑いをかけられた。文化大革命の10年間を経て，再び外国の文化を受け入れるようになるまでに，上海は大きな犠牲を払わなければならなかったのである。

歴史に「if（もし）」はないが，上海が自由都市のまま今日まで維持されていればどうなっていただろうか。それは「アジア共同体」の理念を文化的に体現する先駆的なケースになり得たのではないか，と筆者は考えている。

【注】

（1） 上海交響楽団の公演実態については拙論「太平洋戦争期の上海における音楽会の記録―上海交響楽団の演奏活動について」（中央大学人文科学研究所編『現代中国文化の光芒』中央大学出版部，2010年所収）に詳しくまとめた。

（2） 拙論「日本人が上海の劇場で見た夢」（大橋毅彦ほか編『上海租界の劇場文化―混淆・雑居する多言語空間』勉誠出版，2015年所収）を参照されたい。

（3） 日本（横浜と東京）と中国（上海）の劇場をめぐる状況については，拙論「劇場から見る東アジアの近代文化」（『紀要：言語・文学・文化』第121号（通巻第269号），中央大学文学部，2018年2月所収）で比較検討した。

（4） 上海音楽界における民族や国籍を超えた協力関係の例は，拙著『上海オーケストラ物語―西洋人音楽家たちの夢』（春秋社，2006年）や，拙論「中国音楽史から消えた流行歌―もう一つの「夜来香ラプソディー」」（『東洋史研究』第69巻3号，東洋史研究会，2010年12月所収）で取り上げている。

第 19 章

秋道智彌の『海に生きる』から見る日本の新しい海洋観と海洋教育

周艶紅（上海大学），楊徳民（上海海洋大学）

1 はじめに

上海海洋大学の外国語学院は2013年から第一級の出版社である上海訳文出版社と連携し，『海洋シリーズ』の訳本出版を企画している。去年から今年にかけて第1弾として「海洋経済」に関する世界の有名な著書の翻訳に着手した。2015年から第2弾として「海洋文化」をテーマとしたプロジェクトがスタートし，新しい7冊のうち1冊の翻訳を単独で担当することとなった。そして，翻訳に選んだのは秋道智彌教授の『海に生きる　海人の民族学』という本である。秋道智彌（あきみち・ともや，1946年～）教授は，日本の人類学者。総合地球環境学研究所名誉教授，国立民族学博物館名誉教授。総合研究大学院大学名誉教授。専攻は生態人類学，海洋民族学，民族生物学（wikipediaによる）。秋道教授は長年，海洋民族学や生態人類学の立場から内外の海の調査研究を続けてきた。

地球の7割を占める海はわれわれ人類が生きるための，必須の食材を提供してくれるばかりでなく，エネルギーの提供や生態循環の維持にも大いに役立っている。まさに，われわれ全人類が「海に生きる」もので，「海洋民族」と呼べるのだろう。海はわれわれ人類のための海ばかりでなく，食材として利用している魚介類の海でもある。持続可能な海洋資源を利用するために，このような「魚」たちと共存共生することが何よりも大切である。本研究で言う「海洋民族」は狭い意味でのナショナリズムではなく，国境を越えるものである。さらに，共に地球に生きる，海に生きる高等生物として，自らの大きい「家」＝地球を守らなければならないという使命感が覚えられる言葉である。

3.11 東日本大震災が発生し，今日になってもその対応に追われている日本であるが，地震や津波に対する経験が豊かな日本であるこそ，損失を最小限にとどめることができたのではないかと思われる。対照的に，ここ数年来頻繁に起こる地震に対応を急ぐ中国にとっては学ぶべきことが多いのではなかろうかと考えられる。そのため，海，森，川などの生態連動を考慮に入れた上で，復興を推し進めるべきだと言う秋道の論点に賛同し，持続可能な資源の利用を目標にすることの大切さをも是非中国の人たちに伝えたく，本書の翻訳に取り掛かった次第である。世界の海において実施したフィールド・リサーチの結果がまとめられたもので，信憑性が高い。したがって，中国の専門家にとっても参考にすべきことが多いと思われる。

この本の翻訳者として，共存共生（2つの理論を含む），新しい海洋観と海洋教育の３つから，本書の主な論点を述べたい。

2　共存共生

1　共存共生の「海人」

『海に生きる』とはどういうことを指すのか。秋道は人間と海とのかかわりを複眼的な視点から問い直すことを大きな狙いとしていると述べている。そして，人間は多様な種類の海の生き物を食料や生活道具，あるいは工業製品を生み出す原材料として利用してきたのである。地域や時代を別として，これらの海洋生物の捕獲・採集には，「海の生産者」が存在している。秋道はこのような海と直接かかわる個人や集団を「海人（かいじん）」と呼んでいる。

まず，挙げられた特徴は「越境性」である。沖縄・奄美では「ウミンチュ」と言う呼び名がよく知られているが，秋道が指摘した「海人」は日本の海人だけではなく，北のベーリング海峡から南太平洋，北海から地中海，そしてインド洋で活動してきた人々をも彼の視野に置かれている。また，海人の活動は沿岸の浅い海だけに限らず，その出漁先は国や大陸を越えた範囲に及んでいるわけである。

また，海人の活動を資源の破壊者としてみるのか，それとも資源の保全者として見るのか。秋道は二元的な区分では決してとらえきれないと考えている。彼の重要な論点は時代や歴史の変化を通して，海の生き物と海人のかかわりが変化してきたことである。次に挙げられたのは「変容性」である。中でも外部社会の動向や国・地域，さらには世界全体の社会経済や政治情勢に即応して，海人の活動は変容してきた。しかも，海洋生物の資源自体も一定ではなく，大気と海洋の大きな変動とともに，人間による漁獲の動向によっても変動してきた。自然や人間社会の影響がもろに海人の活動に及ぶわけであって，それに相応した海人の活動変容性が特徴の１つと言えよう。

秋道が提唱した海洋民族は狭義的な民族主義ではなく，国境を越えた海に生きるすべての生き物にとっての大海洋民族のことである。この意味から世界のあらゆる国家や民族は「海洋民族」と呼ぶことができる。生物生態学の観点からすれば，海に生きる海洋生物もこの大海洋民族に含まれているわけである。地球の７割を占めている海洋はわれわれ人類が生きるために，必須な食材を提供してくれているし，人類の生活のためにも必須なエネルギーを提供してくれているし，地球の生態的なバランスをも維持してくれている。本研究で言う海洋民族学というのは，人類が海洋の支配者の視点ではなく，海に生きる生物の１つとする視点から，より公正的に，より謙虚にほかの海洋民族に対処することによって，共存共生という目標に達しようとしている。

2　2つの理論

1　「森は海の恋人」論

『海に生きる　海人の民族学』には「森は海の恋人」論が紹介されている。森で培われる豊かな滋養分が水を通じて川から海に流れこみ，海の豊かさとなって海の生き物を育てるということなのである。森を守ることは持続可能な海洋資源を守ることを意味している。

（1）　森と海の連環

現在，森と海の連動が注目を浴びている。『森は海の恋人』という本を書いた畠山重篤（はたけやま・しげあつ）氏は宮城県気仙沼湾にて家業のカキ・ホタテの養殖に従事している。湾内の環境悪化により「森は海の恋人」をキャッチフレーズに，湾に注ぐ大川上流の室根山へ植樹運動を始めた人である。また，環境教育のため体験学習を積極的に行い，それらの活動に対し表彰・受賞が多数ある。例えば，2004年には宮沢賢治イーハトーブ賞，河北文化賞を受賞した。現在，京都大学フィールド科学教育研究センター社会連携教授として活躍されている。いまや「漁師が森に木を植える」植樹運動は，小中学校の教科書にも取り上げられ，国民的な運動となり，自然環境を守る「あいことば」となっている。畠山は「森は海の恋人」論の提唱者であり，沿岸地域の海に豊かな幸をもたらすのは森に由来する栄養塩類（窒素，リン，鉄）であるとし，森作りと植林活動をここ30年余り進めてきた。

（2）　海底湧水と循環

海に輸送される栄養塩類は河川ルートだけによるのではない。地中を経由して，海底で湧き出す湧き水には，山地から地下水脈を経て海底から噴出する淡水湧き水と，海底で淡水の湧き水がレンズを形成し，その圧力で海水湧き水を噴出する場合があるという。降水が地下に入って基盤となる岩石のあいだを通過する際に岩石の成分が地下水の中に溶解し，結果としてさまざまな栄養塩類を含む湧き水として再び地上部や海底から噴出する。

秋道は著書の中に新井省吾博士や張勁教授らの研究を紹介している。海藻場の研究者である海中景観研究所の新井省吾は各地の調査から海中の生物生産にとって，湧き水が重要な役割を果たすことを明らかにしてきた。水循環を研究する富山大学の張勁も，海抜3000メートル級の立山連峰に由来する河川水とともに，地下に浸透した湧き水が富山湾の海底1000メートルまでつながっていることを明らかにした。

秋田県一円におけるハタハタ漁について，秋田県水産研究センターの杉山秀樹博士はハタハタの産卵場は鳥海山に由来する海底湧き水が重要な役割を果たしていると指摘している。ハタハタの産卵場は沿岸海藻場にほかならず，粘着卵が褐藻類のガラモ場に産み付けられる。以上の例から明らかなように，沿岸域にもたらされる栄養塩類は森から河川を通じて海に輸送されるルートだけではなく，直接海底から噴出する湧き水ルートも大きく貢献する。

2　テレコネクション(Teleconnection)と風桶論

全球レベルで大気と海洋の結合したダイナミックな現象が海洋生態系や漁業生産に大きな影響を与えている。大気と海洋で生じる現象と人間生活とのかかわりについて，秋道はオリジナルの風桶論を主張している。地球上の気圧変化が２つ以上の離れた地域でシーソーのような変動を繰り返すなかで，大気と海洋とが相互に関連してさまざまな現象が発生することを「テレコネクション」と称されている。たとえば，エンソもどき（ENSO，南方のエルニーニョ現象）が太平洋における海面水温の変化だけではなく，インドや南アフリカの降水量に影響を及ぼす例がそうである。

離れた地域間で起こる動態は自然現象だけに限定されない。漁業や農業などが気候の直接的な影響をうけるとしても，人間の暮らしや経済，政治，身体にあたえる影響は広範囲におよび，全体像を把握することは困難なことが多い。

秋道は環境と人間の相互作用環における「風桶論」の意義を提起してきた。

風が吹けば，桶屋がもうかるという話を援用し，確率の低い現象が連鎖，ないし同期的に生起するのではなく，社会に深くかかわった諸要因が絡みあって，連鎖的，波状的にさまざまな事象が高い確率で起こることを「生態関連」として分析する枠組みを提案している。生態関連は先述したテレコネクションと相通じている概念であるが，自然現象にかぎらず人間の経済，政治，文化や身体に波及するとした点で顕著に異なると，秋道は考えている。

秋道の「風桶論」と「森は海の恋人」論とは似通っているところがあるように思われるが，秋道の「風桶論」は見た目では関連がなさそうな現象でも「生態関連」という概念で分析できるのである。たとえば，簡単な例を挙げて説明してみよう。中国では発生しているPM2.5が，隣国の日本や韓国に，ひいては遠く離れたアメリカにも影響を及ぼしている。当然，遠く離れたアメリカで起こった事象も，何かの生態関連で，連鎖反応を起こし，中国にも影響を及ぼすことも十分あり得るのであろう。

3　新しい海洋観

1　原発と海の科学

秋道は著書の中に原発事故について，以下のように述べている。東日本大震災で津波発生直後の4月2日～6日，東京電力福島第一原子力発電所から高濃度の汚染水50トンが流失し，大量の放射性物質が海に流れた。海洋汚染について安全宣言がいったん出されたものの，水産物から暫定基準値以上の放射性物質が検出され，依然として福島県下での水産物の出荷停止と漁業の自粛状況が続いている(1)。もちろん，原発事故から放射性物質の濃度は一般に低下傾向にある。これはセシウム134の半減期が約2年であることをふくめて，海中の放射性物質が希釈，拡散したことによる。ただし，放射性物質濃度が低下した魚種とそうでない魚種があり，その差異について人間は十分な説明と知識を持ち合わせていない。

一方，日本政府は原発依存のエネルギー政策を今後どうするかについて国民からのパブリック・コメント，意見聴取会，討論会，世論調査を2012年に実施したという。その結果は以下のとおりである。福島における聴取会では，参加した30人中，28人が「原発ゼロ」の意見を表明した。さらに，日本政府は2030年における総発電量に占める原発の比率で，原発依存を0%，15%，20～25%と設定し，3つの選択肢に分けて国民に広く意見を求めた。抽出された6849人を対象とした世論調査とその後の専門家との相互討論の結果，最初の世論調査では原発ゼロを選択した人は32.6%であったが，討論ののちには46.7%までに増加した。一方，原発の比率を20～25%として支持する意見は全体の13%で，討論の前後であまり変化がなかった。

原発事故による海洋生物の汚染に関する数字データと，世論調査による原発賛否論の数字は今後，時間とともに推移していくだろう。しかし，そのいずれにも真実があるということを誰が信じ，いつ魚介食品の安全性や原発廃止の決定を下すのであろうか。自然科学と社会科学の示す数字の虚構性を追求していくことこそが重要であり，そこに新しい科学の可能性がある。海をめぐる問題について，われわれは常に謙虚に対処すべきであり，それは今後の日本と世界を占う試金石となる。海の未来は地震津波にむきあうことから始まると，秋道は指摘している。

2　沿岸の総合的管理

日本では平成19（2007）年に海洋基本法が制定された。これを受けて海洋基本計画が平成20（2008）年に策定された。海洋基本計画の運用にあたり，関係府省庁間のたて割り行政の弊害が目立ったように見える。基本計画がけっして順調に実施されてきたのではないということだ。この状況を受けて見直しが検討され，平成25（2013）年4月からは，新たな海洋基本計画が進められることになった。タテ割りによる業務の効率的な推進は認めるとして，問題であったのは海にかかわる施策には総合性が求められる点が十分に認識されていない点である。グランド・デザインを周到に組み込んだ事業の推進にあたり，連携性と相互乗り入れの思想が望まれる。

これまで，総合海洋政策本部の参与会議議長である小宮山宏元東大総長を中心に見直しの検討が進められてきた。その中で5つの専門プロジェクトチームが発足し，新たな基本計画について議論がなされてきた。これには，(1) 海洋産業の創出と振興，(2) 海洋情報の一元化と公開，(3) 人材育成，(4) 沿岸域の総合的な管理と計画策定，(5) 海洋の安全保障，が含まれる。この中で津波災害後の三陸地方の復興にとり，(1)，(3)，(4) が関係の深い項目であることは言うまでもない。

復興を統合的に実現することは沿岸域の総合的管理（ICM, Integrant coastal management）と言い換えれば統治のあり方に帰着する。この点から復興を含めた沿岸域の総合的管理においては，およそ次のような全体計画の見取り図を描いておくことが肝要と，秋道は考えている。第一に，森から河川を経て沿岸域に至る森里海の連環を保全・維持する立場からの計画立案が基本条件である。第二に，河川流域における防災と環境保全について，慎重な計画の立案がなされるべきである。上流域の森林保全は洪水防止のための生態系・維持サービス機能を果たす。それとともに河川が栄養塩類の運搬に果たす役割を阻害しない工夫を凝らすべきである。第三に，海岸部の埋め立てや津波被災地における盛り土，塩害を受けた湿地の回復，防潮堤建設などが自然の循環を著しく阻害しないような配慮がなされるべきである。復興には10年以上の年月を要するであろうが，自然の復興はさらに長期的な時間幅を想定しておく必要がある。

端的に言えば，生態系の果たす多様なサービス機能を維持しないと自然の循環を断絶することになり，ひいては沿岸域の荒廃と水産業の衰退をもたらすものであることを強く認識すべきである。日本には豊かな湧き水の存在する地域が多い。「湧き水の恵みを未来に生かす」ためにも沿岸域の開発を最小限にとどめる法的規制や条例の制定が環境劣化に歯止めをかけることになる。総合的と謳う以上，生態系保全だけでなく，地域産業の振興や人口流出の防止などが実現される必要があるので，総合的判断を下す知恵が望まれるのはこうした事情によると，秋道は述べている。

4　日本の海洋教育の今後

海洋教育にとり，何がいったい問題となるのだろうか。文部科学省による教科書検定を数年後にひかえ，日本の中央教育審議会の答申にむけて，海洋教育の重要性に関する文言を明記することが大きな課題となっているという。秋道は海についての知識や興味が多分野に及んでいることは，教育における総合性と相互関連性を促進する上でたいへん理にかなった取り組みであると考えている。

現代的な課題を含めて海の問題を教育におけるカリキュラムとして整理すると，いくつかのテーマ群を設定することができる。それらは，(1) 津波や高潮などの災害に関する防災，(2) 原発事故の発生以降に浮上した自然再生型のエネルギー利用（風力，潮力，太陽光，バイオエネルギー)，(3) これとも関連する海底の鉱物や石油・天然ガスなどのエネルギー問題や海洋生物資源の適正利用，(4) 海域における安全保障と権益・領有問題，(5) 海洋生物の多様性の保全と自然循環，の５つである。以上の５項目は互いに独立しているというよりは相互に関連する点が特徴であると，秋道は述べている。小中学校から高等学校にいたるまで，学習指導要領に盛り込むべき内容は難易度に応じて弾力的であるべきだが，テーマ群に通底する柱として，秋道は水といのち（命）を取り上げたいと言っている。地球が水惑星と称されるとおり，水なしでは地球上のあらゆる生命体は命を維持することはできない。これは淡水，海水，湧き水にかかわらず当てはまる公理である。あらゆる生命体がつながっていることをいのちの問題としてとらえることは，生物学や生態学などの知識面のみならず情操面，倫理面でもゆたかな人格形成に欠かせない指針となる。

日本の海洋教育の今後をどうするか。海を取り巻く多様な問題を陸地において育まれてきた種々の問題をふくめて再構成する新たな指針づくりをおこなうべきだと，秋道は述べている。陸地に拘泥することなく，森里海の連環や境界を超えるつながり，未知の生物相をふくむ海洋生態系の構造についての理解がぜひとも必要である。この点を教育面でいえば，明確な事実を提示し得ないと考えがちであるが，そう断定すべきではない。未知の分野への探究心と複雑な生態系への探究心を高揚する機会となることはまちがいない。要するに，科学のもつ偉大な力を過信することなく，新たな世界にむけての学際的な興味を喚起することこそ大切であることを十分に認識する必要があるからだ。一般に認められている科学的な言説と数値データに関して批判的な精神を育むことこそ教育の原点になると，秋道は特に指摘している。

5 おわりに

われわれ全人類が海に生きているため，「海洋民族」と呼ぶことができる。海は人類の海だけではなく，必須な食材として利用している海洋生物たちの海でもある。持続可能な海洋資源を利用するためにも，これらの海洋民族たちと共存共生していかなければならない。

秋道が主張している海洋民族という分野は今までの人類学の分野と海洋生物学の分野を総括しているような分野であろう。より広義的，より高い視野から，単なる人類学と海洋生物学を統合しているのではなく，総合的に人類学と海洋生物学を研究しようとする意欲が伺える。少なくとも中国ではまだ似たような研究がなされていないし，世界でも比較的，かつ先進的な研究分野である。本書の中で日本の新しい海洋観と沿岸の総合管理について詳しく紹介し，日本の海洋教育の理念や指針などを具体的に指摘してきた。そのため，ほかの国々に大変示唆的なものが多いと思われる。また，秋道は海洋民俗学の分野ではほかに著書が多数あるが，これらの著書の中に示唆的な理論が多く述べられている。たとえば，上で紹介した「森は海の恋人」論や，オリジナルの「風桶論」などである。そのうち「風桶論」は遠距離の生物関連の理論を提示したものである。

東日本大震災が発生し，今日に至っても，日本はいまだに復興の諸問題に直面している。よく知られているように，地震や津波などの自然災害が多発する日本は「備えがあれば憂いなし」と言われるように，防災施設などが割合完備しているし，防災訓練などもよく実施している。そのため，万が一の際，人命や財産の損失は最低限にとどめることができる。一方，中国では，四川大地震が発生した際，人命や財産の損失はきわめて重大だったと言わざるを得ない。いかに自然災害に備え，いかに復興していくかは大きな課題だし，日本から学べる教訓や経験も多いであろう。秋道の指摘のとおり，復興にあたっては，海，森，河川などの生態関連を総合的に考慮し，持続可能な資源を守るために，施策を進めていかなければならない。これらの理念を伝えるのが本書の翻訳の根本的な目的の１つである。

【注】

（１） 福島県の沿岸漁業および底びき網漁業は，原発事故の影響により操業自粛を余儀なくされている。このようななか，福島県による４万件を超えるモニタリングの結果から安全が確認されている魚種もある。このような魚種に限定し，小規模な操業と販売を試験的に行い，出荷先での評価を調査して，福島県の漁業再開に向けた基礎情報を得るために「試験操業」を行っている。平成29年４月１日より，出荷制限魚種を除くすべての魚種を試験操業の対象としている。販売される漁獲物は福島県漁連が中心となり，放射性物質の検査を行っている。（福島県漁業協同組合連合会が取り組んでいる試験操業のポータルサイト http://www.fsgyoren.jf-net.ne.jp/siso/sisotop.html による）

【参考文献】

（１） 秋道智彌『生態史から読み解く環・境・学―なわばりとつながりの知』昭和堂，2011年４月。
（２） 秋道智彌・岸上伸啓編著『紛争の海―水産資源管理の人類学』人文書院，2002年２月。
（３） 秋道智彌『なわばりの文化史―海・山・川の資源と民俗社会』（再版），小学館，1999年６月。
（４） 秋道智彌・田和正孝『海人たちの自然誌』関西学院大学出版会，1998年５月。

（5） 秋道智彌『海洋民族学』東京大学出版会，1995 年 11 月。
（6） 秋道智彌『海人の民族学　サンゴ礁を超えて』NHK ブックス 561，日本放送出版協会，1988 年 11 月。
（7） 川島秀一「里海めぐる人知の可能性〈書評：海に生きる　海人の民族学　秋道智彌著〉」『東京新聞』2013 年 9 月 8 日（日）付。
（8） 畠山重篤『森は海の恋人』（文春文庫）文芸春秋，2006 年 9 月。

第6部

資　　料

One Asia
Convention
Nagoya 2017
Towards Asian Community:
Peace through Education

助成講座 国・地域別開設大学総数

（2018年6月22日現在）

国・地域	開設済み	準備中	総数
日本	61	48	109
韓国	71	26	97
中国	110	30	140
香港	4	3	7
マカオ	0	1	1
台湾	13	7	20
北朝鮮	0	1	1
シンガポール	1	2	3
タイ	4	4	8
モンゴル	3	6	9
ベトナム	5	2	7
ミャンマー	0	4	4
ネパール	0	2	2
フィリピン	0	3	3
カンボジア	7	6	13
インドネシア	8	4	12
東ティモール	1	0	1
マレーシア	2	1	3
スリランカ	1	0	1
インド	1	5	6
パキスタン	0	1	1
バングラデシュ	1	1	2
ラオス	2	0	2
ブータン	0	1	1
キルギス	6	0	6
カザフスタン	4	2	6
トルクメニスタン	0	1	1
ウズベキスタン	0	2	2
タジキスタン	0	4	4
オーストラリア	5	1	6
米国	4	4	8
カナダ	2	0	2
メキシコ	0	1	1
イギリス	1	2	3
フランス	0	2	2
アイルランド	1	0	1
イタリア	1	0	1
スペイン	2	1	3
オーストリア	1	0	1
ロシア	2	0	2
ウクライナ	1	0	1
ポーランド	1	1	2
ベラルーシ	0	1	1
スロベニヤ	0	1	1
リトアニア	1	0	1
トルコ	2	2	4
エジプト	0	1	1
コンゴ	1	0	1
合計（48カ国・地域）	330	184	514

※アジア共同体に関する講座を常設科目として決定している大学は，19の国・地域の128大学である。

これまでのコンベンションの紹介

ワンアジアコンベンション
東京 2011
2011 年 7 月 1 日

ワンアジアコンベンション
仁川 2012
2012 年 7 月 6 ～ 7 日

ワンアジアコンベンション
バンドン 2013
2013 年 3 月 22 ～ 23 日

ワンアジアコンベンション
済州 2014
2014 年 8 月 1 〜 2 日

ワンアジアコンベンション
上海 2015
2015 年 7 月 31 日〜 8 月 1 日

ワンアジアコンベンション
プノンペン 2016
2016 年 8 月 5 〜 6 日

ワンアジアコンベンション
名古屋 2017
2017 年 8 月 4 〜 5 日

著者紹介

李贊洙　第1章担当
ソウル大学（韓国）

牧野英二　第2章担当
法政大学（日本）

権寧俊　第3章担当
新潟県立大学（日本）

アスンシオン・ロペス＝ヴァレラ　第4章担当
マドリード・コンプルテンセ大学（スペイン）

許寿童　第5章担当
三亜学院（中国）

権静　第6章担当
培材大学（韓国）

康成文　第7章担当
哈爾濱商業大学（中国）

金在仁　第8章担当
ソウル市立大学（韓国）

宋浣範　第9章担当
ソウル女子大学（韓国）

朱永浩　第10章担当
福島大学（日本）

王新生　第11章担当
北京大学（中国）

宋錫源　第12章担当
慶熙大学（韓国）

金野純　第13章担当
学習院女子大学（日本）

ダシム・ブディマンシャー　第14章担当
インドネシア教育大学（インドネシア）

関剣平　第15章担当
浙江農林大学（中国）

エコ・ハディ・スジオノ　第16章担当
マカッサル国立大学（インドネシア）

ヘルミー・プラティウィ　第16章担当
マカッサル大学（インドネシア）

ヤッセル・A・ジャワッド　第16章担当
マカッサル大学（インドネシア）

ボー・バン・セン　第17章担当
ベトナム国家大学ホーチミン校（ベトナム）

チャン・カオ・ボイ・ゴック　第17章担当
ベトナム国家大学ホーチミン校（ベトナム）

榎本泰子　第18章担当
中央大学（日本）

周艶紅　第19章担当
上海海洋大学（中国）

楊徳民　第19章担当
上海海洋大学（中国）

アジア共同体へ向かって—教育を通じた平和—

■発　行——2018年8月3日初版第1刷

■編　者——一般財団法人ワンアジア財団

■発行者——中山元春

■発行所——株式会社芦書房

〒101－0048東京都千代田区神田司町2－5
電話03－3293－0556　FAX03－3293－0557
http://www.ashi.co.jp

■印　刷——新日本印刷

■製　本——新日本印刷

ISBN978-4-7556-1297-8 C0030